21世纪普通高等院校系列规划教材

基础会计

JICHU KUAIJI

（第二版）

主　编　杨洪涛　边　瑞

副主编　陶　曦　马宁宁　孙　巍　王雪纯

西南财经大学出版社

中国·成都

图书在版编目(CIP)数据

基础会计/杨洪涛,边瑞主编.—2版.—成都:西南财经大学出版社,2019.11

ISBN 978-7-5504-4184-2

Ⅰ.①基… Ⅱ.①杨…②边… Ⅲ.①会计学—资格考试—自学参考资料 Ⅳ.①F230

中国版本图书馆CIP数据核字(2019)第241905号

基础会计(第二版)

主　编:杨洪涛　边　瑞

副主编:陶　曦　马宁宁　孙　巍　王雪纯

责任编辑:朱斐然

封面设计:杨红鹰　张姗姗

责任印制:朱曼丽

出版发行	西南财经大学出版社(四川省成都市光华村街55号)
网　　址	http://www.bookcj.com
电子邮件	bookcj@foxmail.com
邮政编码	610074
电　　话	028-87353785
照　　排	四川胜翔数码印务设计有限公司
印　　刷	郫县犀浦印刷厂
成品尺寸	185mm×260mm
印　　张	17.75
字　　数	377千字
版　　次	2019年11月第2版
印　　次	2019年11月第1次印刷
印　　数	1—2000册
书　　号	ISBN 978-7-5504-4184-2
定　　价	39.80元

再版前言

Foreword

本书是在中国应用技术型大学转型战略的推进下，基于《企业会计准则》的框架体系，同时遵循“导学-助学-自学”的人才培养模式，在总结会计教学实践经验的基础上，借鉴国内同类教材的先进经验编写而成的。

本书编者在编写过程中力求做到理论与实际相结合，在阐述时力求深入浅出、突出重点、通俗易懂。本书每章开始都有本章要点、问题导入，每章结束附有练习题，使读者能更好地理解和掌握所学的知识。本书主要用于高等院校经济管理类各专业的会计教学，也可供财会工作者自学或参考。与其他同类教材相比，本书主要有以下几个特点：

一、内容、数据、票据等方面推陈出新

本书中会计科目及会计业务按照最新的《企业会计准则》设计。

二、注重应用能力的培养

本书采用任务驱动的编写方式，每章具体分析工作岗位的主要工作任务及其技能要求和知识要求，为读者快速入门及快速胜任会计基础操作岗位提供必要的训练。

三、与会计职业资格考试紧密结合

本书按照最新助理会计师职称考试大纲的要求设置相关的内容，运用大量案例对相关知识点进行总结和归纳，提供大量的配套练习，使读者能有的放矢。

四、形式活泼，易读易懂

本书在项目设计方面坚持职业特色鲜明的原则，充分考虑到会计工作的特点，以简单易懂的形式涵盖企业中筹集资金、准备生产、生产过程、销售过程、往来核算、财务成果的计算与分配、财产清查等业务，结合相应的图表阐述其会计处理方式，并总结出相应的会计分录方法。

本修订版由杨洪涛教授、边瑞副教授担任主编，陶曦会计师以及研究生马宁宁、孙巍、王雪纯担任副主编。具体分工如下：杨洪涛教授负责全书的策划、统筹工作；陶曦负责编写第一章、第二章，并负责全书的审定工作；马宁宁负责编写第三章、第四章；孙巍负责编写第五章、第六章；王雪纯负责编写第七章、第八章；边瑞负责编写第九章、第十章。

本书是各位编者智慧的结晶，在特色教材建设方面，我们做出了许多努力，但不足在所难免，恳请读者不吝指正。

编　者
2019 年 9 月

Contents 目录

第一章　总论

本章要点

1. 掌握会计的主要计量单位、基本职能。
2. 掌握会计核算的具体内容。
3. 掌握会计的基本假设。
4. 掌握会计核算时记账本位币的确定。
5. 掌握权责发生制与收付实现制下收入的确认。

问题导入

什么是会计？工作中的哪些经济业务事项要进行会计核算？会计基本假设包括哪几项？我们在进行会计核算时，需要依据哪些核算基础、运用哪些会计方法？一起在接下来的学习中寻找答案吧！

第一节　会计概述

一、会计的概念及特征

（一）会计的概念

会计随着社会生产实践的发展而发展。在原始社会，对生产活动的计算和计量仅凭部落首领的头脑记忆。当生产力发展到一定水平的时候，随着生产活动日益频繁，劳动产品增加，剩余产品出现，单凭头脑计算和记忆已远远不够，于是产生了“结绳记事”“刻竹作书”等记录和计算方法。会计在中国有着悠久的历史。据史籍记载，早在西周时代就设有专门核算官方财赋收支的官职——司会，并对财物收支采取了“月计岁会”（零星算之为计，总合算之为会）的方法。在西汉还出现了名为“计簿”或“簿书”的账册，用以登记会计事项。以后各朝代都设有官吏管理赋税和财物的收支。在宋代，办理钱粮报销或移交，要编造“四柱清册”，通过“旧管（期初结存）+新收（本期收入）= 开除（本期支出）+见在（期末结存）”的平衡公式进行结账，记录本期财产物资增减变化及其结果。

现代会计是商品经济的产物。14 世纪以后，欧洲资本主义商品货币经济迅速发展，促进了会计的发展。其主要标志：一是利用货币计量进行价值核算；二是广泛采用复式记账法，从而形成了现代会计的基本特征。进入 20 世纪以来，特别是第二次世界大战结束后，资本主义的生产社会化程度得到了空前的发展，现代科学技术与经济管理科学的发展突飞猛进，受社会政治、经济和技术环境的影响，传统的财务会计不断被充实和完善，财务会计核算工作更加标准化、通用化和规范化。

会计是基于社会在生产过程中劳动消耗和劳动成果的记录、计量、比较、考核的客观需要而产生的。什么是会计？通俗的说法，会计就是记账、算账。具体来说，会计的定义应该包括会计的主体、会计的特点、会计方法、会计的目的以及会计的本质等内容。因此，会计的定义可以表述为会计是以货币为主要计量单位，通过一系列专门方法，对一个单位的经济活动进行连续、系统、全面、综合的核算和监督，并在此基础上对经济活动进行分析、考核和检查，以提高经济效益的一项经济管理工作。

（二）会计的基本特征

1. 会计以货币为主要计量单位

在会计核算中要以货币为主要的计量单位，记录和反映企业生产经营过程和经营成果。货币是商品的一般等价物，是衡量一般商品价值的共同尺度，具有价值尺度、流通手段、贮藏手段和支付手段等特点。其他计量单位如实物量度、劳动量度等只能从一个侧面反映企业的生产经营情况，不便于会计计量和经营管理。因此，为了实现会计目的，综合反映会计主体的各项经济活动，货币最适合充当统一的计量尺度，而实物量度和劳动量度仅作为辅助的计量尺度。

2. 会计拥有一系列专门方法

会计方法是反映和监督会计对象，完成会计任务的手段，是从事会计工作所使用的各种技术方法，一般包括会计核算方法、会计分析方法和会计检查方法。其中会计核算方法是会计方法中最基本的方法。会计核算方法主要包括设置科目和账户、复式记账、填制和审核凭证、登记账簿、成本计算、财产清查、编制会计报表。

这七种会计核算方法虽各有特定的含义和作用，但并不是彼此孤立的，它们之间相互联系，密切配合，构成了一个完整的核算方法体系。在会计核算中，应当正确地运用这些方法。具体程序是：经济业务发生后，取得和填制会计凭证；按会计科目对经济业务进行分类核算，并运用复式记账法在有关会计账簿中进行登记；对生产经营过程中各种费用进行成本计算；对账簿记录通过财产清查加以核实，保证账实相符；期末，根据账簿记录资料和其他资料，进行必要的加工计算，编制会计报表。

3. 会计具有核算和监督的基本职能

会计的基本职能是对经济活动进行核算和监督。会计核算是指为经济管理收集、处理、存储和输送各种会计信息。会计监督是指通过调节、指导、控制等方式，对特定主体的经济活动的合理性和合法性进行考核与评价，并采取措施，施加一定的影响，以实现预期的目标。

4. 会计的本质就是管理活动

会计是对一个单位的经济活动进行确认、计量和报告，做出预测、决策，实行监督，旨在实现最佳经济效益的一种管理活动。

二、会计的基本职能

会计的职能是指会计在经济管理中所具有的功能。进行会计核算和实施会计监督是会计的两项基本职能。

（一）会计的核算职能

会计核算是会计工作的重要组成部分，是会计最基本的职能。会计核算是以货币为主要计量单位，通过确认、记录、计算、报告等环节，对特定主体的经济活动进行记账、算账和报账，以便真实、完整、准确、及时地反映企业单位的经济活动情况。以货币为主要计量单位，是会计核算的显著特征。会计核算职能有以下两个方面的特点：

（1）会计核算具有完整性、连续性和系统性。完整性是指对所有的会计对象都要进行确认、计量、记录和报告，不能有遗漏；连续性是指对会计对象的确认、计量、记录和报告要连续地进行，不能有中断；系统性是指应采用科学的核算方法对会计信息进行加工，保证所提供的会计数据能够成为一个有机的整体，从而揭示客观经济活动的规律。

（2）会计核算主要是利用货币计量单位对经济活动的数量方面进行核算。由于经济活动的复杂性，只有以货币为度量单位，将经济活动以货币量化表示，并将其按一定的程序进行加工处理生成会计数据，才能反映经济活动的全过程及其结果。

（二）会计的监督职能

会计监督是指会计按照管理的目的和要求，利用会计核算信息，审核经济业务的合理性、合法性，并对经济行为进行必要的干预，促使经济活动按照规定的要求进行，以达到预期目的。会计监督职能主要有以下两个特点：

（1）会计监督主要是通过价值指标进行的。会计核算利用货币计量形成的价值指标来综合地反映经济活动的过程及结果，会计监督主要是依据这些价值指标来全面、及时、有效地控制单位的经济活动。

（2）会计监督要对单位经济活动的全过程进行监督，分为事前监督、事中监督和事后监督。事前监督是会计在经济活动开始前进行的监督，如通过制定预算和定额，控制消耗和费用；通过对会计资料的分析和利用，找出差距，制定措施，从而做到在事前就有目的地控制经济活动的过程。事中监督是会计对正在发生的经济活动过程和取得的核算资料进行审查、分析，并据以纠错纠偏，控制经济活动按预定的目的和要求进行。事后监督是会计对已经发生的经济活动及相应的核算资料进行审查、分析。

（三）会计核算与监督职能的关系

会计核算与会计监督两项基本职能相辅相成，辩证统一。会计核算是会计监督的基础，没有会计核算所提供的各种信息，会计监督就失去了依据；而会计监督又是会计核算的质量的保障，如果只有会计核算没有会计监督，就难以保证会计核算所提供信息的真实性和可靠性。二者既有独立要求，又有紧密联系，缺一不可。

三、会计对象和会计核算的具体内容

（一）会计对象

会计对象是指会计所核算和监督的内容，即会计工作的客体。由于会计需要以货币为主要计量单位，对一定会计主体的经济活动进行核算和监督，因而会计并不能核算和监督社会再生产过程中的所有经济活动。即凡是特定主体能够以货币表现的经济活动，都是会计核算和监督的内容，也就是会计的对象。

例 1-1："签订经济合同是一项经济活动，因此属于会计对象。"这一说法是否正确?

分析：不正确。签订经济合同虽然是一项经济活动，但是不能用货币来表现，因此不属于会计对象。

以货币表现的经济活动通常又称为价值运动或资金运动。资金运动包括特定对象的资金的投入、资金的运用、资金的退出等过程。由于各企业的性质不同，经济活动的内容不同，因此会计的具体对象也就不尽相同。下面以工业企业为例，说明工业企业会计的具体对象。

1. 资金的投入

资金的投入包括企业所有者投入的资金和债权人投入的资金两部分。前者属于企业所有者权益，后者属于企业债权人权益（即企业的负债）。投入企业的资金一部分构成流动资产（如货币资金、原材料等），另一部分构成非流动资产（如厂房、机器设备等）。资金的投入是企业资金运动的起点。

2. 资金的运用

企业将资金运用于生产经营过程，就形成了资金的循环与周转。它又分为供应过程、生产过程、销售过程三个阶段。

（1）供应过程。它是生产的准备过程。在这个阶段，为了保证生产的正常进行，企业需要用货币资金购买并储备原材料等劳动对象，要发生材料买价、运输费、装卸费等材料采购成本，与供应单位发生货款的结算关系。

（2）生产过程。它既是产品的制造过程，又是资产的耗费过程。在这个阶段，劳动者借助于劳动手段将劳动对象加工成特定的产品，发生原材料消耗的材料费、固定资产磨损的折旧费、生产工人劳动耗费的人工费等，同时还将发生企业与工人之间的工资结算关系，与有关单位之间的劳务结算关系等。

（3）销售过程。它是产品价值的实现过程。在这个阶段，企业将生产的产品销售出去，取得销售收入，要发生货款结算关系、同税务机关发生税务结算关系等。

3. 资金的退出

资金退出过程包括偿还各项债务、上缴各项税费、向所有者分配利润等。这部分资金离开本企业，退出企业的资金循环与周转过程。

总之，上述能够用货币表现的经济活动，就是企业会计所要核算和监督的内容，是企业会计对象的一般表述。

（二）会计核算的具体内容

会计核算的内容，是指应当及时办理会计手续、进行会计核算的会计事项。《中华人民共和国会计法》（以下简称《会计法》）对会计核算的基本内容做过规定，《会计基础工作规范（2019 年修订）》第三十七条重申了《会计法》的这一规定，即要求对下列会计事项，必须及时办理会计手续，进行会计核算。

1. 款项和有价证券的收付

款项是作为支付手段的货币资金，是流动性最强的资产。可以作为款项收付的货币资金，包括现金、银行存款和其他货币资金，如银行汇票存款、银行本票存款、在途货币资金、信用证存款等。有价证券是具有一定财产权利或者支配权利的票证，如股票、国库券、其他企业债券等。

2. 财物的收发、增减和使用

财物是一个单位用来进行或维持经营管理活动的具有实物形态的经济资源，包括原材料、燃料、包装物、低值易耗品、在产品、自制半成品、产成品、商品等流动资产和机器、机械、设备、设施、运输工具、家具等固定资产。

3. 债权、债务的发生和结算

债权是一个单位未来收取款项的权利，如“应收账款”“预付账款”等。债务则是一个单位需要以其货币资金等资产或者劳务清偿的义务，如“应付账款”“预收账款”“短期借款”等。

债权和债务都是一个单位在自己的经营活动中必然要发生的事项。对债权和债务的发生和结算的会计核算，涉及单位与其他单位以及单位与其他有关方面的经济利益，关系到单位自身的资金周转；同时从法律上讲，债务还决定一个企业的生存问题，因而债权和债务是会计核算的一项重要内容。

4. 资本、基金的增减

资本是投资者为了开展生产经营活动而投入的资金，即开展生产经营活动的本钱。会计上的资本专指所有者权益中的投入资本。所有者向企业投入的资本，在一般情况下无须偿还，可以长期周转使用。单位资本的增减，直接涉及企业所有者或投资人在企业所享有的权益比例的变化，或单位按规定用途使用资金的责任与义务等。

基金，主要是指机关、事业单位某些特定用途的资金，如事业发展基金、集体福利基金、后备基金等。

5. 收入、支出、费用、成本的计算

收入是一个单位在经营活动中由于销售产品，提供劳务、服务或提供资产的使用权等取得的款项或收取款项的权利。支出，从狭义上理解，仅指行政事业单位和社会团体在履行法定职能或发挥特定的功能时所发生的各项开支，以及企业和企业化的事业单位在正常经营活动以外的支出或损失；从广义上理解，支出是一个单位实际发生的各项开支或损失。费用的含义比支出窄，通常使用范围也更小一些，仅指企业和企业化的事业单位因生产、经营和管理活动而发生的各项耗费和支出。成本一般仅限于企业和企业化的事业单位在生产产品、购置商品和提供劳务或服务中所发生的各项直接耗费。

收入、支出、费用和成本都是重要的会计要素，体现着对一个单位的经营管理水平和效率从不同角度进行的度量，是计算一个单位经营成果及其盈亏情况的主要依据。

6. 财务成果的计算和处理

财务成果主要是企业、事业单位在一定的时期内通过从事经营活动而在财务上所取得的结果，具体表现为盈利或亏损。

财务成果的计算和处理，包括利润的计算、所得税费用的计算和利润的分配或亏损的弥补等。这个环节的会计核算主要涉及所有者和国家的利益，因此，要求各单位必须按照国家统一的会计制度和其他财税经济法规制度的规定，正确计算、处理财务成果。

7. 其他需要办理会计手续、进行会计核算的事项

其他需要办理会计手续、进行会计核算的事项是指在上述六项会计核算内容中未能包括的按有关法律、法规或会计制度的规定或根据单位的具体情况需要办理会计手续和进行会计核算的事项。在有这类事项时，单位应当按照各有关法律、法规或者会计制度的规定，认真、严格办理有关会计手续，进行会计核算。

第二节　会计基本假设

会计基本假设是企业会计确认、计量和报告的前提，是对会计核算所处时间、空间环境等所做的合理设定。会计基本假设包括会计主体、持续经营、会计分期和货币计量。

一、会计主体

会计主体是指会计工作服务的特定单位，是企业会计确认、计量和报告的空间范围。会计核算和财务报告的编制应当集中于反映特定对象的活动，并将其与其他经济实体区别开来，才能实现财务报告的目标。

在会计主体假设下，企业应当对其本身发生的交易或者事项进行会计确认、计量和报告，反映企业本身所从事的各项生产经营活动。明确界定会计主体是开展会计确认、计量和报告工作的重要前提。

一是明确会计主体，才能划定会计所要处理的各项交易或事项的范围。在会计工作中，只有那些影响企业本身经济利益的各项交易或事项才能加以确认、计量和报告，那些不影响企业本身经济利益的各项交易或事项则不能加以确认、计量和报告。会计工作中通常所讲的资产、负债的确认，收入的实现，费用的发生等，都是针对特定会计主体而言的。

二是明确会计主体，才能将会计主体的交易或者事项与会计主体所有者的交易或者事项以及其他会计主体的交易或者事项区分开来。例如，企业所有者的经济交易或者事项是属于企业所有者主体所发生的，不应纳入企业会计核算的范围，但是企业所有者投入企业的资本或者企业向所有者分配的利润，则属于企业主体所发生的交易或者事项，应当纳入企业会计核算的范围。

三是明确会计主体，才能准确地判断交易成事项的经济性质。

一般来说，法人（或称法律主体）可作为会计主体，但会计主体不绝对是法人。会计主体不同于法律主体。一般来说，法律主体必然是一个会计主体。例如一个企业作为一个法律主体，应当建立财务会计系统，独立反映其财务状况、经营成果和现金流量。但是，会计主体不一定是法律主体。例如，在企业集团的情况下，一个母公司拥有若干子公司，母子公司虽然是不同的法律主体，但是母公司对于子公司拥有控制权，为了全面反映企业集团的财务状况、经营成果和现金流量，就有必要将企业集团作为一个会计主体来编制合并财务报表。再如，由企业管理的证券投资基金、企业年金基金等，尽管不属于法律主体，但属于会计主体，应当对每项基金进行会计确认、计量和报告。

例 1-2：“会计主体必须是法律主体。”这种说法是否正确？

分析：不正确。会计主体和法律主体并非对等的概念，法律主体可以作为会计主体，但是，会计主体不一定是法律主体。

例 1-3：在会计核算的基本前提中，界定会计工作和会计信息的空间范围是（　　）。

A. 会计主体　　　　B. 持续经营

C. 会计期间　　　　D. 货币计量

分析：A。会计主体界定了从事会计工作和提供信息的空间范围，会计分期界定了会计工作和会计信息的时间范围。

二、持续经营

持续经营是指会计主体的生产经营活动将无期限持续下去，在可以预见的将来不会倒闭。依据《企业会计准则——基本准则》的规定，会计确认、计量和报告应当以企业持续、正常的生产经营活动为前提。

会计核算上所使用的一系列会计处理原则、会计处理方法都是建立在会计主体持续经营的前提下的。企业是否持续经营，在会计原则、会计方法的选择上有很大差别。一般情况下，应当假定企业将会按照当前的规模和状态继续经营下去。明确这个基本假设，就意味着会计主体将按照既定用途使用资产，按照既定的合约条件清偿债务，会计人员就可以在此基础上选择会计原则和会计方法。如果判断企业会持续经营，就可以假定企业的固定资产会在持续经营的生产经营过程中长期发挥作用，并服务于生产经营过程，固定资产就可以根据历史成本进行记录，并采用折旧的方法，将历史成本分摊到各个会计期间或相关产品的成本中。如果判断企业不会持续经营，固定资产就不应采用历史成本进行记录并按期计提折旧。

例 1-4：有人说，“持续经营是指企业能持续不断地经营下去，因而它仅仅是一种假设，缺乏客观存在的基础。”这种说法是否正确？

分析：不正确。持续经营是指会计主体在可预见的未来，将根据正常的经营方针和既定的经营目标持续经营下去，并不仅仅是一种假设，也不缺乏客观存在的基础。

三、会计分期

会计分期是指将一个企业持续经营的生产经营活动划分为一个个连续的、长短相同的期间。会计分期的目的，在于通过会计期间的划分，将持续经营的生产经营活动划分成连续、相等的期间，据以结算盈亏，按期编制财务报告，从而及时向财务报告使用者提供有关企业财务状况、经营成果和现金流量的信息。

在会计分期假设下，企业应当划分会计期间，分期结算账目和编制财务报告。会计期间通常分为年度和中期。中期，是指短于一个完整的会计年度的报告期间。

根据持续经营假设，一个企业将按当前的规模和状态持续经营下去。但是，无论是企业的生产经营决策还是投资者、债权人等的决策都需要及时的信息，都需要将企业持续的生产经营活动划分为一个个连续的、长短相同的期间，从而分期确认、计量和报告企业的财务状况、经营成果和现金流量。明确会计分期假设意义重大，因为会计分期，才产生了当期与以前期间、以后期间的差别，才使不同类型的会计主体有了记账的基准，进而出现了折旧、摊销等会计处理方法。

例 1-5：将一个持续经营会计主体的生产经营活动划分为若干个相等的会计期间是指（　　）假设。

A. 会计分期　　　　B. 会计主体

C. 会计年度　　　　D. 持续经营

分析：A。会计分期，是指将一个企业持续经营的生产经营活动划分为一个个连续的、长短相同的期间。

四、货币计量

货币计量是指企业在会计核算中要以货币为统一的、主要的计量单位，记录和反映企业生产经营过程和经营成果。会计主体的经济活动是多种多样、错综复杂的。为了实现会计目的，必须综合反映会计主体的各项经济活动，这就要求有一个统一计量尺度。在会计的确认、计量和报告过程中，之所以选择货币为基础进行计量，是由货币的本身属性决定的。货币是商品的一般等价物，是衡量一般商品价值的共同尺度，具有价值尺度、流通手段、贮藏手段和支付手段等特点。其他计量单位，如重量、长度、容积、台、件等，只能从一个侧面反映企业的生产经营情况，无法在总量上进行汇总和比较，不便于会计计量和经营管理。只有选择货币尺度进行计量，才能充分反映企业的生产经营情况。所以，基本准则规定，会计确认、计量和报告选择货币作为计量单位。会计在选择货币作为统一的计量尺度的同时，要以实物量度和时间量度等作为辅助的计量尺度。

我国规定会计核算以人民币为记账本位币。业务收支以外币为主的企业，也可以选定某种外币作为记账本位币，但编制会计报表时应当折算为人民币进行反映。记账本位币，就是在企业多种货币收支的情况下，企业所选定的一种基本的货币单位，在记账和编制报表时，以其他币种计量的经济业务都要折算为基本货币。

货币计量的两层含义：

一是会计核算要以货币作为主要的计量尺度。会计法规定会计核算以人民币为记账本位币。在以货币作为主要计量单位的同时，有必要也应当以实物量度和劳动量度作为补充。

二是假定币值稳定。因为只有在币值稳定或相对稳定的情况下，不同时点上的资产的价值才有可比性，不同期间的收入和费用才能进行比较，并计算确定其经营成果，会计核算提供的会计信息才能真实反映会计主体的经济活动情况。

例 1-6　企业资产以历史成本计价而不以现行成本或清算价格计价，其所依据的会计核算基本前提，不正确的有（　　）。

A. 会计主体　　　　B. 持续经营

C. 会计分期　　　　D. 货币计量

分析：ACD。企业资产以历史成本计价而不以现行成本或清算价格计价，其所依据的会计核算基本前提是持续经营。

上述四项会计基本假设相互依存，相互补充。会计主体的前提明确了会计核算的空间范围，使会计核算和监督有针对性地进行，从而避免了将企业财产和职工个人财产相混淆，而且也区分了本企业和其他企业的业务；持续经营和会计分期明确了会计核算的时间范围，会计核算和监督是在企业持续经营的基础上进行的，但持续经营假设界定了一个首尾相连、永无停止的时间范围，所以为便于定期算账、结账、报账，才有了会计分期的假设；货币计量在会计核算和监督的过程中为统一计量提供了必要手段。没有会计主体，就不会有持续经营，没有持续经营，就不会有会计分期，没有货币计量就不会有现代会计。

第三节　会计基础

一、会计基础的概念和种类

会计基础是指会计事项的记账基础，是会计确认的某种标准方式，是单位收入、支出、费用的确认标准。对会计基础的不同选择，决定单位取得收入和发生支出在会计期间的配比，并直接影响单位工作业绩和财务成果。为了确定收入和费用的归属期间，在会计上形成了两种核算基础，即权责发生制和收付实现制。

二、权责发生制

权责发生制又称应收应付制，是指以应收应付作为确定本期收入和费用的标准，而不问货币资金是否在本期收到或付出。也就是说，一切要素的时间确认，特别是收入和费用的时间确认，均以权利已经形成或义务（责任）已经发生为标准。

权责发生制主要从时间选择上确定会计确认的基础，其核心是根据权责关系的实际发生和影响期间来确认企业的收支。在权责发生制下，由于收入和费用的收付期间与归属期间可能不一致，所以在会计期末要确定本期的收入和费用，必须根据账簿记录，按照归属期间对收入和费用进行账项调整。

采用权责发生制作为核算基础，账务处理手续比较复杂，但比较科学、合理，能够按照收入和费用的受益情况，正确地反映各个会计期间真实的财务状况和经营成果。因此，我国《企业会计准则》规定企业单位应当采用权责发生制。

例 1-7：企业本月发生广告费用 3 000 元尚未支付，确认本月销售费用3 000元。此项经济业务的处理采用了哪一种会计核算基础？

分析：采用了权责发生制。权责发生制会计基础要求：凡是当期已经实现的收入和已经发生或应当负担的费用，无论款项是否收付，都应当作为当期的收入和费用予以确认记入利润表。

三、收付实现制

收付实现制又称现金制或实收实付制，是以现金收到或付出为标准，来记录收入的实现和费用的发生。按照收付实现制，收入和费用的归属期间将与现金收支行为的发生与否紧密地联系在一起。换言之，现金收支行为在其发生的期间全部记作收入和费用，而不考虑与现金收支行为相连的经济业务实质上是否发生。

收付实现制是以款项的实际收付为标准来处理经济业务，确定本期收入和费用，计算本期盈亏的会计处理基础。在现金收付的基础上，凡在本期实际以现款付出的费用，不论其应否在本期收入中获得补偿，均应作为本期应计费用处理；凡在本期实际收到的现款收入，不论其是否属于本期，均应作为本期应计的收入处理。反之，凡本期还没有以现款收到的收入和没有用现款支付的费用，即使它归属于本期，也不作为本期的收入和费用处理。例如，某工厂 2014 年 5 月收到 2013 年 11 月的应收销货款 50 000 元，存入银行，尽管该项收入不是 2014 年 5 月创造的，但由于该项收入是在 5 月收到的，所以在现金收付基础上也作为 2014 年 5 月份的收入。这种处理方法的好处在于计算方法比较简单，也符合人们的生活习惯，但按照这种方法计算的盈亏不合理、不准确，所以《企业会计准则》规定企业不予采用。它主要应用于行政事业单位和个体户等。

例 1-8：大地企业 2018 年 3 月份发生了如下经济业务：①预付下季度房租 20 000元。②收到 3 月份销售商品货款 25 000 元，款项已存入银行。③购买 1 000 元的办公用品。④收到收货方定金 12 000 元，货物尚未发送。分别计算权责发生制和收付实现制下的 3 月份收支净额为多少。

分析：

权责发生制：25 000−1 000＝24 000（元）

收付实现制：25 000−20 000−1 000+12 000＝16 000（元）

权责发生制和收付实现制都是会计核算的记账基础，但是在处理收入和费用时的标准是不同的，所以同一会计事项按不同的会计核算基础进行处理，其结果可能是相同的，也可能是不同的。除此之外，权责发生制与收付实现制在对收入与费用的配比要求、会计期末处理方法、各会计期间计算的收益结果、核算过程中的账户设置等方面也存在着差异。

第二章　会计要素与会计科目

本章要点

1. 掌握会计要素的含义、特征及包括的内容。
2. 掌握会计计量属性。
3. 明确总账和明细科目的区别与联系。
4. 明确科目设置的原则。

问题导入

我们在进行会计核算时，需要将不同的经济业务事项进行分类，具体怎么分类？分类之后，由于这些经济业务错综复杂，即使涉及同一种会计要素，也会表现出不同的性质和内容，那么我们该如何做出进一步分类呢？分类后这些项目的名称是什么？通过本章的学习，我们会找到答案。

第一节　会计要素

一、会计要素的确认

会计要素是指会计对象是由哪些部分构成的，是会计对象的具体内容按照经济特征所做的最基本分类，是会计核算对象的具体化，也是构成会计报表的基本要素。会计要素是会计对象的具体化，是会计基本理论研究的基石，更是会计准则建设的核心。会计要素的定义是否科学合理，直接影响着会计实践质量的高低。合理划分会计要素，有利于清晰地反映产权关系和其他经济关系。《企业会计准则》将会计要素分为资产、负债、所有者权益（股东权益）、收入、费用（成本）和利润六个会计要素。其中，资产、负债和所有者权益三项会计要素侧重反映企业的财务状况，构成资产负债表要素；收入、费用和利润三项会计要素侧重于反映企业的经营成果，构成利润表要素。

（一）资产

1. 资产的定义

资产是指企业过去的交易或者事项形成的，由企业拥有或者控制的，预期会给企业带来经济利益的资源。资产随处可见，比如房屋、机器设备、运输工具、仓库里的货物等。资产具有以下特征：

（1）资产应为企业拥有或者控制的资源。

（2）资产预期会给企业带来经济利益。

（3）资产是由企业过去的交易或者事项形成的。

符合上述资产定义的资源，还须同时满足下列两个条件才能确认为资产：①与该资源有关的经济利益很可能流入企业；②该资源的成本或者价值能够可靠计量。

2. 资产的分类

资产按其流动性不同，分为流动性资产和非流动性资产。

流动资产是指企业可以在一年或者超过一年的一个营业周期内变现或者运用的资产，是企业资产中必不可少的组成部分。其主要包括货币资金、交易性金融资产、预付账款、应收账款和存货等。

非流动资产是指流动资产以外的资产，主要包括债权投资、长期应收款、长期股权投资、工程物资、投资性房地产、固定资产、在建工程、无形资产、长期待摊费用、债权投资、其他债权投资等。

（二）负债

1. 负债的定义

负债是指企业过去的交易或者事项形成的，预期会导致经济利益流出企业的现时义务。现时义务是指企业在现行的条件下已承担的义务。未来发生的交易或事项形成的义务，不属于现时义务，不应当确认为负债。

负债具有以下特征：

（1）负债是企业承担的现时义务。

（2）负债预期会导致经济利益流出企业。

（3）负债是由企业过去的交易或者事项形成的。

另外，与该义务有关的经济利益很可能流出企业，并且未来流出的经济利益的金额能够可靠计量。

2. 负债的分类

负债一般按其偿还速度或偿还时间的长短划分为流动负债和长期负债两类。

（1）流动负债是指将在一年或超过一年的一个营业周期内偿还的债务，主要包括短期借款、应付票据、应付账款、预收账款、应付职工薪酬、应交税费、应付利润、其他应付款等。

（2）长期负债是指偿还期在一年或超过一个营业周期的债务，包括长期借款、应付债券、长期应付款等。

例 2-1：负债是指过去的交易、事项形成的现时义务，履行该义务预期会导致（　　）流出本企业。

A. 货币资金　　B. 资产或劳务

C. 财产　　D. 经济利益

分析：D。负债的定义：企业过去的交易或者事项形成的，预期会导致经济利益流出企业的现时义务。

（三）所有者权益

1. 所有者权益的定义

所有者权益是指企业资产扣除负债后，由所有者享有的剩余权益。所有者权益的来源包括所有者投入的资本、直接记入所有者权益的利得和损失、留存收益等，通常由股本（或实收资本）、资本公积（含股本溢价或资本溢价、其他资本公积）、盈余公积和未分配利润构成。负债和所有者权益构成了企业资本的来源。所有者权益就是投资者对企业净资产的所有权，又称为股东权益。所有者权益是所有者对企业资产的剩余索取权。

所有者权益具有以下基本特征：

（1）除非发生减资、清算或分派现金股利，企业不需要偿还所有者权益。

（2）企业清算时，只有在清偿所有的负债后，所有者权益才返还给所有者。

（3）所有者凭借所有者权益能够参与企业经营管理和利润的分配。

2. 所有者权益的分类

所有者权益按其构成，分为投入资本、资本公积和留存收益三类。

（1）投入资本

投入资本是指所有者在企业注册资本的范围内实际投入的资本，主要包括实收资本（股本）。注册资本，是指企业在设立时向工商行政管理部门登记的资本总额，也就是全部出资者设定的出资额之和。企业对资本的筹集，应该按照法律、法规、合同和章程的规定及时进行。如果是一次筹集的，投入资本应等于注册资本；如果是分期筹集的，在所有者最后一次缴入资本以后，投入资本应等于注册资本。注册资本是企业的法定资本，是企业承担民事责任的财力保证。

（2）资本公积

资本公积是指归所有者共有的、非收益转化而形成的资本，主要包括资本溢价

(股本溢价)和其他资本公积等。

(3)留存收益

留存收益是指归所有者共有的、由收益转化而形成的所有者权益,主要包括法定盈余公积、任意盈余公积和未分配利润。

例 2-2:"所有者权益是指企业投资人对企业资产的所有权。"这个说法正确吗?

分析:不正确。所有者权益是所有者对企业资产的剩余索取权。

(四)收入

1. 收入的定义

收入是指企业在日常活动中所形成的、会导致所有者权益增加的、与所有者投入资本无关的经济利益的总流入。收入具有以下特征:

(1)收入从企业的日常活动中产生,而不是从偶发的交易或事项中产生。

日常活动是指企业为完成其经营目标所从事的经常性活动以及与之相关的活动,如企业销售产品,提供劳务,出租、出售原材料,对外投资(收取利息、现金股利)等日常活动。明确界定日常活动是为了将收入与利得区分。企业非日常活动所形成的、会导致所有者权益增加的、与所有者投入资本无关的经济利益的流入不能确认为收入,而应确认为利得。日常活动是确认收入的重要判断标准,凡是日常活动所形成的经济利益的流入应当确认为收入;反之,应当确认为利得。例如,无形资产出租所取得的租金收入属于日常活动所形成的,应当确认为收入;但是处置无形资产属于非日常活动,所形成的净利益,不应当确认为收入,而应确认为利得。有些交易或事项也能为企业带来经济利益,但不属于企业的日常活动,其流入的经济利益是利得,而不是收入。

(2)收入是与所有者投入资本无关的经济利益总流入。

(3)收入必然能导致企业所有者权益的增加。收入通常表现为资产增加,如企业在进行商品销售确认收入的同时,收到的款项也跟着增加;有时也表现为负债的减少,如企业采取预先收取一部分货款再发出商品的销售行为。

2. 收入的分类

(1)按照企业从事日常活动的性质,可以将收入分为销售商品收入、提供劳务收入、让渡资产使用权收入等。

(2)按照企业从事日常活动在企业的重要性的不同,可将收入分为主营业务收入、其他业务收入。

例 2-3:关于收入,下列说法中错误的是( )。

A. 收入是指企业在日常活动中形成的,会导致所有者权益增加的、与所有者投入资本无关的经济利益的总流入。

B. 收入只有在经济利益很可能流入从而导致企业资产增加或者负债减少,且经济利益的流入额能够可靠计量时才能予以确认。

C. 符合收入定义和收入确认条件的项目，应当列入利润表。

D. 收入是指企业在日常活动中形成的、会导致所有者权益或负债增加的、与所有者投入资本无关的经济利益的总流入。

分析：D。收入会导致所有者权益增加或者负债减少。

（五）费用

1. 费用的定义

费用是指企业在日常活动中发生的会导致所有者权益减少的、与向所有者分配利润无关的经济利益的总流出。费用具有以下基本特征：

（1）费用是在日常活动中形成的。这些日常活动的界定与收入定义中涉及的日常活动相一致。将费用界定为日常活动中所形成的，目的是将费用与损失区分开。因为企业非日常活动所形成的经济利益的流出不能确认为费用，而应确认为损失。如企业出售固定资产发生的净损失就属于损失，而不是费用。

（2）费用会导致经济利益的流出，该流出不包括向所有者分配利润。费用应当会导致经济利益的流出，从而导致资产的减少或负债的增加，或二者兼而有之。

（3）费用最终会导致所有者权益的减少。与费用相关的经济利益的流出最终应当会导致所有者权益减少。

2. 费用的分类

（1）费用按其经济内容，可以分为以下费用要素：

①外购材料。

②外购燃料、动力。

③工资及职工福利费。

④折旧费。

⑤利息支出。

⑥税金。

⑦其他费用（不属于以上各种费用要素的费用支出）。

按上列费用要素反映的费用就称为要素费用。

费用按照经济内容分类，可以反映企业在一定时期内发生了哪些生产费用，金额各是多少，以便于分析企业各个时期各种费用占整个费用的比重，进而分析企业各个时期各种要素费用支出的水平，有利于考核费用计划的执行情况。

（2）费用按经济用途，可以分为以下两类：

①生产成本

生产成本是生产单位为生产产品或提供劳务而发生的各项生产费用，包括各项直接支出和制造费用。直接支出包括直接材料（原材料、辅助材料、燃料及动力等）、直接人工（生产人员的工资、补贴）、其他直接支出（如福利费）；制造费用是指企业内的分厂、车间为组织和管理生产所发生的各项费用，包括分厂、车间管理人员工资、折旧费、维修费、修理费及其他制造费用（办公费、差旅费等）。

②期间费用

期间费用是指不能直接归属于某个特定产品成本的费用。它是随着时间推移而发生的与当期产品的管理和产品销售直接相关，而与产品的产量、产品的制造过程无直接关系，即容易确定其发生的期间，而难以判别其所应归属的产品，因而是不能列入产品制造成本，而在发生的当期从损益中扣除。期间费用包括直接从企业的当期产品销售收入中扣除的销售费用、管理费用和财务费用。

费用按经济用途进行分类，能够明确反映直接用于产品生产的材料费用、工人工资以及耗用于组织和管理生产经营活动上的各项支出各是多少，从而有助于企业了解费用计划、定额、预算等的执行情况，控制成本费用支出，加强成本管理和成本分析。

（六）利润

1. 利润的定义

利润是指企业在一定会计期间的经营成果，包括收入减去费用后的余额、直接记录当期利润的利得和损失。如果企业实现了利润，表明企业的所有者权益将增加，业绩得到了提升；反之，如果企业发生了亏损（即利润为负数），表明企业的所有者权益将减少，业绩下滑了。

从数值上看，利润就是收入（包括利得）减去费用（包括损失）之后的净额。其中，收入减去费用后的净额反映的是企业日常活动的经营业绩，直接记入当期利润的利得和损失反映的是企业非日常活动的业绩。

2. 利润的分类

企业的利润一般分为营业利润、利润总额和净利润。

营业利润是营业收入减去营业成本、税金及附加、期间费用、资产减值损失，加上公允价值变动收益（或减公允价值变动损失）、投资收益（或减投资损失）和资产处置损益（加或减）后的金额。利润总额是指营业利润加上营业外收入，减去营业外支出后的金额。净利润是指利润总额减去所得税费用后的金额。

二、会计要素的计量

会计要素计量是为了将符合确认条件的会计要素登记入账并列报于财务报表而确定其金额的过程。企业应按照规定的会计计量属性进行计量，确定相关金额。从会计角度讲，计量属性反映的是会计要素金额的确定基础，主要包括历史成本、重置成本、可变现净值、现值和公允价值等。

（一）历史成本

历史成本又称为实际成本，就是取得或制造某项财产物资时所实际支付的现金或者其他等价物。在历史成本计量下，资产按照其购置时支付的现金或者现金等价物的金额，或者按照购置资产时所付出的对价的公允价值计量。负债按照其因承担现时义务而实际收到的款项或者资产的金额，或者承担现时义务的合同金额，或者按照日常活动中为偿还负债预期需要支付的现金或者现金等价物的金额计量。

（二）重置成本

重置成本又称现行成本，是指按照当前市场条件，重新取得同样一项资产所需支付的现金或现金等价物金额。在重置成本计量下，资产按照现在购买相同或者相似资产所需支付的现金或者现金等价物的金额计量。负债按照发生经济业务的当时偿付该项债务所需支付的现金或者现金等价物的金额计量。

（三）可变现净值

可变现净值是指在正常生产经营过程中以预计售价减去进一步加工成本和销售所必须支付的预计税金、费用后的净值。在可变现净值计量下，资产按照其正常对外销售所能收到的现金或者现金等价物的金额扣减该资产至完工时估计将要发生的成本、估计的销售费用以及相关税金后的金额计量。

（四）现值

现值是指对未来现金流量以恰当的折现率进行折现后的价值，是考虑货币时间价值因素等的一种计量属性。在现值计量下，资产按照预计从其持续使用和最终处置中所产生的未来净现金流入量的折现金额计量。负债按照预计期限内需要偿还的未来净现金流出量的折现金额计量。

（五）公允价值

公允价值是指在公平交易中，熟悉情况的交易双方自愿进行资产交换或者债务清偿的金额。在公允价值计量下，资产和负债按照在公平交易中，熟悉情况的交易双方自愿进行资产交换或者债务清偿的金额计量。

第二节　会计科目

一、会计科目的概念

会计科目是按照经济业务的内容对会计要素的具体内容做进一步分类核算的项目，它是以客观存在的会计要素的具体内容为基础、根据核算和管理的需要而设置的。

会计科目的设置可以把各项会计要素的增减变化分门别类地归集起来，使之一目了然，以便为企业内部和有关方面提供一系列具体分类核算指标。

（1）会计科目是复式记账的基础。复式记账要求每一笔经济业务在两个或两个以上相互联系的账户中进行登记，以反映资金运动的来龙去脉。

（2）会计科目是编制记账凭证的基础。在我国，会计凭证是确定所发生的经济业务应记入何种会计科目以及分门别类登记账簿的凭据。

(3) 会计科目为成本核算及财产清查提供了前提条件。会计科目的设置，有助于成本核算，使各种成本计算成为可能，而通过账面记录与实际结存核对，又为财产清查、保证账实相符提供了必要条件。

(4) 会计科目为编制会计报表提供了方便。财务报表是提供会计信息的主要手段，为了保证会计信息的质量及其提供的及时性，财务报表中的许多项目与会计科目是一致的，并根据会计科目的本期发生额或余额填列。

二、会计科目的分类

为明确会计科目之间的相互关系，充分理解会计科目的性质和作用，进而更加科学规范地设置会计科目，以便更好地进行会计核算和会计监督，有必要对会计科目按一定的标准进行分类。

(一) 按其归属的会计要素分类

会计科目按照其归属的会计要素不同分为资产类、负债类、所有者权益类、成本类与损益类科目五类。

(1) 资产类科目：按资产的流动性分为反映流动资产的科目和反映非流动资产的科目。反映流动资产的科目有“库存现金”“银行存款”“原材料”和“应收账款”等。反映非流动资产的科目有“长期股权投资”“固定资产”和“无形资产”等。

(2) 负债类科目：按负债的偿还期限分为反映流动负债的科目和反映长期负债的科目。反映流动负债的科目有“短期借款”“应付账款”和“应付职工薪酬”等。反映长期负债的科目有“长期借款”和“应付债券”等。

(3) 所有者权益类科目：按所有者权益的形成和性质可分为反映资本的科目和反映留存收益的科目。反映资本的科目有“实收资本”和“资本公积”等。反映留存收益的科目有“盈余公积”和“本年利润”等。

(4) 成本类科目：按成本的不同内容和性质可以分为反映制造成本的科目和反映劳务成本的科目。反映制造成本的科目有“生产成本”和“制造费用”。反映劳务成本的科目有“劳务成本”。

(5) 损益类科目：按损益的不同内容可以分为反映收入的科目和反映费用的科目。反映收入的科目有“主营业务收入”和“其他业务收入”等。反映费用的科目有“主营业务成本”“其他业务成本”和“管理费用”等。

例 2-4：下列会计科目中，属于成本类科目的有（　　）。

A. 生产成本　　B. 主营业务成本

C. 制造费用　　D. 销售费用

分析：AC。选项 B 和 D 属于损益类科目。

例 2-5：下列会计科目中，属于资产类科目的有（　　）。

A. 预收账款　　B. 预付账款
C. 应收账款　　D. 应付账款

分析：BC。选项A和D属于负债类科目。

（二）按提供信息的详细程度及其统驭关系分类

会计科目按其所提供信息的详细程度及其统驭关系的不同分为总分类科目和明细分类科目。

（1）总分类科目，又称一级科目或总账科目，它是对会计要素具体内容进行总括分类、提供总括信息的会计科目，如“应收账款”“应付账款”和“原材料”等。总分类科目反映各种经济业务的概括情况，是进行总分类核算的依据。

（2）明细分类科目，又称明细科目，是对总分类科目做进一步分类，提供更详细和更具体会计信息的科目。如“应收账款”科目按债务人名称或姓名设置明细科目，反映应收账款的具体对象。对于明细科目较多的总账科目，可在总分类科目与明细科目之间设置二级或多级科目，如“原材料——甲材料、乙材料”。

（3）总分类科目和明细分类科目的关系：总分类科目对其所属的明细分类科目具有统驭和控制的作用，而明细分类科目是对其所归属的总分类科目的补充和说明。

例2-6：“总分类科目与其所属的明细分类科目的核算内容相同，所不同的是前者提供的信息比后者更加详细。”这种说法是否正确？

分析：不正确。明细分类科目对总分类科目进一步分类，是提供更详细和更具体会计信息的科目。

三、会计科目的设置

（一）会计科目的设置原则

作为向投资者、债权人、企业经营管理者等提供会计信息的重要手段，会计科目的设置过程中应努力做到科学、合理、适用。应遵循下列原则：

（1）合法性原则：指所设置的会计科目应当符合国家统一的会计制度的规定。我国现行的统一会计制度中均对企业设置的会计科目作出规定，以保证不同企业对外提供的会计信息的可比性。企业应当参照会计制度中的统一规定的会计科目，根据自身的实际情况设置会计科目，但其设置的会计科目不得违反现行会计准则的规定。对于国家统一会计准则规定的会计科目，企业可以根据自身的生产经营特点，在不影响统一会计核算要求以及对外提供统一的财务报表的前提下，自行增设、减少或合并某些会计科目。

（2）相关性原则：指所设置的会计科目应当为有关各方提供所需要的会计信息，满足对外报告与对内管理的要求。根据企业会计准则的规定，企业财务报告提供的信息必须满足对内、对外各方面的需要，而设置会计科目必须服务于会计信息的提供，必须与财务报告的编制相协调、相关联。

（3）实用性原则：指所设置的会计科目应符合单位自身特点，满足单位实际需要。企业的组织形式、所处行业、经营内容及业务种类等不同，在会计科目的设置上亦应有所区别。在合法性的基础上，企业应根据自身特点，设置符合企业需要的会计科目。

（二）常用会计科目

会计科目表是由多种会计科目组成，对各类会计科目的一种集合。会计科目表和会计科目使用说明是会计科目设计的最终成果。会计科目表的作用是帮助会计人员全面掌握和正确运用会计科目，规范账户的开设和会计分录的编制。为了便于会计工作的进行，通常在会计制度中，以会计科目表的形式对会计科目的编号、类别和名称加以规范。企业在实际工作中需要使用的会计科目如表 2-1 所示。

表 2-1　常用会计科目

编号	名称	编号	名称
一、资产类		二、负债类	
1001	库存现金	2001	短期借款
1002	银行存款	2202	应付账款
1101	交易性金融资产	2203	预收账款
1122	应收账款	2211	应付职工薪酬
1123	预付账款	2221	应交税费
1131	应收股利	2231	应付利息
1132	应收利息	2232	应付股利
1221	其他应收款	2241	其他应付款
1231	坏账准备	2501	长期借款
1401	材料采购	2502	应付债券
1403	原材料	2701	长期应付款
1405	库存商品	三、所有者权益类	
1471	存货跌价准备	4001	实收资本
1511	长期股权投资	4002	资本公积
1531	长期应收款	4101	盈余公积
1601	固定资产	4103	本年利润
1602	累计折旧	4104	利润分配
1604	在建工程	四、成本类	
1605	工程物资	5001	生产成本
1606	固定资产清理	5101	制造费用

表2-1(续)

编号	名称	编号	名称
1701	无形资产	5201	劳务成本
1702	累计摊销	五、损益类（与利润有关）	
1801	长期待摊费用	6001	主营业务收入
		6050	其他业务收入
		6101	公允价值变动损益
		6111	投资收益
		6301	营业外收入
		6401	主营业务成本
		6402	其他业务成本
		6403	税金及附加
		6601	销售费用
		6602	管理费用
		6603	财务费用
		6701	资产减值损失
		6711	营业外支出
		6801	所得税费用

第三章　会计等式与复式记账

本章要点

1. 明确会计等式以及六大会计要素之间的关系。
2. 掌握复式记账法概念要点及借贷记账法下的记账规则。
3. 掌握会计科目的对应关系、会计分录的编制步骤。
4. 掌握借贷记账法的试算平衡法。
5. 掌握平行登记要点。

问题导入

通过理解和掌握会计各个要素的不同概念和特征，你知道会计要素之间存在什么样的关系吗？企业发生不同的经济业务会对资产总额和权益总额的数量关系产生怎样的影响？是否会破坏这一平衡关系？如何记录日常的经济业务，为会计核算提供帮助呢？就让我们一起来探索吧！

第一节　会计等式

会计等式由会计要素组成，反映了会计要素之间的平衡关系，是各种会计核算方法的理论基础。从形式上看，会计等式反映了会计对象的具体内容即各项会计要素之间的内在联系；从实质上看，会计等式揭示了会计主体的产权关系、基本财务状况和经营成果。

一、资产=负债+所有者权益

（一）会计恒等式

任何形式的企业，无论其规模大小，要正常开展生产经营活动，必须拥有一定数量的经济资源作为从事经济活动的基础。这些资源分布在企业生产经营活动的各个方面，以不同的形态存在，如货币资金、原材料、固定资产等。而企业用于生产经营活动的资产，又是通过一定的渠道获得的。资产来源于所有者投入的资本和向债权人借入的资金及其在生产经营中所产生的效益，分别归属于所有者和债权人。归属于所有者的部分形成所有者权益，归属于债权人的部分形成债权人权益（即企业的负债），二者统称为权益。

由此看来，资产和权益之间有着相互依存的关系，即资产不能离开权益而存在，权益也不能离开资产而存在；没有无权益的资产，也没有无资产的权益。权益代表资产的来源，而资产则是权益的存在形态，二者实际上是企业资本这同一事物的两个不同方面或两种不同的表现形式。因此二者之间客观上存在着必然相等的关系，即从数量上看，有一定数量的资产必然有一定数量的权益；反之，亦然。也就是说，资产和权益在任何一个时点都必然保持恒等的关系，我们可用数学公式将资产与权益的关系表示如下：

资产=权益（静态会计等式）

而权益包括债权人权益（即负债）和所有者权益，因此会计恒等式可以进一步表示为：

资产=负债+所有者权益

这是最基本的会计等式，通常称为第一会计等式（会计恒等式）。它反映了企业在任一时点所拥有的资产以及债权人和所有者对企业资产要求权的基本状况，表明了资产与负债、所有者权益之间的基本关系，是资金运动的静态表现形式，故也被称为静态会计等式。会计恒等式是复式记账法、试算平衡和编制资产负债表的理论基础，在会计核算中占有很重要的地位。具体如图3-1所示。

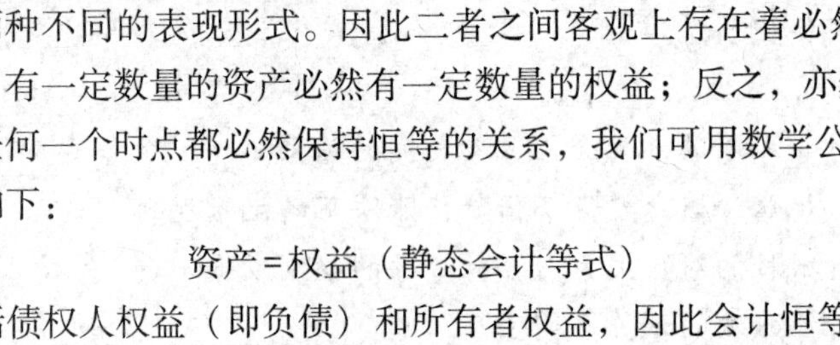

图3-1　复式记账法、试算平衡和编制资产负债表的理论依据

（二）经济业务对会计恒等式的影响

企业在生产经营过程中，任何一项经济业务事项的发生，都会引起各会计要素的增减变动，但不会影响会计恒等式的平衡关系。具体表现如下：

1. 对“资产=权益”等式的影响

下面通过分析大地公司2018年第一季度发生的几项经济业务，说明经济业务对“资产=权益”等式两边会计要素变动的影响。我们将其归纳为以下四种类型：

（1）资产和权益同时等额增加

例3-1：1月1日，大地公司向银行借入短期借款100 000元存入银行。

分析：这项经济业务使得企业的银行存款即资产增加100 000元，同时因为借入短期借款导致企业的负债增加100 000元，等式两边同时增加100 000元，并没有改变等式的平衡关系。

即：资产↑=权益↑

（2）资产方金额有增有减，权益不变

例3-2：1月7日，大地公司从银行提取现金2 000元作为备用。

分析：这项经济业务使企业的库存现金增加2 000元，同时银行存款减少2 000元，企业资产内部发生等额的增减变动，但资产总额不变，没有改变等式的平衡关系。

即：资产↑↓= 权益

（3）资产和权益同时等额减少

例3-3：1月10日，大地公司用银行存款归还所欠乙公司材料款10 000元。

分析：这项经济业务使企业的银行存款即资产减少10 000元，同时应付账款即负债减少10 000元，等式两边同时减少10 000元，没有改变等式的平衡关系。

即：资产↓= 权益↓

（4）权益方金额有增有减，资产不变

例3-4：1月14日，银行同意大地公司的申请，将该公司的短期借款100 000元变更为长期借款。

分析：这项经济业务使企业的短期借款减少100 000元，同时长期借款即负债增加100 000元，即企业的权益（即负债）内部发生增减变动，但权益总额不变，没有改变等式的平衡。

即：资产=权益↑↓

2. 对“资产=负债+所有者权益”等式的影响

（1）资产和负债要素同时等额增加

例3-5：1月25日，大地公司购入原材料20 000元，货款尚未支付。

分析：这项经济业务使企业的原材料即资产增加20 000元，同时应付账款即负债增加20 000元，等式两边同时增加20 000元，没有改变等式的平衡关系。

即：资产↑= 负债↑+ 所有者权益

(2) 资产和负债要素同时等额减少

例 3-6：2 月 1 日，大地公司归还短期借款 100 000 元，用银行存款支付。

分析：这项经济业务使企业的银行存款即资产减少 100 000 元，同时短期借款即负债也减少 10 000 元，等式两边同时减少 10 000 元，没有改变等式的平衡关系。

即：资产↓= 负债↓+ 所有者权益

(3) 资产和所有者权益要素同时等额增加

例 3-7：2 月 10 日，大地公司收到丁公司投入的资金 600 000 元，款项存入银行。

分析：这项经济业务使企业的银行存款即资产增加 600 000 元，同时因为收到投资所以所有者权益增加 600 000 元，等式两边同时等额增加 600 000 元，没有改变等式的平衡关系。

即：资产↑=负债+所有者权益↑

(4) 资产和所有者权益要素同时等额减少

例 3-8：2 月 26 日，甲公司收回对大地公司的投资 300 000 元，大地公司以银行存款支付。

分析：这项经济业务使企业的银行存款即资产减少 300 000 元，同时由于收回投资导致所有者权益减少 300 000 元，等式两边同时等额减少 300 000 元，没有改变等式的平衡关系。

即：资产↓=负债+所有者权益↓

(5) 资产要素内部项目金额有增有减，负债和所有者权益要素不变

例 3-9：3 月 2 日，大地公司用银行存款 40 000 元购买一台设备，该设备已交付使用。

分析：这项经济业务使企业的银行存款减少 40 000 元，同时固定资产增加 40 000元，企业的资产内部项目一增一减，没有改变等式的平衡关系。

即：资产↑↓= 负债+所有者权益

(6) 负债要素内部项目金额有增有减，资产和所有者权益要素不变

例 3-10：3 月 10 日，大地公司向银行借入 200 000 元直接用于归还拖欠丙公司的货款。

分析：这项经济业务使企业的应付账款减少 200 000 元，同时短期借款即负债增加 200 000 元，即企业的权益（即负债）内部发生增减变动，但权益总额不变，没有改变等式的平衡。

即：资产=负债↑↓+ 所有者权益

(7) 所有者权益要素内部项目金额有增有减，资产和负债要素不变

例 3-11：3 月 17 日，大地公司同意以资本公积 1 000 000 元转增实收资本。

分析：这项经济业务使企业的资本公积即所有者权益减少 1 000 000 元，同时所有者权益中的实收资本增加 1 000 000 元，即企业的所有者权益内部项目一增一减，但所有者权益总额不变，没有改变等式的平衡关系。

即：资产=负债+所有者权益↑↓

（8）负债要素增加，所有者权益要素等额减少，资产要素不变

例3-12：3月27日，大地公司宣告向投资者分配现金股利500 000元。

分析：这项经济业务使企业的利润分配减少500 000元，同时应付股利增加500 000元，即企业的所有者权益减少，负债增加，权益总额不变，没有改变等式的平衡关系。

即：资产=负债↑+所有者权益↓

（9）负债要素减少，所有者权益要素等额增加，资产要素不变

例3-13：3月30日，大地公司将应偿还给乙公司的账款300 000元转作乙公司对本公司的投资。

分析：这项经济业务使企业的应付账款减少300 000元，同时实收资本增加300 000元，即企业的所有者权益增加，负债减少，权益总额不变，没有改变等式的平衡关系。

即：资产=负债↓+所有者权益↑

二、收入-费用=利润

企业经营的最终目的是取得收入，实现盈利。企业在取得收入的同时，必然会发生相应的费用，通过比较收入和费用，才能确定企业在一定时期的盈利水平。企业在一定时期所获得的收入减去所发生的各种费用后的余额，即表现为利润，用公式可以表示为：

收入-费用=利润

收入、费用、利润等会计要素之间的这种基本关系，被称为“第二会计等式”（动态会计等式）。它反映了企业在一定会计期间经营成果与相应的收入和费用之间的关系，说明了企业利润的形成过程，是企业编制利润表的基础。

在实际工作中，由于收入不包括处置固定资产净收益、固定资产盘盈、出售无形资产净收益等，费用则不包括处置固定资产净损失、自然灾害损失等，所以收入减去费用，经过相关利得和损失调整后，才等于利润。

第二节　复式记账

采用科学的方法来记账，便于对会计要素进行核算和监督。为了真实、全面地反映企业经济活动的过程和结果，除了按一定原则设置会计科目，还须运用一定的记账方法记录会计要素的增减变动。记账方法是指根据一定的原理和记账符号记账规则，在会计科目中记录经济交易与事项的具体手段和方法。

一、复式记账法

按照记账方法的不同，可分为单式记账法和复式记账法。

单式记账法是指每一项经济业务的发生，只通过一个账户来反映。单式记账法不能全面、系统地反映各项会计要素之间的增减变动情况和经济业务的来龙去脉，不便于检查账户记录的正确性和完整性。由于单式记账法存在种种缺点，这种方法早已被淘汰。我国现行制度规定企业、机关、行政事业单位都必须采用复式记账法。

复式记账法是以资产与权益平衡关系作为记账基础，对于每一笔经济业务，都要在两个或两个以上相互联系的账户中进行登记，系统地反映资金运动变化及其结果的一种记账方法。

复式记账根据记账符号的不同，可分为借贷记账法、收付记账法和增减记账法三种。借贷记账法以“借”和“贷”作为记账符号，是国际上通用的记账方法；收付记账法以“收”和“付”作为记账符号，是在我国传统的收付记账法的基础上发展起来的复式记账法；增减记账法以“增”和“减”作为记账符号，是我国商业系统在改革记账方法时设计提出的一种记账方法。我国《企业会计准则》规定，所有企业一律采用借贷记账法记账。

二、借贷记账法

1. 借贷记账法的概念

借贷记账法是按照复式记账的原理，以资产与权益的平衡关系为基础，以“借”和“贷”为记账符号，以“有借必有贷，借贷必相等”为记账规则的一种复式记账方法。借贷记账法产生于13世纪的意大利，是世界上普遍采用的记账方法。

2. 借贷记账法的记账符号

在借贷记账法中，“借”“贷”二字已经失去其原有的含义，而是作为会计核算中专门的记账符号。我们将会计科目分为两个基本部位：左方和右方，以此来分别反映某类经济业务事项所引起企业资金的增减变动。借贷记账法用“借”和“贷”作为记账符号，至于是“借”表示增加，还是“贷”表示增加，则取决于会计科目所反映的经济内容，即会计科目的性质。

3. 借贷记账法的会计科目结构

会计科目按其性质可分为资产类、负债类及所有者权益类、成本类、损益类等。通过学习会计等式，我们知道资产与权益是同一事物的两个不同方面，二者总额始终保持相等的平衡关系。账户结构取决于所采用的记账方法，而借贷记账法账户的基本结构是每个账户都分为左右两方，左方为“借方”，右方为“贷方”。如果在账户的借方记录经济业务，可以称为“借记某账户”；在账户的贷方记录经济业务，则可以称为“贷记某账户”。

（1）资产类会计科目的结构

资产类科目的结构是，科目的借方记录资产的增加额，贷方记录资产的减少额。在一个会计期间内，借方登记的金额合计称为本期借方发生额，贷方登记的金额合计称为本期贷方发生额。在每一个会计期间的期末，比较本期借贷方发生额，并与其期初余额进行比较，计算出期末余额。由于资产借方登记增加额，它的减少额不可能大于其期初余额和本期增加额之和，因此，资产类会计科目期末如有余额，应该在借方。资产类会计科目的内部关系可用等式来表示，这也是我们计算其期末余额的公式：

资产类会计科目期末余额=期初余额+本期借方发生额-本期贷方发生额

资产类会计科目的结构如图 3-2 所示。

借方	贷方
期初余额 本期增加发生额	本期减少发生额
期末余额	

图 3-2　资产类会计科目的结构

（2）负债及所有者权益类会计科目的结构

会计恒等式“资产=负债+所有者权益”，决定了负债与所有者权益科目的结构与资产类科目的结构正好相反，其贷方登记负债及所有者权益的增加额，借方登记负债及所有者权益的减少额。同样负债及所有者权益期末的余额，一般应该在贷方。因此负债及所有者权益类科目的期末余额用公式表示为：

负债及所有者权益类会计科目期末余额=期初余额+本期贷方发生额-本期借方发生额

负债及所有者权益类会计科目的结构如图 3-3 所示。

借方	贷方
期初余额 本期减少发生额	本期增加发生额
期末余额	

图 3-3　负债及所有者权益类会计科目的结构

（3）成本类会计科目的结构

企业在一定时期内为生产一定种类、一定数量的产品所支出的各种费用的总和，就是这些产品的成本。企业生产的产品，是企业资产的一种存在形态，也就是说，属于资产范畴。由此可知成本类科目结构与资产类科目结构基本相同，即成本类会计科目的借方登记成本的增加额，贷方登记成本的减少额，期末一般无余额，若有余额，应在借方。

成本类会计科目的结构如图 3-4 所示。

借方	贷方
本期增加发生额	本期减少发生额或转销额

（该账户期末结账后无余额）

图 3-4　成本类会计科目的结构

（4）损益类会计科目的结构

损益类会计科目包括收入类科目和费用类科目。收入的取得和费用的发生，最终会导致所有者权益发生变化。收入的增加是所有者权益增加的因素，费用的增加是所有者权益减少的因素。这就决定了收入类会计科目的结构和所有者权益类会计科目的结构基本一致，费用类会计科目的结构与所有者权益类会计科目的结构相反，即与资产类会计科目的结构类似。损益类会计科目是为了计算损益而开设的，因而会计期末，应将收入、费用全额转出，计算利润。因此收入、费用转出后，损益类会计科目期末一般没有余额。

①收入类会计科目结构。收入类会计科目的贷方登记收入的增加额，借方登记收入的减少额和转销额。由于贷方登记的收入增加额在会计期末一般都要通过借方转出，用以计算经营成果，因此，收入类会计科目期末通常情况下没有余额。收入类会计科目的结构如图 3-5 所示。

借方	贷方
本期减少发生额或转销额	本期增加发生额

（该账户期末结账后无余额）

图 3-5　收入类会计科目的结构

②费用类会计科目的结构。费用类会计科目结构与资产类会计科目结构相似，因此它的借方登记费用的增加额，贷方登记费用的减少额和转销额。由于借方登记的费用增加额在会计期末一般都要通过贷方转出，用于计算经营成果，所以，费用类会计科目期末一般没有余额。费用类会计科目的结构如图 3-6 所示。

借方	贷方
本期增加发生额	本期减少发生额或转销额

（该账户期末结账后无余额）

图 3-6　费用类会计科目的结构

4. 借贷记账法的记账规则

记账规则，是指记录经济交易或事项时所应遵守的规则。借贷记账法的记账规则为：有借必有贷，借贷必相等。即对于每一笔经济业务都要在两个或两个以上相互联系的科目中以借方和贷方相等的金额进行登记。运用借贷记账法登记经济业务时，首先应根据经济业务的内容，确定它所涉及的会计要素，以及这些会计要素是增加还是减少；然后再确定经济业务所涉及的会计科目；最后确定应将其记入有关会计科目的借方或贷方及其金额。

现以大地公司发生的经济业务为例说明：

例 3-14：大地公司收到甲公司投入的全新设备一套，价值 30 000 元。

分析：这笔经济业务涉及资产和所有者权益两个会计要素的变化，一方面使资产类科目（固定资产）增加 30 000 元登记在借方，另一方面使权益类科目（实收资本）增加 30 000 元登记在贷方，同时记入借方、贷方相等的金额。具体如图 3-7 所示。

（资产类科目）

借方　　固定资产	贷方
30 000	

（所有者权益类科目）

借方　　实收资本	贷方
	30 000

图 3-7　资产类与所有者权益类科目

例 3-15：大地公司用银行存款归还银行短期借款 60 000 元。

分析：此项经济业务导致两个会计要素的变化，使二者同时减少。一是资产类科目（银行存款）减少 60 000 元，记入该科目的贷方；二是负债类科目（短期借款）减少 60 000 元，记入该科目的借方，借贷金额相等。具体如图 3-8 所示。

（资产类科目）

借方　　银行存款	贷方
	60 000

（负债类科目）

借方　　短期借款	贷方
	60 000

图 3-8　资产类与负债类科目

例 3-16：大地公司按当年实现净利润的 10%计提法定盈余公积，金额为 70 000 元。

分析：这项经济业务一方面使权益类科目（盈余公积）增加 70 000 元，登记入“盈余公积”的贷方，另一方面使权益类科目（利润分配）减少 70 000 元，登记入“利润分配”的借方，借贷金额相等，权益总额不变。具体如图 3-9 所示。

（所有者权益类科目）

借方	盈余公积	贷方
		70 000

（所有者权益类科目）

借方	利润分配	贷方
70 000		

图 3-9　所有者权益类科目

例 3-17：大地公司以银行存款偿还应付采购原材料的货款 3 000 元，归还其他应付款项 500 元。

分析：这项经济业务涉及资产和负债两个会计科目同时减少。一方面使资产方的银行存款减少了 3 500 元，应记入“银行存款”科目的贷方；另一方面使负债方的应付账款减少了 3 000 元，其他应付款减少了 500 元，应记入“应付账款”和“其他应付款”科目的借方。具体如图 3-10 所示。

（负债类科目）

借方	应付账款	贷方
3 000		

（资产类科目）

借方	银行存款	贷方
3 500		

（负债类科目）

借方	其他应付款	贷方
500		

图 3-10　负债类与资产类科目

通过以上事例可以看出：无论发生的经济业务属于会计要素的何种增减变化，在借贷记账法下，要求对发生的每一项经济业务都要在两个或两个以上的相互联系的科目的借方和贷方进行登记。即记入一个科目的借方，同时记入一个或几个科目的贷方；或者记入一个科目的贷方，同时记入一个或几个科目的借方。记入借方的金额与记入贷方的金额必须相等。由此可以归纳为：“有借必有贷，借贷必相等。”这就是借贷记账法的记账规则。全部会计科目结构如表 3-1 所示。

表 3-1　全部会计科目结构表

会计科目	期初余额	本期增加发生额	本期减少发生额或转销额	期末余额
资产类	借方	借方	贷方	借方
负债及所有者权益类	贷方	贷方	借方	贷方

表3-1(续)

会计科目	期初余额	本期增加发生额	本期减少发生额或转销额	期末余额
成本类	借方	借方	贷方	无余额，若有在借方
收入类	—	贷方	借方	无余额
费用类	—	借方	贷方	无余额

5. 会计科目的对应关系和会计分录

（1）会计科目的对应关系

会计科目的对应关系，是指按照借贷记账法的记账规则记录经济业务时，在两个或两个以上有关科目之间形成的应借、应贷相互对照关系。

在借贷记账法下，每项经济业务的发生，都要记录在一个或几个科目的借方与另一个或几个科目的贷方。对每项经济业务记录所形成的这种“借”记科目和“贷”记科目之间的联系，称为会计科目（账户）的对应关系。存在着这种对应关系的会计科目（账户）称为对应科目（账户），通过会计科目（账户）的对应关系，可以了解经济业务的内容和资金运动的来龙去脉。

例3-18：大地公司将5 000元现金存入银行。

分析：这项经济业务一方面使得银行存款增加，按借贷记账法应记入“银行存款”科目的借方；另一方面使得现金减少，按借贷记账法应记入“库存现金”科目的贷方。在这项经济业务中，“银行存款”和“库存现金”科目就形成了应借、应贷的关系，即会计科目的对应关系。

（2）会计分录

会计分录简称分录，是按照复式记账法的要求，对每项经济业务列示出应借、应贷的会计科目名称及其金额的一种记录。为了连续、系统地记录资产、负债和所有者权益的变化，清晰地反映各科目之间的对应关系，保证科目记录的正确性，对每一项经济业务，在记入有关科目之前，首先应根据经济业务的有关凭据（原始凭证），在记账凭证中编制会计分录。按照所涉及会计科目的多少，会计分录分为简单会计分录和复合会计分录。简单会计分录指只涉及一个会计科目借方和另一个会计科目贷方的会计科目，即一借一贷的会计分录；复合会计分录指由两个以上（不含两个）对应会计科目所组成的会计分录，即一借多贷、一贷多借或多借多贷的会计分录。

运用借贷记账法编制会计分录，可按照以下编制步骤进行：

①分析经济业务事项所涉及的会计科目是资产（成本、费用），还是权益（收入）；

②确定涉及哪些会计科目，是增加还是减少；

③确定哪个（或哪些）会计科目记借方，哪个（或哪些）会计科目记贷方；

④编制会计分录，并检查是否符合记账规则。

如何运用借贷记账法编制简单的会计分录呢？我们将通过例 3-19 来教你编制会计分录。

例 3-19：依据例 3-1、例 3-2、例 3-3、例 3-4、例 3-5 的业务编制会计分录如下：

①借：银行存款　　100 000
　　贷：短期借款　　100 000

②借：库存现金　　2 000
　　贷：银行存款　　2 000

③借：应付账款　　10 000
　　贷：银行存款　　10 000

④借：短期借款　　100 000
　　贷：长期借款　　100 000

⑤借：原材料　　20 000
　　贷：应付账款　　20 000

6. 借贷记账法的试算平衡

（1）试算平衡的含义

试算平衡是以会计恒等式和借贷记账规则为理论基础，根据资产与权益之间的平衡关系，按照记账规则的要求，通过对所有会计科目记录的汇总和计算，来检查各类会计科目的记录是否正确的一种方法。

（2）试算平衡的分类

试算平衡的方法包括发生额试算平衡法和余额试算平衡法两种。

①发生额试算平衡法

发生额试算平衡法是根据借贷记账法“有借必有贷，借贷必相等”的记账规则，每一笔交易或事项均以相等的金额记入两个或两个以上相关会计科目的借方和贷方。该方法是根据本期全部会计科目借方发生额合计与贷方发生额合计的恒等关系，来检验本期发生额记录是否正确的方法。其平衡公式为：

全部会计科目本期借方发生额合计=全部会计科目本期贷方发生额合计

②余额试算平衡法

余额试算平衡法是根据本期全部会计科目借方余额合计与贷方余额合计的恒等关系，检验本期科目记录是否正确的方法。当我们要检验所有科目记录的内容经过一个时期的增减变动后，在某一特定时点上其结构是否正确，可采用这种方法。用公式表示为：

全部会计科目的借方期初余额合计=全部会计科目的贷方期初余额合计

全部会计科目的借方期末余额合计=全部会计科目的贷方期末余额合计

下面通过举例来说明试算平衡表的编制：

例 3-20：大地公司 2018 年 4 月份发生以下经济业务（所有科目的期初余额如表 3-2 所示）：

表 3-2　　大地公司 2018 年 3 月 31 日总账各账户余额表　　单位：元

资产类科目		负债与所有者权益类科目	
库存现金	80 000	短期借款	40 000
银行存款	500 000	应付账款	30 000
其他应收款	12 000	应付债券	30 000
原材料	100 000	实收资本	492 000
		盈余公积	100 000
合计	692 000	合计	692 000

（1）4 月 2 日，甲公司向大地公司追加投资，投入货币资金 20 000 元，存入银行。会计分录如下：

借：银行存款　　20 000

　贷：实收资本　　20 000

银行存款

借方	贷方
期初余额 500 000	
（1）20 000	

实收资本

借方	贷方
	期初余额 492 000
	（1）20 000

（2）4 月 10 日，大地公司购入原材料一批，价值 32 000 元，货款未付，材料已验收入库。会计分录如下：

借：原材料　　32 000

　贷：应付账款　　32 000

原材料

借方	贷方
期初余额 100 000	
（2）32 000	

应付账款

借方	贷方
	期初余额 30 000
	（2）32 000

（3）4 月 13 日，向工商银行借入一年期借款 15 000 元用于归还前欠材料款。会计分录如下：

借：应付账款　　15 000

　贷：短期借款　　15 000

应付账款

借方	贷方
	期初余额 30 000
	（2）32 000
（3）15 000	

短期借款

借方	贷方
	期初余额 40 000
	（3）15 000

（4）4 月 22 日，以现金 1 000 元支付职工王某暂借差旅费。会计分录如下：

借：其他应收款　　1 000

贷：库存现金　　　　1 000

借方	其他应收款	贷方
期初余额 12 000		
(4) 1 000		

借方	库存现金	贷方
		期初余额 80 000
		(4) 1 000

(5) 经批准大地公司用盈余公积 32 000 元转增资本。会计分录如下：

借：盈余公积　　　　32 000

贷：实收资本　　　　32 000

借方	盈余公积	贷方
		期初余额 100 000
(5) 32 000		

借方	实收资本	贷方
		期初余额 492 000
		(1) 20 000
		(5) 32 000

(6) 经批准将企业原发行的 12 000 元应付债券转为实收资本。会计分录如下：

借：应付债券　　　　12 000

贷：实收资本　　　　12 000

借方	应付债券	贷方
		期初余额 30 000
(6) 12 000		

借方	实收资本	贷方
		期初余额 492 000
		(1) 20 000
		(5) 32 000
		(6) 12 000

本期发生额试算平衡表如表 3-3 所示，余额试算平衡表如表 3-4 所示。

表 3-3　　本期发生额试算平衡表

2018 年 4 月 30 日　　单位：元

会计科目	本期发生额	
	借方	贷方
库存现金		(4) 1 000
银行存款	(1) 20 000	
其他应收款	(4) 1 000	
原材料	(2) 32 000	
短期借款		(3) 15 000
应付账款	(3) 15 000	(2) 32 000
应付债券	(6) 12 000	
实收资本		(1) 20 000 (5) 32 000 (6) 12 000
盈余公积	(5) 32 000	
合计	112 000	112 000

表 3-4　　余额试算平衡表

2018 年 4 月 30 日　　单位：元

会计科目	期初余额		本期发生额		期末余额	
	借方	贷方	借方	贷方	借方	贷方
库存现金	80 000			1 000	79 000	
银行存款	500 000		20 000		520 000	
其他应收款	12 000		1 000		13 000	
原材料	100 000		32 000		132 000	
短期借款		40 000		15 000		55 000
应付账款		30 000	15 000	32 000		47 000
应付债券		30 000	12 000			18 000
实收资本		492 000		64 000		556 000
盈余公积		100 000	32 000			68 000
合计	692 000	692 000	112 000	112 000	744 000	744 000

在编制试算平衡表时，应注意：试算平衡只是通过借贷金额是否相等来检查科目记录的正确性。如果借贷不相等，可以肯定科目记录或计算有错误，应该认真查找，直到达到平衡为止。但是有些记录错误是不能通过试算平衡查到的，因为这些错误没有影响借贷双方的平衡关系，例如：

（1）漏记某项经济业务，将使本期借贷双方的发生额同时等额减少，借贷仍然平衡；

（2）重复登记某项经济业务，将使本期借贷双方的发生额同时等额虚增，借贷仍然平衡；

（3）某项经济业务记错有关会计科目，借贷仍然平衡；

（4）某项经济业务在会计科目记录中，颠倒记账方向，借贷仍然平衡；

（5）借方或贷方发生额中，偶然发生多记少记并相互抵消，借贷仍然平衡，等等。

三、总分类科目与明细分类科目的平行登记

（一）总分类科目与明细分类科目的关系

总分类科目和明细分类科目是对同一交易或事项进行分层次核算而设置的科目，二者之间存在相互联系、相互制约的关系。总分类科目是对所属明细分类科目的总括，对其所属明细分类科目起着统驭控制作用；明细分类科目是对其总分类科目的细分，对总分类科目起着辅助和补充说明作用；每个明细分类科目所反映的资料都是总分类科目的组成部分，二者记账的原始依据相同，金额合计应当相等。

(二) 总分类科目与明细分类科目的平行登记

虽然总分类科目与明细分类科目存在着上述联系，但在处理上却是平行的，应平行登记。平行登记，是指对所发生的每项经济业务都要以会计凭证为依据，一方面记入有关总分类科目，另一方面也要记入有关总分类科目所属明细分类科目的方法。通过总分类科目与所属明细分类科目的平行登记，便于科目核对和检查，纠正错误。

具体来说，平行登记应遵循以下几点要求：

1. 所依据会计凭证相同（依据相同）

对发生的交易或事项记入总分类科目及其所属明细分类科目时，所依据的会计凭证相同。虽然登记总分类科目及其所属明细分类科目的直接依据不一定相同，但原始依据是相同的。

2. 借贷方向相同（方向相同）

每一笔经济业务，在记入总分类科目和明细分类科目时，记账方向必须一致。如总分类科目记入借方，明细分类科目也记入借方；总分类科目记入贷方，明细分类科目也记入贷方。

3. 所属会计期间相同（期间相同）

对每笔经济业务在记入总分类科目和明细分类科目过程中，可以有先有后，但必须在同一会计期间全部登记入账。

4. 记入总分类科目的金额与记入其所属明细分类科目的金额合计相等（金额相等）

对于发生的每一笔经济业务，记入总分类科目的金额必须与记入所属明细分类科目金额之和相等。

采用平行登记法登记以后，总分类科目与其所属明细分类科目本期发生额及余额的关系如下：

总分类科目期初借（或贷）方余额=所属明细分类科目期初借（或贷）方余额之和

总分类科目本期借（或贷）方发生额=所属明细分类科目本期借（或贷）方发生额之和

总分类科目期末借（或贷）方余额=所属明细分类科目期末借（或贷）方余额之和

现以大地公司 2018 年 4 月份发生的有关“原材料”账户部分经济业务为例，说明总分类科目与明细分类科目的平行登记原理。该公司 2014 年 4 月初“原材料”账户的借方余额是 60 000 元，其中“原材料——甲材料”借方余额为 35 000 元，“原材料——乙材料”借方余额为 25 000 元。本月发生以下经济业务，该公司材料按实际成本计价核算：

（1）4 月 5 日，大地公司购入甲材料一批，增值税专用发票上记载的货款为

20 000元，增值税税额为 2 600 元，全部款项已用转账支票付讫，材料已验收入库。

借：原材料——甲材料　　20 000

　　应交税费——应交增值税（进项税额）　　2 600

　贷：银行存款　　22 600

（2）4 月 18 日，大地公司采用托收承付结算方式购入乙材料一批，货款为 50 000元，增值税税额为 6 500 元，对方代垫包装费 1 000 元，款项在承付期内以银行存款支付，材料已验收入库。

借：原材料——乙材料　　51 000

　　应交税费——应交增值税（进项税额）　　6 500

　贷：银行存款　　57 500

“原材料”明细分类科目余额试算平衡表如表 3-5 所示。

表 3-5　　**“原材料”明细分类科目余额试算平衡表**

2013 年 4 月 30 日　　单位：元

明细分类科目	期初余额		本期发生额		期末余额	
	借方	贷方	借方	贷方	借方	贷方
甲材料	35 000		20 000		55 000	
乙材料	25 000		51 000		76 000	
合计	60 000		71 000		131 000	

根据大地公司发生的经济业务，采用平行登记的方法，登记“原材料”总分类科目及其明细分类科目，如表 3-6、表 3-7、表 3-8 所示。

总第　　页　分第　　页

表 3-6　　**原材料　明细账**　　二 级账户编号及名称甲材料

____级账户编号及名称______

2013 年		凭证		摘要	借方								√	贷方								√	借或贷	金额								√
月	日	字	号		十	万	千	百	十	元	角	分		十	万	千	百	十	元	角	分			十	万	千	百	十	元	角	分	
4	1			期初余额																			借		3	5	0	0	0	0	0	√
4	5			购买材料		2	0	0	0	0	0	0	√										借		5	5	0	0	0	0	0	√

总第　　页　分第　　页

表 3-7　　　　　　　　原材料　明细账

二级账户编号及名称乙材料

____级账户编号及名称______

2013 年		凭证		摘要	借方								√	贷方								√	借或贷	金额								√
月	日	字	号		十	万	千	百	十	元	角	分		十	万	千	百	十	元	角	分			十	万	千	百	十	元	角	分	
4	1			期初余额																			借		2	5	0	0	0	0	0	√
4	18			购买材料		5	1	0	0	0	0	0	√										借		7	6	0	0	0	0	0	√

总第　　页　分第　　页

表 3-8　　　　　　　　原材料　总分类账

____级账户编号及名称______

____级账户编号及名称______

2013 年		凭证		摘要	借方								√	贷方								√	借或贷	金额								√
月	日	字	号		十	万	千	百	十	元	角	分		十	万	千	百	十	元	角	分			十	万	千	百	十	元	角	分	
4	1			期初余额																			借		6	0	0	0	0	0	0	√
4	5			购买材料		2	0	0	0	0	0	0	√										借		8	0	0	0	0	0	0	√
4	18			购买材料		5	1	0	0	0	0	0	√										借	1	3	1	0	0	0	0	0	√

第四章　会计凭证

本章要点

1. 掌握会计凭证的定义。
2. 掌握原始凭证的分类、基本内容、填制要求。
3. 掌握原始凭证的审核内容及其处理。
4. 掌握记账凭证编制的基本要求及审核内容。
5. 掌握会计凭证的传递与保管。

问题导入

一张张单据是如何体现经济业务的？怎样辨别每一张单据，如何用书面形式记录经济业务的发生，为下一个核算环节提供准备呢？

第一节　会计凭证概述

一、会计凭证的概念和种类

会计凭证，简称凭证，是记录经济业务事项发生或完成的情况，明确经济责任的书面证明，也是登记账簿的依据。填制和审核会计凭证是会计核算的一种重要方法。

任何单位在处理任何经济业务时，都必须按规定的程序和要求，由执行和完成该项经济业务的有关人员从单位外部取得或自行填制有关凭证，以书面形式记录和证明所发生经济业务的性质、内容、数量和金额等，并在凭证上签名或盖章，以对经济业务的合法性和凭证的真实性、完整性负责，明确经济责任。任何会计凭证都需要经有关人员严格审核并确认无误，才能作为登记账簿的依据。填制和审核会计凭证是会计核算工作的起点，是会计核算的基础工作，也是对经济业务活动进行核算和监督的基本环节。

会计凭证按其填制的程序和用途不同分为原始凭证和记账凭证。

（一）原始凭证

原始凭证又称单据，是在经济业务发生或完成时取得或填制的，用以记录或证明经济业务的发生或完成情况，明确经济责任的书面证明。它是在经济业务发生的过程中直接发生的，是会计核算的原始资料和重要依据。如购买材料时从供应单位取得的发票，出差时的车票、飞机票等，都是原始凭证。

（二）记账凭证

记账凭证，又称记账凭单，是会计人员根据审核无误的原始凭证按照经济业务事项的内容加以归类，并据以确定会计分录后所填制的会计凭证。它是登记账簿的直接依据。

原始凭证的种类繁多，它只表明经济业务的具体内容，却不能表明经济业务应记入的会计科目及其借贷方向，直接根据原始凭证登记账户容易发生错误。因此，在记账前，应该将审核无误的原始凭证经过一定的归类和整理，填制具有统一格式的记账凭证，说明经济业务应借应贷的会计科目及其金额，并将相关的原始凭证附在记账凭证后面。这样不仅可以有效地保管原始凭证，还能提高记账的工作效率，便于日后的对账和查账。

二、会计凭证的作用

会计凭证的填制和审核，对于如实反映经济业务内容，有效监督经济业务的合理性和合法性，保证会计核算资料的真实性、可靠性、合法性，发挥会计在管理中的作用，有着重大意义。作为会计核算的初始阶段和基本环节，它的作用体现在以下几个方面：

1. 记录经济业务，提供记账依据

会计凭证为登记账簿提供了可靠的依据，会计凭证所记录的有关信息是否真实、可靠、及时，对于能否保证会计信息质量，具有至关重要的影响。

2. 明确经济责任，强化内部控制

任何会计凭证除记录有关经济业务的基本内容外，还必须由有关部门和人员签章，对会计凭证所记录经济业务的合法性、真实性、完整性负责，以防止舞弊行为，强化内部控制。

3. 监督经济活动，控制经济运行

通过对会计凭证的审核，一方面可以监督、检查每一项经济业务是否符合国家有关法律、法规、制度规定；另一方面可以查明是否有违法乱纪、铺张浪费的行为，以保证对经济活动的事中控制，保证经济活动健康发展。

第二节　原始凭证

一、原始凭证的种类

原始凭证的种类繁多，形式多样，为方便学习，可按不同的标准将其分类。

（一）按取得的来源不同分类

原始凭证按取得的来源不同，可分为自制原始凭证和外来原始凭证。

1. 自制原始凭证

自制原始凭证是指由本单位内部经办业务的部门和人员，在执行或完成某项经济业务时填制的、仅供本单位内部使用的原始凭证，如收料单、领料单、限额领料单、产品入库单、产品出库单、借款单、工资发放明细表、折旧计算表等。自制原始凭证按其填制手续不同，分为一次凭证、累计凭证、汇总凭证三种。

（1）一次凭证

一次凭证是指一次填制完成、只记录一笔经济业务的原始凭证。所有的外来原始凭证和大部分自制的原始凭证都属于一次凭证，如借款申请、领料单、收料单等，具体如表 4–1、表 4–2、表 4–3 所示。

表 4–1　　借款申请

年　月　日

借款人			
用途			
金额（大写）人民币		¥	
还款计划			
领导批示		借款人签章	

表 4–2　　领料单

领料部门：　　　　　　　　　　　　　　　　领料编号：

领料用途：　　　　　年　月　日　　　　　　发料仓库：

材料编号	材料名称及规格	计量单位	数量		单价	金额
			请领	实领		
备注					会计	

第一联：存根联

仓库保管员：　　　　　　发料：　　　　　　领料主管：

表 4-3　　收料单

供货单位：　　编号：

发票编号：　　年　月　日　　收料仓库：

材料类别	材料编号	材料名称及规格	计量单位	数量		金额			
				应收	实收	单价	买价	运杂费	合计
备注									会计

第一联：存根联

仓库负责人　　记账　　仓库保管　　收料

（2）累计凭证

累计凭证是指在一定时期内多次记录发生的、同类型经济业务的原始凭证。其特点是在一张凭证内可以连续登记相同性质的经济业务，随时结出累计数及结余数，并按照费用限额进行费用控制，期末按实际发生额记账。累计凭证是多次有效的原始凭证。具有代表性的累计凭证是“限额领料单”，如表 4-4 所示。

表 4-4　　限额领料单

年　月

领料车间：　　发料仓库：　　计划产量：

材料名称：　　实际或计划单价：　　计量单位：

材料编号：　　消耗定额：　　领用限额：

日期	请领		实发					备注
	数量	领料单位负责人	数量	累计	发料人	领料人	限额结余	
累计实发金额								

供应部门负责人（签章）　　生产计划部门负责人（签章）　　仓库负责人（签章）

（3）汇总凭证

汇总凭证也称为原始凭证汇总表，是指对一定时期内反映经济业务内容相同的若干张原始凭证，按照一定标准综合填制的原始凭证。汇总原始凭证合并了同类型的经济业务，简化了记账工作量。

常用的汇总原始凭证有发出材料汇总表、差旅费报销单等，具体如表 4-5、表 4-6所示。

表 4-5　　　　　　　　　　发出材料汇总表

年　月

会计科目	领料部门	领用材料			
		原材料	包装物	低值易耗品	合计
生产成本	一车间				
	二车间				
	小计				
	供电车间				
	供水车间				
	小计				
制造费用	一车间				
	二车间				
	小计				
管理费用	行政部门				

会计主管：　　　　　　　　审核：　　　　　　　　制表：

表 4-6　　　　　　　　　　差旅费报销单

部门　　　　　　　　　　　年　月　日

<table>
<tr><td colspan="3">出差人</td><td colspan="6"></td><td colspan="4">出差事由</td><td colspan="3"></td></tr>
<tr><td colspan="4">出发</td><td colspan="4">到达</td><td rowspan="2">交通工具</td><td colspan="2">交通费</td><td colspan="2">出差补贴</td><td colspan="3">其他费用</td></tr>
<tr><td>月</td><td>日</td><td>时</td><td>地点</td><td>月</td><td>日</td><td>时</td><td>地点</td><td>单据张数</td><td>金额</td><td>天数</td><td>金额</td><td>项目</td><td>单据张数</td><td>金额</td></tr>
<tr><td></td><td></td><td></td><td></td><td></td><td></td><td></td><td></td><td></td><td></td><td></td><td></td><td></td><td>住宿费</td><td></td><td></td></tr>
<tr><td></td><td></td><td></td><td></td><td></td><td></td><td></td><td></td><td></td><td></td><td></td><td></td><td></td><td>市内车费</td><td></td><td></td></tr>
<tr><td></td><td></td><td></td><td></td><td></td><td></td><td></td><td></td><td></td><td></td><td></td><td></td><td></td><td>邮电费</td><td></td><td></td></tr>
<tr><td></td><td></td><td></td><td></td><td></td><td></td><td></td><td></td><td></td><td></td><td></td><td></td><td></td><td>办公用品费</td><td></td><td></td></tr>
<tr><td></td><td></td><td></td><td></td><td></td><td></td><td></td><td></td><td></td><td></td><td></td><td></td><td></td><td>其他</td><td></td><td></td></tr>
<tr><td colspan="2" rowspan="2">报销总额</td><td colspan="6" rowspan="2">人民币（大写）</td><td colspan="2" rowspan="2">预借差旅费</td><td colspan="3" rowspan="2">¥</td><td></td><td></td><td></td></tr>
<tr><td></td><td></td><td></td></tr>
</table>

附件　张

主管　　　　　　审核　　　　　　出纳　　　　　　领款人

2. 外来原始凭证

外来原始凭证是指在经济业务发生或完成时，从其他单位或个人直接取得的原始凭证，如购买货物时取得的增值税专用发票、对外单位支付款项时取得的收据、银行收付款通知单、银行转来的各种结算凭证、职工出差取得的飞机票、车船票等。

具体如图 4-1、图 4-2 所示。

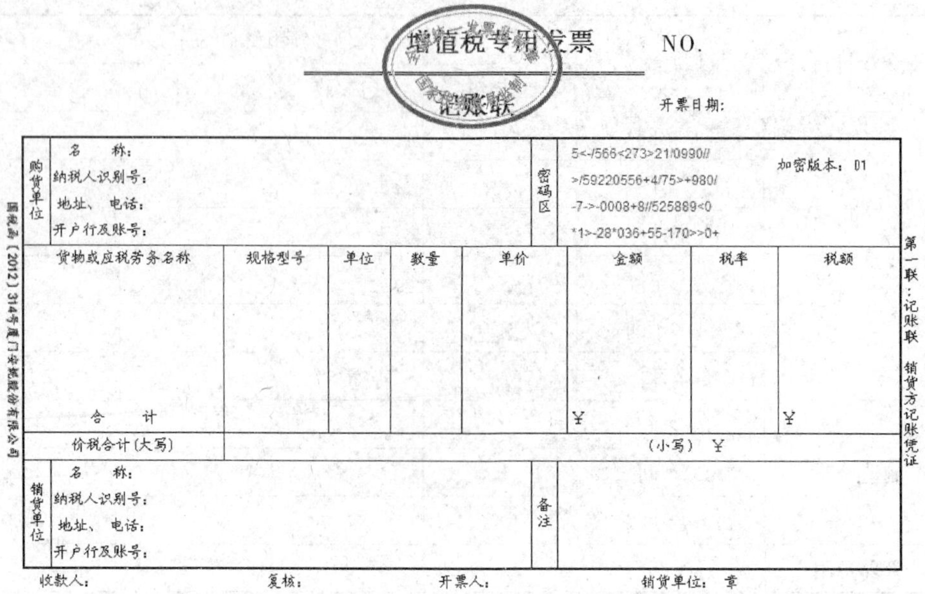

增值税专用发票　NO.

记账联

开票日期：

购货单位	名　称： 纳税人识别号： 地址、电话： 开户行及账号：	密码区	5<-/566<273>21/0990// >/59220556+4/75>+980/ -7->-0008+8//525889<0 *1>-28*036+55-170>>0+	加密版本：01

货物或应税劳务名称	规格型号	单位	数量	单价	金额	税率	税额
合　计					¥		¥
价税合计（大写）					（小写）¥		

销货单位	名　称： 纳税人识别号： 地址、电话： 开户行及账号：	备注	

收款人：　复核：　开票人：　销货单位：章

国税函〔2012〕314号厦门安妮股份有限公司

第一联：记账联　销货方记账凭证

图 4-1　增值税专用发票

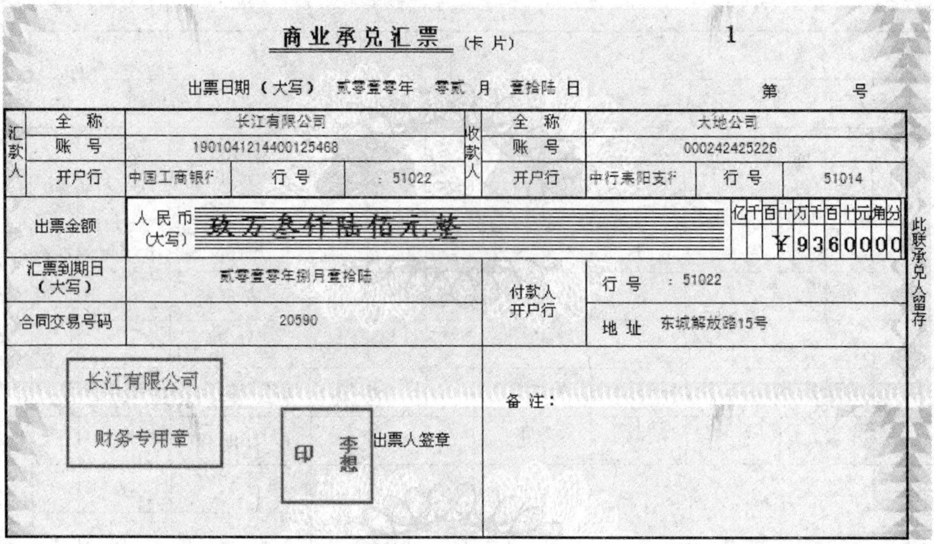

商业承兑汇票（卡片）　1

出票日期（大写）　贰零壹零年　零贰 月　壹拾陆 日　　第　　号

汇款人	全　称	长江有限公司			收款人	全　称	大地公司		
	账　号	1901041214400125468				账　号	000242425226		
	开户行	中国工商银行	行　号	51022		开户行	中行耒阳支行	行　号	51014

出票金额	人民币（大写）玖万叁仟陆佰元整	亿千百十万千百十元角分 ¥9360000
汇票到期日（大写）	贰零壹零年捌月壹拾陆	付款人开户行　行号：51022
合同交易号码	20590	地址　东城解放路15号

长江有限公司财务专用章　印　李想　出票人签章

备注：

此联承兑人留存

图 4-2　商业承兑汇票

（二）按照格式的不同分类

1. 通用凭证

通用凭证指由有关部门统一印制、在一定范围内使用的具有统一格式和使用方法的原始凭证。通用凭证的使用范围，因制作部门不同而异，可以是某一地区、某一行业，也可以全国通用，如由人民银行制作的银行转账结算凭证、车票等。

2. 专用凭证

专用凭证指由单位自行印制、仅在本单位内部使用的原始凭证，如“领料单”“差旅费报销单”“工资费用分配表”“折旧计算表”等。

原始凭证的分类如图 4-3 所示。

- 原始凭证的分类
  - 来源
    - 自制原始凭证
      - 一次凭证（如：领料单）
      - 累计凭证（如：限额领料单）
      - 汇总凭证（如：发出材料汇总表）
    - 外来原始凭证（如：购买货物取得的增值税专用发票）
  - 格式
    - 通用凭证（如：车票）
    - 专用凭证（如：工资费用分配表）

图 4-3　原始凭证的分类

二、原始凭证的基本内容

虽然各项经济业务的内容不同，原始凭证的种类也是多种多样，但是原始凭证作为经济业务的原始依据，必须详细记载有关经济业务的发生或完成情况，必须明确经办单位和人员的经济责任。原始凭证所包括的基本内容通常称为凭证要素。它主要包括：原始凭证名称；填制凭证的日期；凭证的编号；接受凭证单位名称（抬头人）；经济业务内容（含数量、单价、金额等）；填制单位签章；有关人员（部门负责人、经办人员）签章；填制凭证单位名称或者填制人姓名；凭证附件。

三、原始凭证的填制要求

原始凭证是编制记账凭证的依据，是会计核算最基础的原始资料。所有原始凭证都必须经过财会人员审核，才能登记入账。为了保证会计核算工作的质量，必须正确填制原始凭证。填制原始凭证应符合下列要求：

（一）填制原始凭证的基本要求

1. 记录要真实

原始凭证所要求填列的日期、业务内容、数量、金额等必须真实可靠，符合实际情况。

2. 内容要完整

原始凭证必须按规定格式和内容逐项填写完整，同时必须由经办业务的部门有关人员签章，不得遗漏和省略，确保凭证的真实性和正确性。

3. 手续要完备

单位自制的原始凭证必须有经办人员和经办负责人的签名盖章；对外开出的原始凭证必须加盖本单位公章；从外单位取得的原始凭证，必须盖有填制单位的公章；从个人取得的原始凭证，必须有填制人员的姓名或签章。出纳人员在办理收款或付款业务后，应在凭证中加盖“收讫”或“付讫”的印章，以避免重收重付。

4. 书写要清楚、规范

原始凭证要按规定填写，文字简洁，字迹清晰，易于辨认，不得使用未经国务院公布的简化汉字。原始凭证的填制，除需要复写外，必须用钢笔或碳素笔书写。大小写金额必须相符，填写时需要注意：

大写金额用汉字壹、贰、叁、肆、伍、陆、柒、捌、玖、拾、佰、仟、万、亿、元、角、分、零、整等，一律用正楷或行书字体书写。大写金额前未印有“人民币”字样的，应加写“人民币”三个字，“人民币”字样和大写金额之间不得留有空白。大写金额到元或角为止的，后面要写“整”或“正”字；有分的，不写“整”或“正”字。如：小写金额为￥2 009.00，大写金额应写成“人民币贰仟零玖元整”；小写金额为￥10 029.70，大写金额应写成“人民币壹万零贰拾玖元柒角整”。

小写金额用阿拉伯数字逐个书写，不得连笔书写。阿拉伯金额数字前面应当书写货币币种符号或者货币名称简写，如人民币币种符号为“￥”，美元币种符号为“$”等。人民币符号“￥”与阿拉伯数字之间不得留有空白。金额数字一律填写到角、分，无角、分的，写“00”或符号“—”；有角无分的，分位写“0”，不得用符号“—”。

5. 编号要连续

每种凭证需要连续编号，以便查找。如果原始凭证已预先印定编号，如支票等重要原始凭证，在写坏作废时，应加盖“作废”戳记，并妥善保管，不得撕毁。

6. 不得涂改、刮擦、挖补

原始凭证如有错误，应当由出具单位重开或更正，更正处应当加盖出具单位印章。原始凭证金额有错误的，应当由出具单位重开，不得在原始凭证上更正。

7. 填制要及时

各种凭证应在经济业务发生或完成时及时填写，并按规定程序及时送交有关部门进行会计审核和记账。

（二）自制原始凭证的填制要求

1. 一次凭证的填制

一次凭证的填制手续是在经济业务发生或完成时，由经办人员填制，一般只反映一项经济业务，或者同时反映若干项同类性质的经济业务。

例 4-1：2018 年 4 月 4 日长江有限公司生产乙产品领用芝麻 500 千克，单位成本 5 元，填制领料单。具体如表 4-7 所示。

表 4-7　　领料单

领料部门：生产车间　　领料编号：0101 号

领料用途：生产乙产品　　2018 年 4 月 4 日　　发料仓库：01 号仓库

材料类别	名称及规格	计量单位	数量		单价	金额
			请领	实领		
芝麻	乙产品	千克	500	500		
备注					会计	

第一联：存根联

仓库保管员：×××　　发料：×××　　领料主管：×××

2. 累计凭证的填制

累计凭证是在一定时期不断重复地反映同类经济业务的完成情况，它是由经办人员在每次经济业务完成后在其上面重复填制而成的。

例 4-2：长江公司四车间生产丁产品，2018 年 4 月钢材领用限额为 100 吨。该月领用钢材填制的限额领料单如表 4-8 所示。

表 4-8　　限额领料单

2018 年 4 月

领料车间：第四车间　　发料仓库：03 仓库　　计划产量：1 000 台

材料名称：钢材　　实际或计划单价：470　　计量单位：吨

材料编号：1253　　消耗定额：0.1 吨/台　　领用限额：100

日期	请领		实发					备注
	数量	领料单位负责人	数量	累计	发料人	领料人	限额结余	
2	25	刘丽	25	25	王芳	张可	75	
10	45	刘丽	45	70	王芳	张可	30	
22	30	刘丽	30	100	王芳	张可	0	
累计实发金额：47 000 元								

供应部门负责人（签章）×××　生产计划部门负责人（签章）×××　仓库负责人（签章）×××

3. 汇总凭证的填制

汇总凭证也称为原始凭证汇总表，是指对一定时期内反映经济业务内容相同的若干张原始凭证，按照一定标准综合填制的原始凭证，用以集中反映某项经济业务的完成情况。

例 4-3：长江公司 04 号仓库 2018 年 5 月发出材料汇总表如表 4-9 所示。

表 4-9　　发出材料汇总表　　附件：16 张

2018 年 5 月　　单位：元

会计科目	领料部门	领用材料			
		原材料	包装物	低值易耗品	合计
生产成本	一车间	1 100	350	120	1 570
	二车间	620	280	100	1 000
	小计	1 720	630	220	2 570
	供电车间	260	210		470
	供水车间	480	150		630
	小计	740	360		1 100
制造费用	一车间	670	140	50	860
	二车间	420	230	66	716
	小计	1 090	370	116	1 576
管理费用	行政部门	110	210		320
合计		3 660	1 570	336	5 566

会计主管：　　审核：　　制表：

（三）外来原始凭证的填制要求

外来原始凭证是指在经济业务发生或完成时，从其他单位或个人直接取得的原始凭证，该凭证由外单位经办人员填制。外来原始凭证一般由税务局等部门统一印制，或经税务部门批准由经营单位印制，在填制时加盖出具凭证单位公章方有效，对于一式多联的原始凭证必须用复写纸套写。

四、原始凭证的审核

为了正确反映经济业务的发生或完成情况，充分发挥会计的监督作用，保证原始凭证的合理性、合法性和真实性，会计负责人或经其指定的审核人员必须认真地、严格地审核原始凭证。原始凭证的审核内容主要包括原始凭证的真实性、合法性、合理性、完整性、正确性和及时性。

（一）审核原始凭证的真实性

原始凭证直接反映经济业务的发生情况，其真实性对会计信息的质量具有重要的影响。其真实性的审核包括凭证日期是否真实、摘要是否真实、业务内容是否真实、数据是否真实等内容。为确保原始凭证的真实性，凭证上必须填有相关单位公章及填制人员、相关经办人员等相关责任人的签名或盖章。此外，对通用原始凭证，还应审核凭证本身的真实性，以防假冒。

（二）审核原始凭证的合法性

审核原始凭证所反映的经济业务是否符合有关政策、法令、制度等规定，是否履行了规定的凭证传递和审查程序，是否有贪污腐败等行为。

（三）审核原始凭证的合理性

审核原始凭证是否符合生产经营活动的需要，是否符合计划、预算和合同等规定。

（四）审核原始凭证的完整性

审核原始凭证填写的项目内容是否符合规定的要求，是否填列齐全，手续是否完备，相关经办人员是否签名或盖章，是否经过有关主管人员审批同意，凭证联次是否正确等。

（五）审核原始凭证的正确性

审核原始凭证所填的各项金额是否计算和填写正确，是否有刮擦、涂改和挖补等痕迹。

（六）审核原始凭证的及时性

会计信息质量的及时性要求企业对已经发生的交易或者事项，应当及时进行会计确认、计量和报告，不得提前或者延后。原始凭证的及时性为会计信息的及时性提供了保证，特别是对于时效性较强的原始凭证需要仔细验证其签发日期，如审核支票、银行汇票和银行本票等原始凭证的填制日期。

经过审核的原始凭证应根据不同情况处理：对于完全符合要求的原始凭证，应及时据以编制记账凭证入账；对于真实、合法、合理但内容不够完整、填写错误的原始凭证，应退回相关经办人员，由其负责将有关凭证补充完整、更正错误或重开后，再办理正式会计手续；对于不真实、不合法的原始凭证，会计机构和会计人员有权不予接受，并向单位负责人报告。

第三节　记账凭证

一、记账凭证的种类

（一）按内容可分为收款凭证、付款凭证和转账凭证

1. 收款凭证

收款凭证是指用于记录现金和银行存款收款业务的凭证。收款凭证根据有关货币资金收入业务的原始凭证填制，可分为库存现金收款凭证和银行存款收款凭证。具体如表 4-10 所示。

表 4-10　　　　收款凭证

借方科目：　　　　年　月　日　　　　字第　号

摘要	贷方科目		金额								记账
	总账科目	明细科目	十	万	千	百	十	元	角	分	√
合计											

附件　张

会计主管：　　记账：　　出纳：　　审核：　　制单：

2. 付款凭证

付款凭证是指用于记录现金和银行存款付款业务的会计凭证。付款凭证根据有关货币资金支出业务的原始凭证填制，可分为库存现金付款凭证和银行存款付款凭证。具体如表 4-11 所示。

表 4-11　　　　付款凭证

贷方科目：　　　　年　月　日　　　　字第　号

摘要	借方科目		金额											记账
	一级科目	二级科目	亿	千	百	十	万	千	百	十	元	角	分	√
合计														

附件　张

会计主管：　　记账：　　出纳：　　审核：　　制单：

3. 转账凭证

转账凭证是指用于记录不涉及现金和银行存款业务的凭证，根据有关转账业务的原始凭证填制。具体如表 4-12 所示。

表 4-12　　　　　　　　　　转账凭证

年　月　日　　　　　　　　字第　号

摘　要	会计科目		借方金额									贷方金额									记账
	总账科目	明细科目	百	十	万	千	百	十	元	角	分	百	十	万	千	百	十	元	角	分	
合　计																					

附件　张

会计主管　　记账　　复核　　出纳　　制单

（二）按填列方式可分为复式记账凭证和单式记账凭证

1. 复式记账凭证

复式记账凭证又叫多科目记账凭证，是指将每一笔经济业务事项所涉及的全部会计科目及其发生额均在同一张记账凭证中反映的一种凭证。复式记账凭证全面反映了经济业务所涉及会计科目之间的对应关系，便于查账，它是实际工作中普遍应用的记账凭证。收款凭证、付款凭证和转账凭证都属于复式记账凭证。

2. 单式记账凭证

单式记账凭证是指每一张记账凭证只填列经济业务事项所涉及的一个会计科目及其金额的记账凭证。填列借方科目的称为借项记账凭证，填列贷方科目的称为贷项记账凭证。其编制特点是某项经济业务涉及几个会计科目，就编制几张单式记账凭证。由此可知，单式记账凭证反映内容单一，便于分工记账和科目汇总，但不能反映某项经济业务的全貌和所涉及的会计科目之间的对应关系。具体如表 4-13、表 4-14 所示。

表 4-13　　　　　　　　　　借项记账凭证

对应科目：　　　　　　　年　月　日　　　　　　　凭证编号：

摘　要	一级科目	二级或明细科目	金额

附件　张

会计主管　　记账　　出纳　　审核　　制单

表 4-14　　　　　　　　　　贷项记账凭证

对应科目：　　　　　　　年　月　日　　　　　　　凭证编号：

摘　要	一级科目	二级或明细科目	金额

附件　张

会计主管　　记账　　出纳　　审核　　制单

二、记账凭证的基本内容

为了满足记账的基本要求，记账凭证应具备以下基本内容：

（1）记账凭证的名称。

（2）记账凭证的日期。

（3）记账凭证的编号。

（4）经济业务事项的内容摘要。

（5）经济业务事项所涉及的会计科目及其记账方向。

（6）经济业务事项的金额。

（7）记账标记。

（8）所附原始凭证的张数。

（9）制单、审核、记账、会计主管等有关人员的签章，收款凭证和付款凭证还应由出纳人员签名或盖章。

三、记账凭证的填制要求

（一）基本要求

记账凭证是进行会计处理、登记会计账簿的直接依据。为了保证记账工作的质量，提高核算效率，因此必须遵守以下几点基本要求：

（1）记账凭证各项内容必须完整。完整填写凭证中的摘要、一级科目、二级科目、账户的对应关系、金额等几项内容。

（2）记账凭证应连续编号。一笔经济业务需要填制两张以上的记账凭证，可以采用分数编号法编号，如可编号“转字 $1\frac{1}{2}$号”“转字 $1\frac{2}{2}$号”。

（3）记账凭证的书写应清楚、规范。相关要求同原始凭证。

（4）经审核无误的原始凭证可以作为填制记账凭证的依据。记账凭证可以根据每一张原始凭证填制，或根据若干张同类原始凭证汇总编制，还可以根据原始凭证汇总表填制。但不得将不同内容和类别的原始凭证汇总填制在一张记账凭证上。

（5）除结账和更正错误的记账凭证可以不附原始凭证外，其他记账凭证必须附有原始凭证。

（6）填制记账凭证时若发生错误，应当重新填制。已登记入账的记账凭证在当年内发现会计科目填写错误时，可以用红字填写一张与原内容相同的记账凭证，在摘要栏注明“注销某月某日某号凭证”字样，同时再用蓝字重新填制一张正确的记账凭证，注明“订正某月某日某号凭证”字样。如果会计科目无误，只是金额错误，可以将正确数字与错误数字之间的差额，另编一张调整的记账凭证，调增金额用蓝字，调减金额用红字。发现以前年度记账凭证有误的，应当用蓝字填制更正的记账凭证。

（7）记账凭证填完经济业务事项后，若有空行，应当自金额栏最后一笔金额数字下的空行处至合计数上的空行处划线注销。

（二）收款凭证的填制要求

收款凭证左上角的“借方科目”按收款性质填写“库存现金”或“银行存款”；“日期”填写的是编制收款凭证的日期；右上角填写编制收款凭证的顺序号；“摘要”填写对所记录的经济业务的简要说明；“贷方科目”填写与收入现金或银行存款向对应的会计科目；“金额”是指该项经济业务的发生额；“记账”是指该凭证已登记账簿的标记，防止经济业务事项重记或漏记；凭证右侧“附件×张”是指该收款凭证所附原始凭证的张数；最下边分别由有关人员签名或盖章，以明确经济责任。出纳人员根据收款凭证收款时，要在凭证上加盖“收讫”戳记，以免重收。

例 4-4：长江公司于 2018 年 5 月 30 日从银行借入资金 800 000 元，借款期限为 3 年，所借款项已存入银行。具体如表 4-15 所示。

表 4-15　　收款凭证

借方科目：银行存款　　2018 年 5 月 30 日　　收字第 001 号

摘要	贷方科目		金额											记账
	总账科目	明细科目	亿	千	百	十	万	千	百	十	元	角	分	√
取得长期借款	长期借款	本金				8	0	0	0	0	0	0	0	√
合计					¥	8	0	0	0	0	0	0	0	

附件 1 张

会计主管：×××　　记账：×××　　出纳：×××　　审核：×××　　制单：×××

（三）付款凭证的填制要求

付款凭证的编制方法与收款凭证基本相同，只是左上角由“借方科目”换为“贷方科目”，凭证中间的“贷方科目”换为“借方科目”。出纳人员在办理付款业务后，应在凭证中加盖“付讫”戳记，以避免重付。

需要强调的是，对于涉及“库存现金”和“银行存款”之间的业务，一般只编制付款凭证，不编制收款凭证，以避免重复记账。

例 4-5：6 月 10 日长江公司从银行提取现金 100 000 元，以备发放工资，如表 4-16所示。

表 4-16　　付款凭证

贷方科目：银行存款　　2018 年 6 月 10 日　　付字第 001 号

摘要	借方科目		金额											记账√
	一级科目	二级科目	亿	千	百	十	万	千	百	十	元	角	分	
提取现金备发工资	库存现金					1	0	0	0	0	0	0	0	
合计														

附件1张

会计主管：××× 记账：××× 出纳：××× 审核：××× 制单：×××

（四）转账凭证的填制要求

转账凭证是将经济业务事项中涉及的全部会计科目按照先借后贷的顺序记入“会计科目”栏中的“总账科目”和“明细科目”，并按应借、应贷方向分别记入“借方金额”或“贷方金额”栏。其他项目的填列与收款凭证、付款凭证一致。

例 4-6　2018 年 6 月 17 日，生产二车间领用 B 材料 5 000 元，用以生产丙产品，如表 4-17 所示。

表 4-17　　转账凭证

2018 年 6 月 17 日　　转字第 001 号

摘要	会计科目		借方金额									贷方金额									记账
	总账科目	明细科目	百	十	万	千	百	十	元	角	分	百	十	万	千	百	十	元	角	分	
领入材料投入生产	生产成本	丙产品				5	0	0	0	0	0										√
	原材料	B 材料													5	0	0	0	0	0	√
合　计					¥	5	0	0	0	0	0			¥	5	0	0	0	0	0	

附件1张

会计主管　　记账　　复核　　出纳　　制单

（五）记账凭证的审核

记账凭证是根据审核无误的原始凭证填制的，是登记账簿的依据。为保证会计账簿的正确性，监督款项的收付情况，记账前必须由相关稽核人员对已编制的记账凭证进行认真、严格的审核。审核的内容主要有以下几个方面：

1. 内容是否真实

记账凭证内容的真实性体现在是否以原始凭证为记账依据，所附原始凭证的内容是否与记账凭证内容一致。

2. 项目是否齐全

审核人员应检查记账凭证中有关的填列项目是否完备，有关人员的签章是否完备。

3. 科目是否正确

审核人员应审核记账凭证中会计科目使用是否正确，应借、应贷的金额是否一致，账户的对应关系是否清晰，核算的内容是否符合国家统一的会计制度的规定等。

4. 金额是否正确

审核人员应审核记账凭证与原始凭证的有关金额、记账凭证汇总表的金额是否一致。

5. 书写是否正确

审核人员在审核记账凭证时应注意记账凭证的记录是否书写规范，字迹是否清晰，是否按规定进行更正等。

第四节　会计凭证的传递和保管

一、会计凭证的传递

会计凭证的传递是指会计凭证的取得或填制时起至归档保管过程中，在单位内部有关部门和人员之间的传递程序。会计凭证的传递是会计核算得以正常、有效进行的前提。会计凭证的传递要能够满足内部控制制度的要求，使传递程序合理有效，同时尽量节约传递时间，减少传递的工作量。

企业应根据自身的生产组织特点、经济业务内容和要求的不同，制定适合本企业的凭证传递程序和方法，以差旅费报销单的传递为例如图 4-4 所示。应做到：明确会计凭证各联次的用途和传递路线；合理确定会计凭证的传递时间；完善会计凭证传递中的衔接手续。会计凭证的传递是否科学、严密、有效，对于加强企业内部管理，提高会计信息质量有着重大的影响。

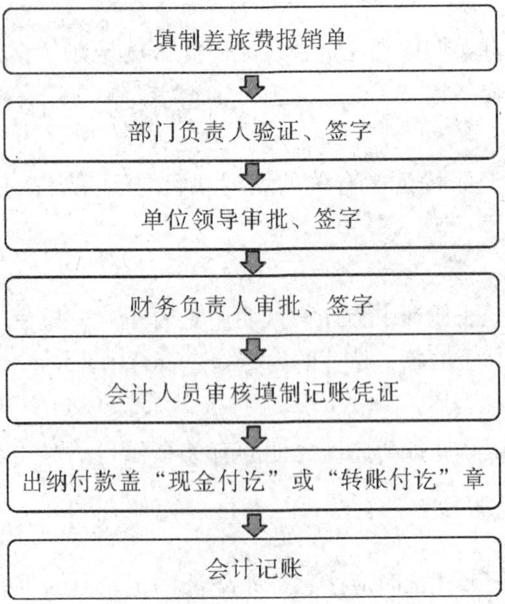

图 4-4　差旅费报销单的传递

二、会计凭证的保管

会计凭证的保管指会计凭证记账后的整理、装订、归档存查工作。会计凭证是记账的依据，是重要的经济档案和历史资料，因此必须妥善整理和保管会计凭证，不得丢失或随意销毁。

会计凭证的保管主要有以下几点要求：

（1）会计凭证应定期装订成册，防止散失。会计部门依据会计凭证记账后，应定期对各种会计凭证进行归类整理，将各种记账凭证按照编号顺序连同会计凭证所附的原始凭证一起加具封面、封底，然后装订成册，在装订线上加贴封签，并由装订人员在装订封签处签名或盖章。

从外单位取得的原始凭证遗失时，应取得原签发单位盖有公章的证明，并注明原始凭证的号码、金额、内容等，由经办单位会计机构负责人、会计主管人员和单位负责人批准后，才能当作原始凭证。若确实无法取得证明的，如火车票丢失，则应由当事人写明详细情况，由经办单位会计机构负责人、会计主管人员和单位负责人批准后当作原始凭证。

会计凭证封面应注明单位名称、凭证种类、凭证张数、起止号数、年度、月份、会计主管人员、装订人员等有关事项。会计主管人员和保管人员应在封面上签章。会计凭证装订封面如表 4-18 所示。

表 4-18　　会计凭证装订封面

<table>
<tr><td>凭证种类</td><td colspan="2"></td><td rowspan="5">附　订</td><td>科目汇总表　张</td></tr>
<tr><td>所属时间</td><td colspan="2">年度　　月份</td><td>银行存款对账单　张</td></tr>
<tr><td>起讫日期</td><td colspan="2">自　　日至　　日止</td><td>银行存款余额调节表　张</td></tr>
<tr><td>装订成册</td><td colspan="2">第　　册共　　册</td><td>出纳报告单　张</td></tr>
<tr><td>起讫编号</td><td colspan="2">字第　号至第　号止</td><td>备用金报账单　张</td></tr>
<tr><td>会计主管</td><td></td><td colspan="2">装订</td><td></td></tr>
</table>

（2）会计凭证应加贴封条，防止被抽换。原始凭证不得外借，其他单位如有特殊原因确实需要使用时，经本单位会计机构负责人、会计主管人员批准可以查阅或者复印，并办理登记手续。查阅或者复印会计档案的人员，严禁在会计档案上涂画、拆封和抽换。向外单位提供的原始凭证复印件，应在专设的登记簿上登记，并由提供人员和收取人员共同签名、盖章。

（3）原始凭证较多时可单独装订，但应在凭证封面注明所属记账凭证的日期、编号和种类，同时在所属的记账凭证上应注明“附件另订”及原始凭证的名称和编号，以便查阅。对各种重要的原始凭证，如押金收据、提货单等，以及各种需要随时查阅的退回的单据，应另编目录，单独保管，并在有关的记账凭证和原始凭证上分别注明日期和编号。

（4）每年装订成册的会计凭证，在年度终了时可暂由单位会计机构保管一年，期满后应当移交本单位档案机构统一保管；未设立档案机构的，应当在会计机构内部指定专人保管，出纳人员不得兼管会计档案。

（5）严格遵守会计凭证的保管期限要求，期满前不得任意销毁。

第五章　会计账簿

本章要点

1. 掌握各种账簿的分类及适用范围。
2. 掌握会计账簿与账户的关系。
3. 掌握会计账簿的记账规则。
4. 掌握日记账、明细账、总账的登记方法。
5. 掌握对账的要点、错账的更正方法。
6. 掌握结账的程序、方法以及会计账簿的更换。

问题导入

有了记账凭证记录经济业务，为什么还要登记会计账簿呢？会计账簿如何设置和登记？不同账户应该如何选择账页的格式？登记账簿时，怎样保证会计账簿的正确性？如果在登账过程中发生错误，又该如何处理呢？一个会计期间结束，会计账簿该如何保管呢？让我们一起寻找答案吧！

第一节　会计账簿概述

填制与审核会计凭证，可以如实、正确地记录每天发生的经济业务，明确相关人员的经济责任，是加工处理会计信息的第一个环节。但会计凭证数量繁多，信息分散，不便于会计信息的整理与编制报告。为了全面、系统、连续地核算和监督单位的经济活动及其财务收支状况，应设置会计账簿。

一、会计账簿的概念

会计账簿是指由一定格式账页组成的，以经过审核的会计凭证为依据，全面、系统、连续地记录各项经济业务事项的簿籍。各单位应当按照国家统一的会计制度的规定和会计业务的需要设置会计账簿。

科学地设置和正确地登记账簿，是编制会计报表的基础，是连接会计凭证与会计报表的中间环节，在会计核算中具有重要意义，对于完成会计工作目标有着重要的作用。

二、会计账簿的分类

根据不同的标准对会计账簿分类，能够结合实际需要，科学合理地设置账簿，以满足单位经济管理对账簿资料的要求。会计账簿分类如图 5-1 所示。

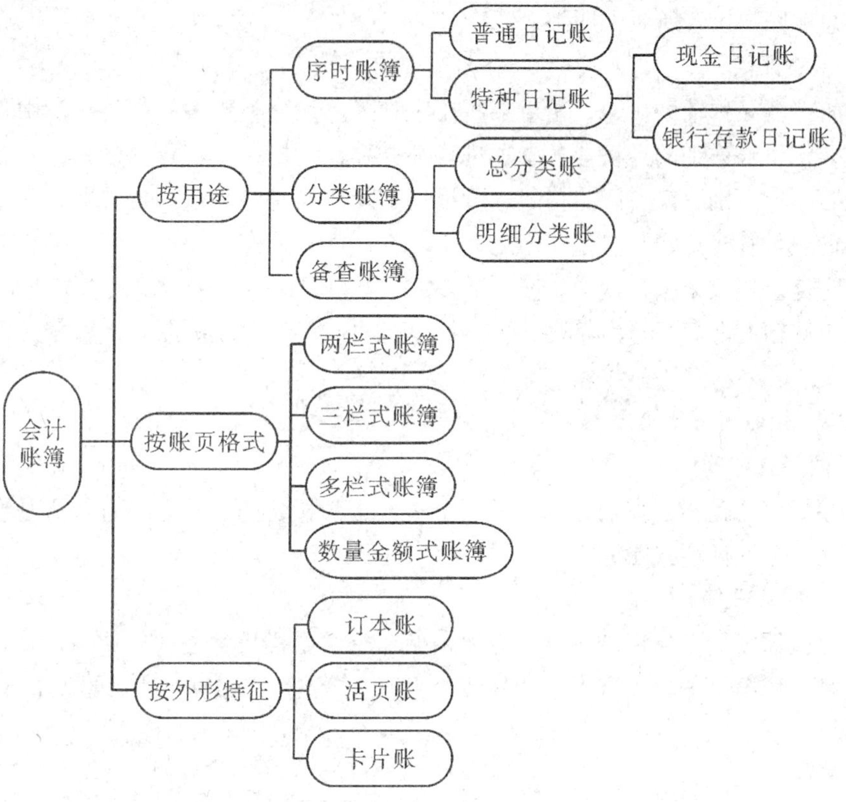

图 5-1　会计账簿分类

（一）按用途分类

1. 序时账簿

序时账簿，也称日记账，是按照经济业务发生或完成时间的先后顺序逐日逐笔进行登记的账簿。序时账簿又根据记录的内容，分为普通日记账和特种日记账。普通日记账是指用来逐日逐笔记录全部经济业务的序时账簿，通常把每日发生的经济业务按照发生的时间，编制成会计分录记录在账本中。特种日记账是指用来逐日逐笔记录某一类经济业务的序时账簿。例如，现金日记账和银行存款日记账就是为了提供现金和银行存款的详细资料而设置的特种日记账。目前，在实际工作中为了加强货币资金的管理，每个单位必须设置现金日记账和银行存款日记账。

2. 分类账簿

分类账簿是对全部经济业务事项按照会计要素的具体类别而设置的分类账户进行登记的账簿。分类账簿按其反映内容的详细程度不同，又可分为总分类账簿和明细分类账簿。总分类账簿简称总账，是根据一级会计科目设置的，用以总括反映经济业务的账簿；明细分类账簿简称明细账，是根据明细会计科目设置的，用以详细反映经济业务的账簿。在实际工作中，每个会计主体可以根据经营管理的需要，为不同的总账账户设置所属的明细账。

3. 备查账簿

备查账簿又称辅助账簿，是对某些在序时账簿和分类账簿等主要账簿中都不予登记或登记不够详细的经济业务事项进行补充登记，提供备查资料的账簿。备查账簿的内容千差万别，没有固定格式，可根据实际需要灵活确定。备查账簿只是对账簿记录的一种补充，它与其他账簿之间不存在严密的依存、勾稽关系，如租入固定资产登记簿、应收票据贴现登记簿、受托加工材料登记簿、代管商品物资登记簿等。

备查账簿并非每个单位都必须设置，只需根据各个单位的实际需要来设置和登记。

（二）按账页格式分类

1. 两栏式账簿

两栏式账簿是指只有借方和贷方两个基本金额栏目的账簿。各种收入、费用类账户都可以采用两栏式账簿。

2. 三栏式账簿

三栏式账簿是指采用借方、贷方和余额三个主要栏目的账簿。它一般适用于各种日记账、总分类账以及资本、债权债务明细账。三栏式账页格式可参见表5-1。

表 5-1　　三栏式明细分类账

年		凭证		摘要	借方								√	贷方								√	借或贷	金额								√
月	日	字	号		十	万	千	百	十	元	角	分		十	万	千	百	十	元	角	分			十	万	千	百	十	元	角	分	

3. 多栏式账簿

多栏式账簿是指在借方栏或贷方栏下设置多个栏目用以反映经济业务不同内容的账簿。它一般适用于成本、费用类的明细账，如管理费用明细账、生产成本明细账和制造费用明细账等。多栏式账页格式可参见 5-2。

表 5-2　　多栏式明细分类账

年		凭证		摘要	合 计							（ ）方																				
月	日	字	号		万	千	百	十	元	角	分	万	千	百	十	元	角	分	万	千	百	十	元	角	分	万	千	百	十	元	角	分

4. 数量金额式账簿

数量金额式账簿是指采用在借方（收入）、贷方（发出）和余额（结存）三个主要栏目的基础上，需要反映数量与金额双重指标的账簿。它一般适用于具有实物形态的财产物资的明细账，如原材料明细账、库存商品明细账和产成品明细账等。数量金额式账页格式可参见 5-3。

表 5-3　　数量金额式明细分类账

年		凭证		摘要	借（增加）方									贷（减少）方									余额									√
					数量	平均单价	金额							数量	平均单价	金额							数量	平均单价	金额							
月	日	字	号				万	千	百	十	元	角	分			万	千	百	十	元	角	分			万	千	百	十	元	角	分	

（三）按外形特征分类

1. 订本账

订本账是启用之前就已将账页装订在一起，并对账页进行了连续编号的账簿。订本账能够避免账页散失，防止账页被抽换，比较安全。但是由于账页固定，不能增减账页，不便于调整各账户的页数，也不便于记账人员分工记账和提高工作效率。因此，订本账适用于重要经济事项的记录，如总分类账、现金日记账和银行存款日记账。

2. 活页账

活页账在账簿登记完毕之前并不固定装订在一起，而是装在活页账夹中，随时可以增减账页，待账簿登记完毕（通常是一个会计年度）才装订成册。活页账可以根据实际需要增减账页，使用灵活，便于分工记账，能够提高登账效率。但是如果管理不善，账页容易散失和被抽换，不利于保证账页资料的完整性。活页账适用于各种明细分类账的设置。

3. 卡片账

卡片账是将账户所需格式印刷在硬卡上。严格来说，卡片账也是一种活页账，卡片账的卡片通常装在卡片箱内，不用装订成册，随时可取可放可移动，也可跨年度长期使用，但卡片容易丢失。在我国，一般只对固定资产明细账采用卡片账形式。

三、会计账簿与账户

（一）账户的概念

账户是根据会计科目设置的、具有一定格式和结构、用以分类反映会计要素增减变动情况及其结果的载体。设置账户是会计核算的重要方法之一。经济活动发生之后，会引起相关科目的增减变化，企业要将会计科目的增减变化信息及时记录下来，就必须设置相应的账户。

（二）账户的基本结构

账户的基本结构就是账户的格式，是指一个账户由哪几个部分组成以及每个组成部分反映什么内容。经济业务发生所引起的会计要素在数量上的变动不外乎“增加”和“减少”两种情况，所以账户的基本结构必须包括记录会计要素“增加”和“减少”两个部分，或称两方，一方登记增加数额，另一方登记减少数额。为了便于记录，“增加”和“减少”是用一定的记账符号来表示的。借贷记账法是以“借”“贷”作为记账符号，账户的左方称为借方，右方称为贷方。

为了更加清楚地说明会计信息增减变动的时间、因果，一个完整的账户结构应该包括以下内容：

（1）账户的名称，即会计科目，账户名称可以确定一个账户的性质和记录的经济内容。

（2）日期，即记录经济业务的具体时间。

（3）凭证编号，它表明账户变动的依据。

（4）摘要，即概括说明经济业务的内容。

（5）增减金额和余额。登记本期增加的金额称为本期增加发生额，登记本期减少的金额称为本期减少发生额，增减相抵后的差额，称为余额。余额按其所表示的时间不同，分为期初余额和期末余额。因此在账户中所记录的金额有期初余额、本期增加发生额、本期减少发生额和期末余额。这也是账户的四个金额要素。四个金额要素之间的关系满足下列等式：

本期期末余额=本期期初余额+本期增加发生额-本期减少发生额

例 5-1：某企业“原材料”账户的期初余额为 8 000 元，本期借方发生额为 12 000元，期末余额为 6 000 元，该账户的本期贷方发生额是多少？

分析：本期期末余额=本期期初余额+本期增加发生额-本期减少发生额，“原材料”账户为资产类账户，借方发生额为增加额，贷方发生额为减少额。因此该账户贷方发生额=8 000+12 000-6 000=14 000（元）。

（三）账簿与账户的关系

账簿与账户的关系是形式和内容的关系。账簿只是一个外在形式，账户才是它的真实内容。账户存在于账簿之中，账簿中的每一个账页就是账户的存在形式和载体，没有账簿，账户就无法存在；账簿序时、分类地记载经济业务是在个别账户中完成的。

第二节　会计账簿的内容、启用与登记规则

一、会计账簿的基本内容

各种会计账簿由于记录经济业务的不同，可以采取多种格式，但会计账簿一般包括以下三个部分：

（一）封面

封面应标明账簿名称，如总账、现金日记账、银行存款日记账账等。

（二）扉页

扉页主要用来标明会计账簿的使用信息。一般填列账簿启用的日期和截止日期、页数、册次；经营账簿人员一览表和签章；会计主管人员签章；账户目录等。

账户目录是由记账人员在账簿中开设账页户头后，按顺序将每个账户的名称和页数进行登记的，其作用是便于查阅账簿中登记的内容。如果是活页账簿，在账簿启用时无法确定页数，可先将账户名称填写好，待年终装订归档时，再填写页数。

（三）账页

账页是记载经济业务的主要载体，是账簿的主要组成部分，其基本内容包括：

（1）账户名称（总账科目、二级科目或明细科目）。

（2）日期栏。

（3）会计凭证种类及编号栏。

（4）摘要栏。

（5）金额栏。

（6）页次栏。

二、会计账簿的启用

《会计基础工作规范（2019 年修订）》第五十九条规定：启用会计账簿时，应当在账簿封面上写明单位名称和账簿名称。在账簿扉页上应当附启用表，内容包括：启用日期、账簿页数、记账人员和会计机构负责人、会计主管人员姓名，并加盖名章和单位公章。记账人员或者会计机构负责人、会计主管人员调动工作时，应当注明交接日期、接办人员或者监交人员姓名，并由交接双方人员签名或者盖章。

启用订本式账簿，应当从第一页到最后一页顺序编定页数，不得跳页、缺号。使用活页式账页，应当按账户顺序编号，并须定期装订成册。装订后再按实际使用的账页顺序编定页码。另加目录，记明每个账户的名称和页次。

三、会计账簿的登记规则

会计账簿是企业会计信息的重要载体，为了保证会计账簿提供的信息质量，登记账簿时应遵循以下规则：

（1）准确完整

《会计基础工作规范（2019 年修订）》第六十条规定：登记会计账簿时，应将会计凭证日期、编号、业务内容摘要、金额和其他有关资料逐项记入账内，做到数字准确、摘要清楚、登记及时、字迹工整。

登记会计账簿时，必须以审核无误的会计凭证为依据，将有关资料逐项记入账内。每一项会计事项，一方面要记入有关的总账，另一方面要记入该总账所属的明细账。

（2）注明记账符号

账簿登记完毕后，要在记账凭证上签名或者盖章，并在记账凭证的“过账”栏内注明账簿页数或画“√”，表示已经记账完毕，避免重记和漏记。

（3）书写留空

账簿中书写的文字和数字必须规范、工整，不能潦草书写。账簿中书写的文字和数字上面要留有适当空格，一般应占格距的 1/2，留有余地，这样，在一旦发生登记错误时，能比较容易地进行更正，同时也方便查账工作。

（4）使用钢笔和蓝黑墨水记账

为了防止涂改，便于长期保管，登记账簿必须使用蓝黑墨水或碳素墨水并用钢笔或签字笔书写，不得使用圆珠笔（银行的复写账簿除外）或者铅笔书写。

对在登记账簿时使用红色墨水的问题，《会计基础工作规范（2019 年修订）》第六十条规定，下列情况，可以使用红色墨水记账。

①按照红字冲账的记账凭证，冲销错误记录；

②在不设借贷等栏的多栏式账页中，登记减少数；

③在三栏式账户的“余额”栏前，如未印明余额方向的，在余额栏内登记负数余额；

④根据国家统一的会计准则的规定可以用红字登记的其他会计记录。

（5）顺序连续登记

在登记各种账簿时，应按页次顺序连续登记，不得跳行、隔页。如发生、跳行隔页现象，应当将空行、空页划线注销，或者注明“此行空白”或“此页空白”字样，并由记账人员签名或签章。这对堵塞在账簿登记中可能出现的漏洞，是十分必要的防范措施。

（6）结出余额

《会计基础工作规范（2019 年修订）》第六十条规定：凡需要结余额的账户，结出余额后，应在“借或贷”栏中注明“借”或“贷”等字样。没有余额的账户，在“借”或“贷”等栏内写“平”字，并在余额栏中用“Q”表示。现金日记账和银行存款日记账必须逐日结出余额。

（7）结转下页时过次承前

每一账页登记完毕结转下页时，应当结出本页合计数及余额，写在本页最后一行和下页第一行有关栏内，并在“摘要”栏内注明“过次页”和“承前页”字样；也可以将本页合计数及金额只写在下页第一行有关栏内，并在摘要栏内注明“承前页”字样。

对需要结计本月发生额的账户，结计“过次页”的本页合计数应当为自本月初起至本页末止的发生额合计数；对需要结计本年累计发生额的账户，结计“过次页”的本页合计数应当为自年初起至本页末时的累计数；对既不需要结计本月发生额，也不需要结计本年累计发生额的账户，可以只将每页末的余额结转次页。

（8）不得刮擦涂改

如果发生登账错误，不得刮、擦、挖补或者用药水、涂改液等更改字迹，而应采用规定的方法更正。

第三节　会计账簿的格式和登记方法

一、日记账（序时账簿）的格式和登记方法

设置日记账的目的是将经济业务按时间顺序清晰地反映在账簿记录中。日记账应当根据会计凭证，随时按顺序逐笔登记，最少每天登记一次。

登记普通日记账通常是把每日发生的交易或事项，逐日逐笔编成会计分录，将全部经济业务记入会计账簿。普通日记账产生于记账凭证之前，由于普通日记账是

直接根据原始凭证在普通日记账上逐笔编制会计分录，所以也称为“会计分录簿”。

为了加强对货币资金的管理，各单位都应当设置现金日记账和银行存款日记账，用于序时核算库存现金和银行存款的收支和结存情况。

（一）现金日记账的格式和登记方法

1. 现金日记账的格式

现金日记账是核算和监督现金每天的收入、支出和结存情况的账簿。其格式有三栏式现金日记账和多栏式现金日记账两种，均应采用订本账。

（1）三栏式现金日记账

三栏式现金日记账通常设置“借方”“贷方”“余额”或“收入”“支出”“结余”三个主要栏目，用来登记库存现金的增减变动情况及结果。在“金额”栏与“摘要”栏之间常常插入“对方科目”，以便记账时标明现金收入的来源科目和现金支出的用途科目。三栏式现金日记账的格式可参见表5-4。

表 5-4 现金日记账

年		凭证		摘要	对方科目	借（增加）方							√	贷（减少）方							√	借或贷	金额						
月	日	字	号			万	千	百	十	元	角	分		万	千	百	十	元	角	分			万	千	百	十	元	角	分

三栏式现金日记账登记简单，能够清晰地反映每笔收入、支出的交易或事项的来龙去脉。但是由于只设置了一个“对方科目”，不能直接反映对应科目的交易或事项的全部情况，不便于总账的登记。

（2）多栏式现金日记账

为了克服三栏式现金日记账的缺点，会计工作又进一步发展出多栏式现金日记账。多栏式现金日记账是将收入金额栏和支出金额栏，按对应科目各设若干专栏，用以详细地分类反映与现金收支有关的经济业务。多栏式现金日记账的格式可参见表5-5。

表 5-5 现金日记账

年		凭证		摘要	贷方科目			现金收入合计	借方科目			现金支出合计	余额
月	日	字	号										

在登记多栏式现金日记账时，如果是现金收入，要将金额记入对应“贷方科目”栏内，同时记入“现金收入合计”栏内；如果现金支出，则要将金额记入对应

“借方科目”栏内，同时记入“现金支出合计”栏内。每月终了，应在“余额”栏内结出现金余额。

多栏式现金日记账既可以反映每笔现金收支业务的来龙去脉，又能够通过“库存现金”科目的若干个对应科目若干栏的设置，反映出相同业务在一定时期的全貌，还可以简化总分类账的登记工作。但多栏式现金日记账中会计科目的数量受到一定的限制，不可太多。因而，其主要适用于涉及会计科目不多的企业。

2. 现金日记账的登记方法

现金日记账由出纳人员根据与库存现金收付有关的记账凭证，按时间顺序逐日逐笔进行登记。对于从银行提取库存现金的业务，由于规定只填制银行存款的付款凭证，不填制库存现金收款凭证，因此，从银行提取库存现金的收入数，应根据银行存款付款凭证登记。

每次收付现金并登记入账后，应根据“上日余额+本日收入-本日支出=本日余额”，结出余额。每日将收付款项逐笔登记完毕后，应计算每日库存现金收入和支出的合计数及账面余额，并将现金日记账的账面余额同库存现金实有数额核对相符。

（二）银行存款日记账的格式和登记方法

1. 银行存款日记账的格式

银行存款日记账是专门用来记录银行存款收支业务的一种特种日记账。银行存款日记账可以全面地了解和掌握企业每日银行存款的收支动态和结余情况，为合理安排和调度资金提供资料。

银行存款日记账的格式与现金日记账大致相同。只是在银行存款日记账中，不管三栏式还是多栏式的账页，都应在适当位置增加一栏“结算凭证”，以便记账时标明每笔业务的结算凭证及编号，便于与银行核对账目。

2. 银行存款日记账的登记方法

银行存款日记账通常也是由出纳人员根据审核后的收、付款凭证，逐日逐笔按照经济业务发生的先后顺序进行登记。对库存现金存入银行的业务，由于只填制库存现金付款凭证，不填制银行存款收款凭证，因而这种业务的存款收入数，应根据有关库存现金付款凭证登记。每日业务终了时，应计算、登记当日的银行存款收入合计数、银行存款支出合计数以及账面结余额，以便检查监督各项收入和支出款项，避免坐支现金的现象出现，并便于定期同银行送来的对账单核对。

为了达到库存现金管理的内部牵制，企业财务部门应实行钱、账分管，即出纳人员不得负责登记现金日记账和银行存款日记账以外的任何账簿。

出纳人员登记现金日记账和银行存款日记账后，应将各种收付款凭证交由会计人员，再由会计人员据以登记总分类账及有关明细分类账。通过“库存现金”和“银行存款”总账与日记账的定期核对，达到控制现金日记账、银行存款日记账的目的。

二、分类账的格式和登记方法

（一）总分类账的格式和登记方法

1. 总分类账的格式

总分类账是按照总分类账户分类登记以提供总括会计信息的账簿。它能总括地反映各会计要素具体内容的增减变动和结果，是会计人员编制会计报表的依据。每个会计科目都有一个相应的总分类账，比如银行存款总分类账、库存现金总分类账等。

总分类账一般采用订本式账簿。最常用账页格式为三栏式，设置借方、贷方和余额三个基本金额栏目。为了清晰地反映每笔经济业务的对应关系，也可根据实际需要，增设“对方科目”栏。

为了全面、总括地反映经济活动和财务收支情况，并为编制会计报表提供资料，各单位都要设置总分类账。

2. 总分类账的登记方法

总分类账的登记依据和方法，主要取决于所采用的会计核算形式。它可以直接根据各种记账凭证逐笔登记，也可以先把记账凭证按照一定方式进行汇总，编制成汇总记账凭证或科目汇总表等，再根据汇总记账凭证或科目汇总表登记总账，登记的发生额及余额应该一致。

（二）明细分类账的格式和登记方法

1. 明细分类账的格式

明细分类账是根据二级账户或明细账户开设账页，分类、连续地登记经济业务以提供明细核算资料的账簿，是总分类账的明细记录。设置明细分类账，能够详细地反映经济活动和财务收支情况，对加强监督单位财产的收发和保管、往来款项的结算、收入的取得以及费用的开支等，有着重要作用。它所提供的有关经济活动的详细资料，是对其所隶属总分类账所提供的总括核算资料的必要补充，同时也是编制会计报表的依据。因此，每个单位都应根据经济管理的要求及经济业务的内容，设置财产物资、债权债务、收入、成本费用等明细账。

明细分类账一般采用活页式账簿，有的要采用卡片式账簿。明细分类账的账页格式主要有三种：

（1）三栏式明细分类账

三栏式明细分类账设有借方、贷方和余额三个栏目，用以分类核算各项经济业务，提供详细核算资料，其账页格式与三栏式总账格式相同。三栏式明细分类账主要是用于只反映价值量不反映实物量的明细分类账。它适合于那些只需要进行金额核算的资本、债权、债务结算科目，如其他应收款、应收账款、应收票据、应付账款、应付票据和应付职工薪酬等科目的明细分类核算。

（2）多栏式明细分类账

多栏式明细分类账是将属于同一个总账科目的各个明细科目合并在一张账页上进行登记，适用于收入、成本、费用、利润类科目的明细核算，如生产成本、管理费用、其他营业收入和利润分配等科目的明细分类核算。

（3）数量金额式明细分类账

数量金额式明细分类账其借方（收入）、贷方（支出）和余额（结存）都分别设有数量、单价和金额三个专栏，适用于既要进行金额核算又要进行数量核算的账户，如原材料、库存商品、低值易耗品、包装物和委托加工物资等科目的明细分类核算。

2. 明细分类账的登记方法

不同类型经济业务的明细分类账可根据管理需要，依据记账凭证、原始凭证或汇总原始凭证逐日逐笔或定期汇总登记。固定资产、债权和债务等明细账应逐日逐笔登记；库存商品、原材料、产成品收发明细账以及收入、费用明细账可以逐笔登记，也可定期汇总登记。

（三）总分类账和明细分类账的平行登记

总分类账户与明细分类账户，二者登记的经济业务内容是相同的，只是详细程度不一样。因此，在会计核算中，要采取平行登记的方法。平行登记是指对所发生的每一笔经济业务，要以相关会计凭证为依据，一方面记入有关总分类账户，另一方面记入总分类账户所属的有关明细分类账户。

平行登记的要点通常包括以下四个方面：

（1）同依据登记。当发生的经济交易或事项登入总分类账户及其所属明细分类账户时，所依据的会计凭证相同。虽然登记总分类账户及其所属明细分类账户的直接依据不一定相同，但原始依据是相同的。

（2）同期间登记。对每项经济业务在记入总分类账户和明细分类账户过程中，可以有先有后，但必须在同一会计期间全部登记入账，不能漏记或重记。

（3）同方向登记。对同一笔经济业务，在登记总分类账户和所属的明细分类账户时，其各自的记账方向必须一致。即总分类账户登记在借方，明细分类账户也应登记在借方；总分类账户登记在贷方，明细分类账户也应登记在贷方。

（4）同金额登记。它是指将同一笔经济业务记入总分类账户和所属的明细分类账户时，记入总分类账户的金额，应与记入所属明细分类账户的金额（或金额之和）相等。即总分类账户本期发生额与其所属明细分类账户本期发生额合计相等；总分类账户期初余额与其所属明细分类账户期初余额合计相等。

现以大地公司 2018 年 5 月份发生的有关“原材料”账户和“应付账款”账户的部分经济业务为例，说明总分类账户与明细分类账户的平行登记原理（假设不考虑增值税）。该公司 2018 年 5 月 1 日“原材料”账面余额为 10 000 元，其中明细分类账户如表 5-6 所示。

表 5-6 **原材料**

名称	数量	单价	金额
甲材料	600 千克	10 元	6 000 元
乙材料	500 千克	8 元	4 000 元
合计			10 000 元

“应付账款”总分类账户账面余额为 50 000 元，其中明细分类账户如表 5-7 所示。

表 5-7 **应付账款**

供应单位名称	应付账款金额
B 公司	20 000 元
C 公司	30 000 元
合计	50 000 元

大地公司本月发生如下经济业务：

（1）5 月 1 日，向 B 公司购入甲材料 1 000 千克，单价 10 元/千克，货款暂欠，材料验收入库。编制会计分录如下：

借：原材料——甲材料　　10 000
　贷：应付账款——B 公司　　10 000

（2）5 月 3 日，向 B 公司购入甲材料 1 500 千克，单价 10 元/千克，计 15 000 元，向 C 公司购进乙材料 2 000 千克，单价 8 元/千克，计 16 000 元，全部货款尚未支付，材料验收入库。编制会计分录如下：

借：原材料——甲材料　　15 000
　　　　——乙材料　　16 000
　贷：应付账款——B 公司　　15 000
　　　　　　——C 公司　　16 000

（3）5 月 8 日，生产车间生产产品领用甲材料 2 000 千克，乙材料 1 500 千克。编制会计分录如下：

借：生产成本　　32 000
　贷：原材料——甲材料　　20 000
　　　　　——乙材料　　12 000

（4）5 月 15 日，以银行存款 25 000 元，归还前欠 B 公司材料款。编制会计分录如下：

借：应付账款——B 公司　　25 000
　贷：银行存款　　25 000

“原材料”“应付账款”两个总分类账户及其所属明细分类账户的平行登记如表5-8、表5-9、表5-10、表5-11、表5-12和表5-13所示。

表5-8　总分类账户

账户名称：原材料　单位：元

2018年		凭证		摘要	借方	贷方	借或贷	余额
月	日	字	号					
5	1			期初余额			借	10 000
5	1		1	购进	10 000		借	20 000
5	3		2	购进	31 000		借	51 000
5	8		3	领用		32 000	借	19 000

表5-9　原材料明细分类账户

账户名称：甲材料

2018年		凭证		摘要	收入			发出			结存		
月	日	字	号		数量/千克	单价/元	金额/元	数量/千克	单价/元	金额/元	数量/千克	单价/元	金额/元
5	1			期初结存							600	10	6 000
5	1		1	购进	1 000	10	10 000				1 600	10	16 000
5	3		2	购进	1 500	10	15 000				3 100	10	31 000
5	8		3	领用				2 000	10	20 000	1 100	10	11 000

表5-10　原材料明细分类账户

账户名称：乙材料

2018年		凭证		摘要	收入			发出			结存		
月	日	字	号		数量/千克	单价/元	金额/元	数量/千克	单价/元	金额/元	数量/千克	单价/元	金额/元
5	1			期初结存							500	8	4 000
5	3		2	购进	2 000	8	16 000				2 500	8	20 000
5	8		3	领用				1 500	8	12 000	1 000	8	8 000

表5-11　总分类账户

账户名称：应付账款　单位：元

2018年		凭证		摘要	借方	贷方	借或贷	余额
月	日	字	号					
5	1			期初余额			贷	50 000
5	1		1	购进材料款未付		10 000	贷	60 000
5	3		2	购进材料款未付		31 000	贷	91 000
5	15		4	归还前欠材料款	25 000		贷	66 000

表 5-12　　　　应付账款明细分类账户

账户名称：B 公司　　　　　　　　单位：元

2018 年		凭证		摘要	借方	贷方	借或贷	余额
月	日	字	号					
5	1			期初余额			贷	20 000
5	1		1	购进材料款未付		10 000	贷	30 000
5	3		2	购进材料款未付		15 000	贷	45 000
5	15		4	归还前欠材料款	25 000		贷	20 000

表 5-13　　　　应付账款明细分类账户

账户名称：C 公司　　　　　　　　单位：元

2018 年		凭证		摘要	借方	贷方	借或贷	余额
月	日	字	号					
5	1			期初余额			贷	30 000
5	3		2	购进材料款未付		16 000	贷	46 000

从上述平行登记的结果可以看出："原材料""应付账款"总分类账户与其所属明细分类账户所登记的方向一致，金额相等。

第四节　对账

登记账簿作为会计核算的专门方法之一，包括记账、对账和结账三个相互联系而不可分割的工作环节。对账就是核对账目，是指在会计核算中，为保证账簿记录正确可靠，对账簿中记录的有关数据进行检查和核对的工作。

会计人员应当定期对账，以检查会计账簿记录与会计凭证是否一致，账簿记录内容是否完整，有无错记或漏记，总分类账与明细分类账数字是否相符，账簿记录与实物及货币资金的实存数是否一致，以做到账证相符、账账相符、账实相符，从而保证会计报表数据真实可靠。

一、账证核对

账证核对是指核对会计账簿记录与原始凭证、记账凭证的时间、凭证字号、内容、金额是否一致，记账方向是否相符。保证账证相符，是会计核算的基本要求。账证核对在日常工作中即可进行，若发现问题，及时更正。期末若发现账簿记录有误，就要重新对账簿记录与会计凭证进行逐一核对，确保账证相符。

二、账账核对

账账核对是指依据不同账簿之间的勾稽关系，核对其账簿记录是否相符。账账核对的内容主要包括：

（一）总分类账簿有关账户的余额核对

所有总分类账各账户的期末借方余额合计数与期末贷方余额合计数应核对相等。总分类账的核对方法，一般通过编制“总分类账户试算平衡表”进行核对，即通过列示各账户期初、期末余额和本期发生额，看其借、贷方发生额及余额是否平衡。如核对结果不平，则说明记账有误，应查明更正。值得注意的是，在填制记账凭证和登记账簿过程中可能会发生一些并不影响平衡的错误，所以，全部总账账户的期末余额的借贷方合计数相等并不能完全证明会计记录没有错误。因此，还必须进行其他方面的核对。

例5-2：5月31日，某公司会计员小王在月末结账的时候负责编制试算平衡表，“总分类账户发生额及余额试算平衡表”编制完成后，看到表格上那相互平衡的三组数字，小王高兴地向科长交了差。可是会计员小张却发现昨天车间领料的单据没有入账，会计员小李又发现应当记入“原材料”和“生产成本”的是10 000元，而不是100 000元。小王不解地问：“试算平衡表不是已经平衡了吗？怎么还有错账呢？”到底有哪些错账是试算平衡表检查不出来的呢？

分析：即便实现了试算平衡，也不能说明账户记录绝对正确，因为有些错误并不会影响借贷双方的平衡关系。例如：漏记某项经济业务，将使本期借贷双方的发生额发生等额减少；重记某项经济业务，将使本期借贷双方的发生额发生等额虚增；某项经济业务记错有关账户；某项经济业务在账户记录中，颠倒了记账方向；借方或贷方发生额中，偶然发生多记少记并相互抵销的情况，等等。

（二）总分类账簿与所属明细分类账簿核对

总分类账的借、贷方本期发生额和期末余额与所属明细分类账的借、贷方本期发生额和期末余额之和应核对相符。

（三）总分类账簿与序时账簿核对

总分类账簿与序时账簿核对，是指现金日记账和银行存款日记账期末余额应与总分类账的库存现金、银行存款期末余额核对相符。

（四）明细分类账簿之间的核对

会计部门财产物资明细分类账期末余额与财产物资保管和使用部门的有关财产物资明细分类账期末余额应核对相符。核对方法一般是将明细账的数量直接与保管账的数量相核对，看其是否相符，如有不符，再进一步查找原因。

三、账实核对

账实核对是指各种财产物资的账面余额与实存数进行核对，以保证账实相符。账实核对一般是通过财产清查的方法来配合进行。账实核对的内容包括：

（一）现金日记账账面余额与库存现金实有数额核对相符

将现金日记账的账面余额与实际的库存数目核对，检查是否相符。为保证日常账目的正确性、真实性，应做到日清月结，每天结出库存现金余额并且与实际库存数核对一次。到会计期间结束或者进行专门的财产清查时，还要对现金进行清查或者盘点，检查现金数量与账面是否一致，并编制“现金盘点报告表”。

（二）银行存款日记账账面余额与银行对账单的余额核对相符

银行对账单是企业银行账户资金流动情况的真实反映，因此，须将银行存款日记账与银行对账单进行账实核对，检查是否相符。在进行核对账目之前，应先审核企业银行存款日记账的账目是否完整，若双方存款余额不符，就需要编制银行存款余额调节表，把银行对账单余额和银行存款日记账余额调节相符。银行对账单格式可参见中国民生银行账户余额对账单，见图 5-2。

对账单号：

中国民生银行账户余额对账单（通知联）

公司名称：大地公司

您公司在我行开立的下列账户，截止到 2014 年 3 月 31 日账户余额如下：（单位：元）

序号	币种	账号	账号类型	当前账户余额	开户日期
1	人民币	×××××	活期	6 500. 50	20130918

请沿虚线剪开 第 1 页 共 1 页

对账单号：

中国民生银行账户余额对账单（回执联）

中国民生银行昆明分行：

我单位：

在你行开立的银行账户，截止到 2014 年 3 月 31 日账户余额如下：（单位：元）

银行打印栏				单位填写栏（核对不相符填写单位余额）			
序号	币种	账号	账号类型	当前账面余额	开户日期	核对结果	单位余额
1	人民币	×××××	活期	6 500. 50	20130918	□相符 □不相符	

重要提示：①客户应根据对账结果在上述“□”中标注“√”，若核对不相符请同时填制未达账项调节表，未填写或无法填写未达账项余额调节表的，请勿加盖公章或全套银行预留印鉴，银行视同对账失败；若客户未做任何标注，视同对账相符。

②请加盖公章或全套银行预留印鉴。

单位公章： 或财务章+名章	
核对人： 联系电话： 验印： 复核：	

图 5-2 银行对账单

（三）各项财产物资明细账账面余额与财产物资的实有数额核对相符

将原材料、库存成品、固定资产等各项财产物资明细账的账面余额与财产物资实存数额进行核对。盘点各项财产物资时，应逐一填制盘存单，并同账面记录核对，并根据盘查情况，填制实存账存对比表，若有盘盈盘亏的情况，可把此表作为调整账面记录的原始凭证。

（四）有关债权债务明细账账面余额与对方单位的账面记录核对相符

需要同对方公司单位进行账目核对，如应收、应付款项，一般采用发函询证的方法进行核对。进行核账前要先检查本单位各项应收、应付款账簿记录的正确性和完整性。本单位记录正确无误后，再编制往来款项对账单，在往来账户记录完整、正确的基础上，寄往各个往来单位，对方单位核对后退回，盖章表示核对相符。如果发现记账错误，应立即查明，并针对具体情况采取措施予以解决。对账函如图 5-3 所示。

收件公司：　　　　　　　　发件公司：
收件人：　　　　　　　　　发件人：
传真：　　　　　　　　　　传真：
电话：　　　　　　　　　　电话

为了确保公司资产的安全完整和真实准确，特询证本公司与贵公司的往来账等事项。下列数据均录自本公司账簿，如与贵公司记录相符，请在本函下端“数据证明无误”处签章确认；如有不符，列明不符金额。本公司谨此对贵公司表示谢意。

1. 本公司 2018/03/01~2018/03/31 与贵公司的往来款项列示如下：

日期	摘要	销货金额	已收账款	欠款总额	备　注

2. 未兑现票据情况

收票日期	支付方式	票面公司	票据号码	出票日期	金额	备注事项

（1）如贵司对往来账确认无误，总销货账款应为：

（2）按协议至　月　日止应付账款为：

（3）此份对账单请于收到传真三个工作日内回传至我公司，如超过期限未回传则视为默认我公司数据正确无误。

（4）此份对账单所记录之销货数据及收款数据均截止到当月 31 日。

数据证明无误。

贵公司确认（盖章、签字）

日期：　年　月　日

对账后，若发现存在登账错误，必须使用专门的方法更正。

图 5-3　对账函

第五节 错账更正方法

账簿是重要的会计档案，应保持整洁。记账要力求清楚正确，万一账簿记录发生错误，对于错账，会计人员不得任意涂改或者撕毁重新抄写，必须按规定的更正错账方法进行更正。产生记账错误的原因有很多，如重记、漏记、数字颠倒、数字错位、数字记错、科目记错、借贷方向记反等。对于不同的记账错误，更正方法也不相同。常见的错账更正方法有三种：划线更正法、补充登记法和红字更正法。

一、划线更正法

划线更正法又称红线更正法。如果发现账簿记录有错误，而其所依据的记账凭证没有错误，纯属记账时文字或数字的笔误，应采用划线更正的方法进行更正。更正的方法如下：先在错误的文字或数字上划一条红色横线，表示注销；然后将正确的文字或数字用蓝字或黑字写在被注销的文字或数字的上方，并由记账人员在更正处盖章，以明确责任。需要注意的是，对于错误数字应当全部划销，不是只划销写错的个别数码，也不能全部涂抹，应当使原有字迹仍能辨认，以备日后考查。对于文字错误，可只划去错误的部分。

例 5-3：6 月 1 日，某企业厂部以现金购买办公用品 260 元。填制凭证时，做如下记录并据以登记入账，“管理费用”明细账上借方登记的金额为 260 元，现金日记账上贷方登记的金额为 206 元。

借：管理费用　　260

　　贷：库存现金　　260

分析：根据记账凭证登记现金日记账时，误把 260 元记录为 206 元，该错误类型为会计凭证正确而登记账簿时出现差错，因此，应采用划线更正法进行更正。

将金额 206 用红线划掉，在其上方写正确的金额，并加盖记账人员的印章。

二、补充登记法

根据记账凭证所记录的内容记账以后，发现记账凭证中的会计科目、记账方向没有错误，只是实记金额小于应记金额并已过账，应采用补充登记法进行更正。更正方法是：按照少记的金额，填写一张与原记账凭证（会计科目，应借、应贷方向）完全相同的记账凭证，在“摘要”栏内注明“补充×月×日×字×号凭证少记金额”，并据以登记入账。

例 5-4：6 月 8 日，某企业生产甲产品领用芝麻 500 千克，单位成本 5 元，填制凭证时，做如下记录，并据以登记入账。

借：生产成本　　250

　贷：原材料　　250

分析：核对时，发现原记账凭证记录中误将 2 500 元记为 250 元，少记入2 250 元，并已过入到相应账簿中，用补充登记法。应按少记金额 2 250 元，重新填制记账凭证，在相关账户相应记录“摘要”栏内注明“补充 6 月 8 日×字×号凭证少记金额”，并据以登记入账。

借：生产成本　　2 250

　贷：原材料　　2 250

三、红字更正法

根据记账凭证记账后，发现记账凭证中实记金额大于应记金额或应借、应贷的账户发生错误，应采用红字更正法分别用红字部分或全部冲销并更正错误。

（一）部分冲销

如果记账凭证中的科目、方向都没有错误，只是实记金额大于应记金额并已过账，应采用红字更正法进行部分冲销。更正方法是：按照多记的金额，填制一张科目和方向与错误凭证相同的红字金额凭证并据以入账，冲销多记的金额。在部分冲销凭证的摘要栏注明“冲销 ×月 ×日第 ×号凭证多记金额”。

例 5-5：6 月 8 日，某企业生产甲产品领用芝麻 500 千克，单位成本 5 元。填制凭证时，做如下记录，并据以登记入账。

借：生产成本　　25 000

　贷：原材料　　25 000

分析：所记金额 25 000 元大于应记金额 2 500 元，差额为 22 500 元。这类错账应使用红字更正法，按规定手续进行更正，并用红字登记入账；并在相关账户相应记录“摘要”栏内注明“冲销×月×日第×号凭证多记金额”。

借：生产成本　　22 500

　贷：原材料　　22 500

（二）全部冲销

如果记账凭证中的科目错误或借贷方向错误，并已过账，应采用红字更正法全部冲销。更正方法分两步：第一步，填制一张与错误记账凭证内容相同的红字金额记账凭证并据以入账，冲销错误记录。在红字金额凭证的摘要栏注明“注销×月×日第×号凭证”。第二步，用蓝字填制一张正确的记账凭证并据以入账，更正错账记录。在蓝字更正凭证的摘要栏注明“更正×月×日第×号凭证”。

例 5-6：6 月 10 日，某企业收到通泰有限公司前欠货款 42 800 元。填制凭证时，做如下记录，并据以登记入账。

借：银行存款　　42 800

贷：应付账款　　　　　　　　　　　　　　　　　　42 800

分析：①记账凭证中的科目错误，并已入账，应用红字更正法更正。首先用红字填制一张与原记账凭证内容相同的记账凭证，并据以登记入账，冲销错误记录。

借：银行存款　　　　　　　　　　　　　　　　42 800

贷：应付账款　　　　　　　　　　　　　　　　　　42 800

②用蓝字填制一张内容正确的记账凭证，并据以登记入账。

借：银行存款　　　　　　　　　　　　　　　　42 800

贷：应收账款　　　　　　　　　　　　　　　　　　42 800

第六节　结账

结账是指在本会计期间内发生的交易或事项全部登记入账的基础上，在会计期末结出各账户本期发生额和期末余额，并将期末余额结转下期或转入新账的工作。一般在月末、季末或年末，为了编制会计报表，必须进行结账。此外，企业因撤销、合并、重组等原因，也要结账。

结账的内容通常包括两个方面：一是结清各种收入、费用类账户，并据以计算确定本期利润；二是结清各资产、负债和所有者权益账户，分别结出本期发生额合计及余额。

一、结账的程序

（1）结账前，确保结算期内发生的各项经济业务全部正确入账，对漏记的账项及时补记，已发生债权债务、财产清查中的盘盈盘亏等，均须在结账之前登记入账。不得为了编报会计报表而提前结账，把本期发生的经济业务延至下期登账，也不得先编会计报表后结账。

（2）调整有关账项，合理确定本期应计的收入和费用。对企业已实现而尚未获得的利润、应计提的折旧、应摊销和预提费用、应交税费等，应按权责发生制原则进行计算，编制记账凭证，记入有关账簿。

（3）按照配比原则对有关费用进行分配，结转已售产品成本以及各费用（成本）类账户、收入类账户，编制结账分录并据以入账。最后，结转“本年利润”和“利润分配”账户。

（4）分别计算出现金日记账、银行存款日记账、总账和明细账的本期发生额和期末余额，并将期末余额结转下期。

二、结账的方法

在实际工作中，结账一般是在月末、季末和年末进行，所以结账有月结、季结和年结之分。通常采用划线结账法，即首先在最后一笔经济业务下面画一条通栏红单线，并结出余额，表示开始结账，然后根据账簿的需要，再进行相应的月结、季结和年结。如账户无余额，则画通栏红双线，表示账户期末无余额。

（1）对不需要按月结计本期发生额的账户，每次记账以后，都要随时结出余额，每月最后一笔余额即为月末余额。月末结账时，只需要在最后一笔经济业务事项记录之下通栏划单红线，不需要再结计一次余额。

（2）库存现金、银行存款日记账和需要按月结计发生额的收入、费用等明细账，每月结账时，要结出本月发生额和余额，在“摘要”栏内注明“本月合计”字样，并在下面通栏划单红线。

（3）需要结计本年累计发生额的某些明细账户，每月结账时，应在“本月合计”行下结出自年初起至本月末止的累计发生额，登记在月份发生额下面，在“摘要”栏内注明“本年累计”字样，并在下面通栏划单红线。

（4）总账账户平时只需要结出月末余额。年终结账时，将所有总账账户结出全年发生额和年末余额，在“摘要”栏内注明“本年合计”字样，并在合计数下通栏划双红线。

（5）年度终了结账时，有余额的账户，要将其余额结转下年，并在“摘要”栏注明“结转下年”字样，在各账户的本年最后一笔记录下面画通栏双红线，表示“年末封账”。

第七节　会计账簿的更换与保管

一、会计账簿的更换

会计账簿的更换通常是在新会计年度建账时进行。一般来说总账、日记账和多数明细账应每年更换一次。在年度终了时更换新账簿，并将各账户的年末余额结转到新的年度。在年终结账时，将需要更换新账的各账户的年末余额直接过入新启用的有关账户中去，即在新年度的会计账簿中的第一行“余额”栏内，填上该账户上年结转的余额，并注明方向；同时在“摘要”栏内加盖“上年结转”字样。

有些财产物资明细账和债权债务明细账，可以不必每年更换一次，可以跨年度继续使用，如固定资产明细账、应收账款明细账等，若年度内变动不多，新年度可不必更换账簿。但“摘要”栏内，要加盖“结转下年”戳记，以划分新旧年度之间的金额。各种备查账簿也可以跨年度连续使用。

二、会计账簿的保管

会计凭证、会计账簿和会计报表都是企业的会计档案和历史资料，必须妥善保管，不得销毁和丢失。正在使用的账簿，应由经管账簿的会计人员负责保管。年末结账后，会计人员应在活页账簿前面加放“账簿启用表”和“账簿经管人员一览表”并装订成册，加上封面，与订本账统一编号，登记会计档案目录，妥善保存。各种账户在结转下年、建立新账后，一般都要把旧账送交总账会计集中统一管理。会计账簿暂由本单位财务会计部门保管一年，期满之后，由财务会计部门编造清册移交本单位的档案部门保管。

各种账簿按年度分类存档，其保管年限和销毁的审批程序，应按会计制度的规定严格执行。

第六章　账务处理程序

本章要点

1. 掌握账务处理程序的定义、模式。
2. 掌握三种账务处理程序的依据及程序。
3. 掌握三种账务处理程序的优缺点及适用范围。
4. 掌握手工处理会计账务的业务流程。

问题导入

会计凭证、会计账簿、会计报表是怎样结合起来的？什么是账务处理程序？我国常用的账务处理程序有哪几种？各种账务处理程序的内容、主要特点是什么？其使用范围是什么？企业该如何根据企业的业务性质、经营规模、会计人员的素质等条件来选择各种账务处理程序呢？让我们一起来寻找答案吧！

账务处理程序也称会计核算组织程序或会计核算形式，是指会计凭证、会计账簿、会计报表相结合的方式。它包括会计凭证和账簿的种类、格式，会计凭证与账簿之间的联系方法，由原始凭证到编制记账凭证、登记明细分类账和总分类账、编制会计报表的工作程序和方法。账务处理程序的核心是账簿组织。

根据本单位的经济活动和财务收支的实际情况以及单位经营管理的需要，科学合理地选择与本单位的业务性质、规模大小、繁简程度等相适应的账务处理程序，对于有效地组织会计核算具有重要意义。首先，有利于会计工作程序的规范化。确定合理的凭证、账簿及报表之间的联系方式，保证会计信息加工过程的严密性，提高会计信息的质量。其次，有利于保证会计记录的完整性、正确性。通过凭证、账簿及报表之间的牵制作用，增强会计信息的可靠性。最后，有利于减少不必要的会计核算环节，通过井然有序的账务处理程序，提高会计工作效率，保证会计信息的及时性，有利于发展会计监督职能。

根据我国会计工作的实践，一般采用的账务处理程序主要有记账凭证账务处理程序、汇总记账凭证账务处理程序、科目汇总表账务处理程序三种。各账务处理程序的区别主要在于登记总分类账的程序和方法不同。

第一节　记账凭证处理程序

记账凭证账务处理程序是对发生的每一笔经济交易或事项，都要根据原始凭证或汇总原始凭证编制记账凭证，然后直接根据记账凭证逐笔登记总分类账的一种账务处理程序。这是一种最基本的账务处理程序。其他各种账务处理程序基本上是在这种账务处理程序的基础上发展和演变而形成的。

一、记账凭证账务处理程序的编制步骤

记账凭证账务处理程序是：

第一，根据原始凭证编制汇总原始凭证。

第二，根据原始凭证或汇总原始凭证编制记账凭证。记账凭证可以采用一种通用的格式，即通用记账凭证；也可采用收款凭证、付款凭证和转账凭证三种格式，即专用记账凭证。

第三，根据收款凭证、付款凭证逐笔登记现金日记账和银行存款日记账。

第四，根据原始凭证、汇总原始凭证和记账凭证，登记各种明细分类账。

第五，根据记账凭证逐笔登记总分类账。

第六，期末，现金日记账、银行存款日记账和明细分类账的余额同有关总分类账的余额核对相符。

第七，期末，根据总分类账和明细分类账的记录，编制财务报表。

记账凭证账务处理程序如图 6-1 所示。

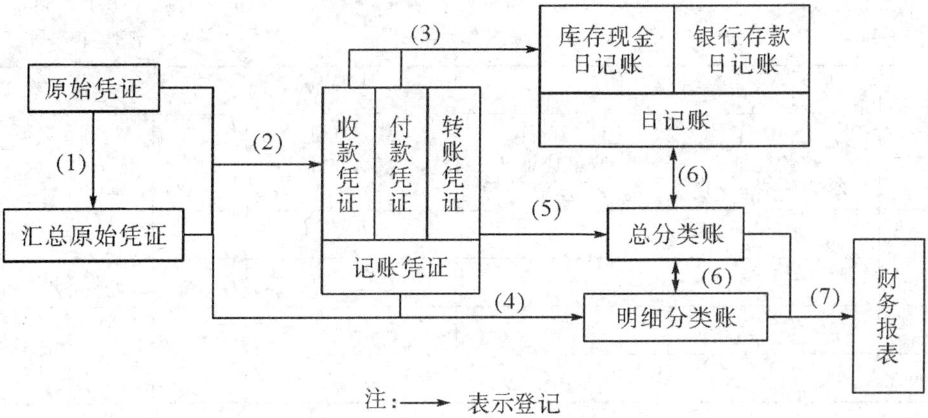

图 6-1　记账凭证账务处理程序

二、记账凭证账务处理程序的优缺点及适用范围

记账凭证账务处理程序的主要优点是无须汇总每张记账凭证，而是根据记账凭证直接登记总分类账。因此，记账凭证账务处理程序简单明了，易于理解。总分类账是依据记账凭证逐笔登记的，可以较详细地反映经济业务的发生情况。其缺点是每张记账凭证均须逐笔登账，导致登记总分类账的工作量较大。为了克服这个缺点，应尽量根据汇总原始凭证编制记账凭证，以减少记账凭证的数量。由此可见，该账务处理程序适用于规模较小、经济业务量较少、记账凭证数量不多的单位。

第二节　汇总记账凭证账务处理程序

汇总记账凭证账务处理程序是根据原始凭证或汇总原始凭证编制记账凭证，定期根据记账凭证分类编制汇总记账凭证，再根据汇总记账凭证登记总分类账的一种账务处理程序。这是在记账凭证处理程序的基础上发展起来的，在记账凭证和登记总分类账之间增加了汇总记账凭证。

汇总记账凭证分为汇总收款凭证、汇总付款凭证和汇总转账凭证三种，分别根据收款凭证、付款凭证和转账凭证定期汇总编制而成。具体编制方法如下：

（一）汇总收款凭证的编制

汇总收款凭证按“库存现金”和“银行存款”科目的借方设置，分别按其对应贷方科目进行归类、汇总，计算出每一贷方科目发生额合计数，填入汇总收款凭证中。一般可 5 天或 10 天汇总一次，每月编制一张，月末计算出每一贷方发生额合计数，据以登记总分类账。其格式可参见表 6-1 和表 6-2。

表 6-1　　　　汇总收款凭证　　　　单位：元

借方科目：库存现金　　　　2018 年×月　　　　汇收第　号

贷方科目	金额				总账页数	
	1~10 日 收款凭证 第　号至第　号	11~20 日 收款凭证 第　号至第　号	21~30 日 收款凭证 第　号至第　号	合计	借方	贷方
合计						

表 6-2　　　　汇总收款凭证　　　　单位：元

借方科目：银行存款　　　　2018 年×月　　　　汇收第　号

贷方科目	金额				总账页数	
	1~10 日 收款凭证 第　号至第　号	11~20 日 收款凭证 第　号至第　号	21~30 日 收款凭证 第　号至第　号	合计	借方	贷方
合计						

例 6-1：大地公司 3 月 1~10 日发生下列银行存款收款业务，并编制记账凭证如下：

（1）借：银行存款　　　　10 000

　　　贷：应收账款　　　　10 000

（2）借：银行存款　　　　20 000

　　　贷：应收账款　　　　20 000

（3）借：银行存款　　　　30 000

　　　贷：主营业务收入　　　　30 000

（4）借：银行存款　　　　40 000

　　　贷：主营业务收入　　　　40 000

分析：应按其对应贷方科目进行归类，计算出每一贷方科目发生额合计数，填入汇总收款凭证中。应收账款发生额合计：10 000+20 000=30 000（元）；主营业务收入发生额合计 30 000+40 000=70 000（元）。编制汇总收款凭证如表 6-3 所示。

表 6-3　　　　**汇总收款凭证**　　　　单位：元

借方科目：银行存款　　　　2018 年×月　　　　汇收第　号

贷方科目	金额				总账页数	
	1~10 日收款凭证第　号至第　号	11~20 日收款凭证第　号至第　号	21~30 日收款凭证第　号至第　号	合计	借方	贷方
应收账款	30 000					
主营业务收入	70 000					
合计	100 000					

（二）汇总付款凭证的编制

汇总付款凭证按“库存现金”和“银行存款”科目的贷方设置，分别按其对应借方科目进行归类、汇总，计算出每一借方科目发生额合计数，填入汇总收款凭证中。一般可 5 天或 10 天汇总一次，每月编制一张，月末计算出每一借方科目发生额合计数，据以登记总分类账。其格式可参见表 6-4 和表 6-5。

表 6-4　　　　**汇总付款凭证**　　　　单位：元

贷方科目：库存现金　　　　2018 年×月　　　　汇付第　号

借方科目	金额				总账页数	
	1~10 日付款凭证第　号至第　号	11~20 日付款凭证第　号至第　号	21~30 日付款凭证第　号至第　号	合计	借方	贷方
合计						

表 6-5　　　　**汇总付款凭证**　　　　单位：元

贷方科目：银行存款　　　　2018 年×月　　　　汇付第　号

借方科目	金额				总账页数	
	1~10 日付款凭证第　号至第　号	11~20 日付款凭证第　号至第　号	21~30 日付款凭证第　号至第　号	合计	借方	贷方
合计						

（三）汇总转账凭证的编制

汇总转账凭证按每一科目的贷方分别设置，根据汇总期内的转账凭证，按设置科目相对应的借方科目加以归类、汇总，计算出每一借方科目发生额合计数，填入汇总转账凭证中。一般可5天或10天汇总一次，每月编制一张，月末计算出每一借方科目发生额合计数，据以登记总分类账。如果在月份内某一贷方科目的转账凭证不多时，也可以不编制汇总转账凭证，直接根据转账凭证登记总分类账。

由于汇总转账凭证上的科目对应关系是一个贷方科目与一个或几个借方科目相对应的，因此，为了便于编制汇总转账凭证，要求所有的转账凭证也应按一个贷方科目与一个或几个借方科目的对应关系来填制，不应填制一个借方科目与几个贷方科目相对应的转账凭证。其格式可参见表6-6。

表6-6　　汇总转账凭证　　单位：元

贷方科目：原材料　　2018年×月　　汇转第　号

借方科目	金额				总账页数	
	1~10日 转账凭证 第　号至第　号	11~20日 转账凭证 第　号至第　号	21~30日 转账凭证 第　号至第　号	合计	借方	贷方
管理费用	500	400	550	1 450		
制造费用	800	700	740	2 240		
生产成本	2 500	2 450	2 650	7 600		
合计	3 800	3 550	3 940	11 290		

上述汇总记账凭证可以每旬汇总一次编制一张，也可以定期汇总，每月编制一张。编制完汇总记账凭证后，据以登记总分类账。总分类账的登记通常在月终进行。

二、汇总记账凭证账务处理程序的编制步骤

汇总记账凭证账务处理程序的一般编制步骤如下：

第一，根据原始凭证编制汇总原始凭证。

第二，根据原始凭证或汇总原始凭证，编制收款凭证、付款凭证和转账凭证，也可采用通用的记账凭证。

第三，根据收款凭证、付款凭证逐笔登记现金日记账和银行存款日记账。

第四，根据原始凭证、汇总原始凭证和记账凭证，登记各种明细分类账。

第五，根据各种记账凭证编制有关汇总记账凭证。

第六，根据各种汇总记账凭证登记总分类账。

第七，期末，现金日记账、银行存款日记账和明细分类账的余额同有关总分类账的余额核对相符。

第八，期末，根据总分类账和明细分类账的记录，编制会计报表。

汇总记账凭证账务处理程序如图 6-2 所示。

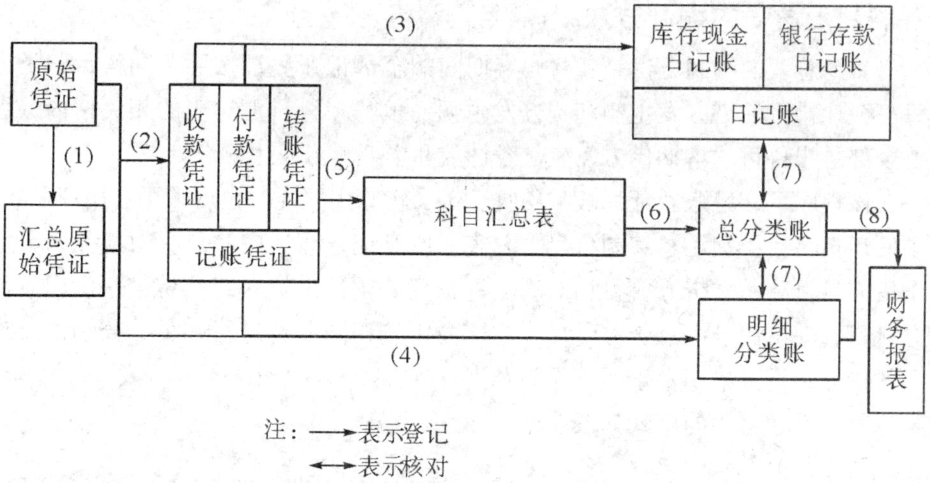

图 6-2　汇总记账凭证账务处理程序

三、汇总记账凭证账务处理程序的特点、优缺点与适用范围

汇总记账凭证账务处理程序的特点是定期将全部记账凭证按收、付款凭证和转账凭证分别归类编制成汇总记账凭证，然后再根据汇总记账凭证登记总分类账。

汇总记账凭证财务处理程序一般是根据汇总记账凭证月终一次登记总分类账，可以减轻记账凭证账务处理程序登记总分类账的工作量。此外，汇总记账凭证是根据记账凭证按照会计科目的对应关系进行归类、汇总编制的，在总分类账中也注明了对方科目，因而在汇总记账凭证和总分类账中，可以清晰地反映科目之间的对应关系，了解经济业务的来龙去脉，更便于核对和分析账目。其不足之处是由于汇总转账凭证是按每一贷方科目汇总，没有按经济业务的性质归类，不利于会计核算工作的分工，当转账凭证较多时，编制汇总转账凭证的工作量较大。因此，该账务处理程序适用于规模较大、经济业务较多的经济单位。

第三节　科目汇总表账务处理程序

科目汇总表账务处理程序是根据原始凭证填制记账凭证，根据记账凭证按相同账户分别按借、贷方定期编制科目汇总表，并据以登记总分类账的一种账务处理程序。这种账务处理程序也是在记账凭证账务处理程序基础上发展而来的，其特点是登记总分类账的依据是科目汇总表，在记账凭证和总分类账之间增加了科目汇总表这个工具。

一、科目汇总表的编制方法

科目汇总表的编制方法是：将一定期间的全部记账凭证按照相同科目归类，汇总每一会计科目的借方发生额和贷方发生额，填写在科目汇总表的相关栏内，用以反映全部总账科目的本期借方发生额合计数和本期贷方发生额合计数。

在该程序下，记账凭证一般采用收、付、转专用凭证，也可采用通用记账凭证。为了便于按科目类别汇总编制科目汇总表，所有记账凭证中的科目对应关系，应是一个借方科目和一个贷方科目相对应。每张记账凭证最好一式两份，一份用于汇总借方科目，一份用于汇总贷方科目。这样便于按相同科目进行归类，分别汇总计算科目的借方和贷方本期发生额，作为登记总分类账的登账依据。

科目汇总表常用的格式如表 6-7 所示。

表 6-7　科目汇总表

2018 年×月×日　　科汇第　号

会计科目	本期发生额		总账页数
	借方金额	贷方金额	
库存现金			
银行存款			
在途物资			
原材料			
包装物			
应收账款			
其他应收款			
短期借款			
应付账款			
应交税费			
应付职工薪酬			
生产成本			
制造费用			
主营业务收入			
其他业务收入			
营业外收入			
管理费用			
销售费用			
财务费用			
营业外支出			
合计			

二、科目汇总表账务处理程序的编制步骤

在科目汇总表账务处理程序下，账务处理的基本步骤为：

第一，根据原始凭证编制汇总原始凭证。

第二，根据原始凭证或汇总原始凭证，编制记账凭证。

第三，根据收款凭证、付款凭证逐笔登记现金日记账和银行存款日记账。

第四，根据原始凭证、汇总原始凭证和记账凭证，登记各种明细分类账。

第五，根据各种记账凭证编制科目汇总表，科目汇总表的编制时间根据单位经济业务量的多少来确定，业务量大的单位可以每日汇总一次，业务量小的单位可以每三天、五天或十天编制汇总一次。

第六，根据科目汇总表登记总分类账，其登记日期根据科目汇总表的编制时间而定，汇总编制科目汇总表后，即可据以登记一次总分类账。如果科目汇总表按月分旬汇总，可汇总一次登记一次总分类账，或按全月合计数于月末一次登记总分类账。

第七，期末，现金日记账、银行存款日记账和明细分类账的余额同有关总分类账的余额核对相符。

第八，期末，根据总分类账和明细分类账的记录，编制会计报表。

科目汇总表账务处理程序如图 6-3 所示。

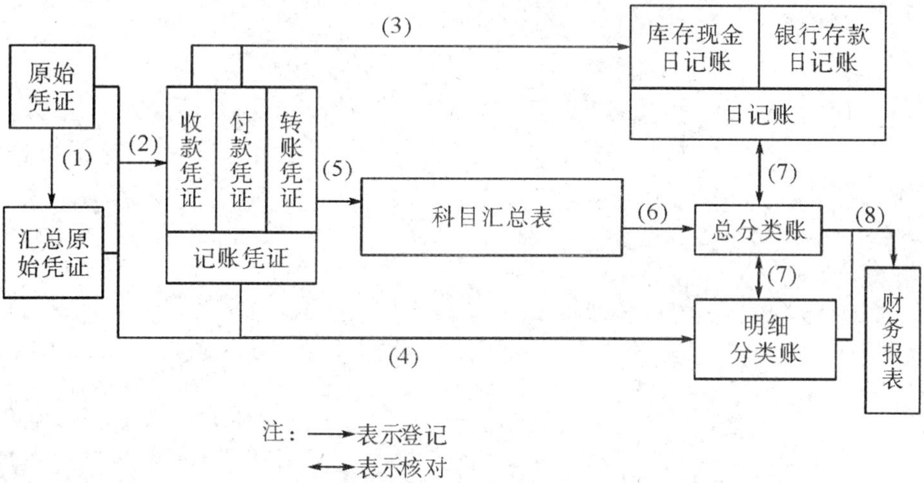

图 6-3　科目汇总表账务处理程序

三、科目汇总表账务处理程序的特点、优缺点和适用范围

该程序是根据记账凭证汇总编制科目汇总表，再根据科目汇总表登记总账，简化了登记总账的工作量，并且有利于进行入账前的试算平衡，保证总账登记的正确

性。汇总方法也比较简单，易于掌握。其不足之处是在科目汇总表和总账中，只能汇总反映各账户的本期借方发生额和本期贷方发生额，无法反映账户的对应关系，因而不便于根据账簿记录进行检查和分析经济业务的来龙去脉，不便于分析、检查经济活动的情况和核对账目。

这种账务处理程序一般适用于经济业务较多的单位。实际工作中，该种程序使用得最普遍。

例 6-2：甲、乙、丙三家企业，甲企业为一家跨国集团，经济业务繁多，会计人员素质较高；乙企业为一家经营时间较长的企业，经济业务较多；丙企业为一家刚成立的小企业，经济业务较少。三家企业应该如何选择账务处理程序？

分析：记账凭证账务处理程序适用于规模较小、经济业务量较少、记账凭证数量不多的单位，丙企业可选用该账务处理程序。汇总记账凭证账务处理程序适用于规模较大、经济业务较多的经济单位，甲企业可选择该账务处理程序。科目汇总表账务处理程序一般适用于经济业务较多的单位，乙企业可选择该账务处理程序。

第七章　财产清查

本章要点

1. 掌握财产清查的分类。
2. 掌握银行存款余额调节表的编制。
3. 掌握“待处理财产损溢”科目借贷方的核算内容。
4. 掌握库存现金、固定资产、存货盘亏、盘盈的处理。
5. 掌握应收账款发生坏账的处理。

问题导入

小王大学毕业后应聘到大华公司财务处做出纳工作。由于刚参加工作，小王对于货币资金业务管理和核算的相关规定不甚了解。这天，在现金业务结束后的例行现金清查中，小王发现现金短缺 100 元，经反复核对也没有发现原因。为了保全自己的面子，同时考虑到金额不大，她就自掏腰包予以补齐。到了月末，小王编制了公司银行存款余额调节表，调节表上公司和银行双方的调整余额一致，都是 385 000 元，但小王看到自己负责的银行存款日记账上的余额是 384 000 元，于是他将相差的1 000元记入银行存款日记账，使其余额也变为 385 000 元。小王的上述做法是否正确？为什么？

第一节　财产清查概述

一、财产清查的概念

财产清查，亦称“盘存”，是指通过对实物、现金的实地盘点和银行存款、往来账项的核对，来查明各项财产物资、货币资金和往来账项的实有数和账面数是否相符，并据以调整会计账簿，保证账实相符的一种会计核算的专门方法。

在实际工作中，由于种种主客观原因，往往会导致企业财产的账面数与实际结存数不一致。造成账实不符的原因一般有以下几个方面：

（1）在财产收发时，由于制度不健全，计量检验不准确，造成品种、数量或质量上的差错。

（2）在运输、保管过程中，由于受到各种自然条件（如霉变）和一些其他因素（如毁损、泼洒）的影响，发生了数量和质量上的差错。

（3）在财产物资增减变动时漏办入账手续，或者在入账时，发生计算或登记上的错误。

（4）由于管理不善或工作人员失职而发生的财产物资损坏、变质与短缺，以及由于账目混乱造成的账实差错。

（5）由于不法分子的营私舞弊、贪污盗窃而发生的财产物资数量上或质量上的损失。

（6）在结算过程中，由于账项未达而发生的数额不符。

二、财产清查的分类

财产清查按照不同的标准可以划分为不同的类型。

（一）按照清查的范围可以分为全面清查和局部清查

1. 全面清查

全面清查是指对企业所有的财产物资进行盘点和核对。全部清查的内容多、范围广、参与部门人员多，有时还会影响企业生产经营的正常运行。因此，一般在如下情况下才需要进行全面清查：

（1）年终决算前，为了确保年终决算会计资料的真实性、正确性。

（2）单位撤销、分立、合并或改变隶属关系前。

（3）中外合资、国内合资前。

（4）企业股份制改制前。

（5）开展全面的资产评估、清产核资前。

（6）单位主要领导调离工作前等。

2. 局部清查

局部清查是根据需要对企业的一部分财产进行清查，主要对象是流动性较大的财产，如现金、材料、在产品和产品、债权债务等。局部清查内容少、范围小、涉及的人员少，但专业性强。局部清查一般包括下列清查内容：

（1）对于现金应由出纳员在每日业务终了时点清，做到日清月结。

（2）对于银行存款和银行借款，应由出纳员每月同银行核对一次。

（3）对于债权债务，应在年度内至少核对一至两次。

（4）对于材料、在产品和产成品除年度清查外，应有计划地每月重点抽查，对于贵重的财产物资，应每月清查盘点一次。

（二）按清查的时间可分为定期清查和不定期清查

1. 定期清查

定期清查是指按计划在规定时间对财产物资所进行的清查，一般是在年度、季度或月份末结账时进行。这种清查的对象不定，可以是全面清查也可以是局部清查。如在每日结账前要对现金进行清查，保证账实相符；在每月结账前要对银行存款日记账进行对账等。

2. 不定期清查

不定期清查也称临时清查，它是指事前没有规定清查日期，根据实际需要而临时进行的财产清查。不定期清查一般是局部清查，通常在以下几种情况下进行：

（1）更换财产物资保管员和现金出纳员时进行的有关财产物资的清查。

（2）发生意外灾害等非常损失进行的损失情况的清查。

（3）有关部门进行的临时性检查等。

例 7-1：企业在编制年度财务报告前，应当进行财产清查，该财产清查属于何种类型？

分析：企业编制年度财务报告前，需要对企业所有的财产物资进行盘点和核对，所以属于全面清查。同时，该财产清查时间是每年年度财务报告编制前，即在规定时间进行的清查，所以属于定期清查。

（三）按清查的执行单位

1. 内部清查

内部清查是指由本单位内部自行组织清查工作小组所进行的财产清查工作。大多数财产清查都是内部清查。

2. 外部清查

外部清查是指由上级主管部门、审计机关、司法部门、注册会计师根据国家有关规定或情况需要对本单位所进行的财产清查。一般来讲，进行外部清查时应有本单位相关人员参加。

三、财产清查的意义

1. 保证会计核算资料的准确性和真实性

财产清查，可以查明各项财产的实存数与账存数的差异，以及发生差异的原因及责任，及时按照规定把账存数调整为实存数，从而达到账实相符，保证会计资料的准确可靠。

2. 保护财产的安全和完整

财产清查，可以查明企业单位各项财产、商品、物资是否完整，有无短缺、毁损、变质、贪污盗窃等情况。对发现的问题应及时分析原因，追查责任，同时要吸取教训，改进管理工作，切实保证各项财产物资的安全与完整。

3. 挖掘财产潜力，加速资金周转

财产清查，可查明各种财产物资的库存和使用情况，可发现有无储备不足、积压、闲置等情况，以便采取措施，充分挖掘物资潜力，合理、有效地利用企业的各项资源，加速资金周转，提高资金使用效果。

四、财产清查的一般程序

财产清查的一般程序是：

第一，建立财产清查组织；

第二，组织清查人员学习有关政策规定，掌握有关法律、法规和相关业务知识，以提高财产清查工作的质量；

第三，确定清查对象、范围，明确清查任务；

第四，制订清查方案，具体安排清查内容、时间、步骤、方法以及必要的清查前准备；

第五，清查时本着先清查数量、核对账簿记录等，后认定质量的原则进行；

第六，填制盘存清单；

第七，根据盘存清单填制实物、往来账项清查结果报告表。

第二节　财产清查的方法

由于货币资金、实物、往来款项等各有不同的特点，在进行财产清查时，应采用不同的方法。

一、货币资金的清查方法

（一）库存现金的清查

现金清查的主要方法是采用实地盘点法确定库存现金的实存数，然后与现金日记账的账面余额相核对，确定账实是否相符。

在实际工作中，除了由出纳人员对现金进行经常性清查外，还应由清查小组对库存现金进行定期或不定期的清查。现金清查时，出纳人员必须在场，现金由出纳人员经手盘点，清查人员从旁监督。同时，清查人员还应认真审核现金收付凭证和有关账簿，检查财务处理是否合理合法，账簿记录有无错误，以确定账存与实存是否相符等。

现金清查结束后应填写“库存现金盘点报告表”（如表7-1所示），并据以调整现金日记账的账面记录。

表7-1　　　　库存现金盘点报告表

单位名称：　　　　　　　　年　月　日

实存金额	账存金额	对比结果		备注
		长款	短款	

负责人签章：　　　　　　盘点人签章：　　　　　　出纳签章：

（二）银行存款的清查

银行存款的清查，也是采用账目核对法，即将企业出纳人员登记的银行存款日记账与银行转来的对账单进行核对，检查二者是否相符。在同银行核对账目之前，应将企业的银行存款业务全部登入银行存款日记账。银行存款的清查一般在月末进行。

1. 银行存款日记账与银行对账单不一致的原因

从理论上看，企业的每一笔银行存款收支，企业的出纳人员要登记银行存款日记账，银行的记账人员要登记对账单，二者应该是相符的。但实际上，本单位的银行存款日记账上的月末余额与银行转来的银行对账单上的月末余额常常会出现不一致的情况，除可能是记账错误外，往往是因为双方收到有关原始凭证及记账的时间难以绝对同步，即出现了未达账项所导致的。

未达账项是指由于企业和银行双方收付款项的记账时间不一致而发生的一方已入账，而另一方未入账的款项。

以企业为例，未达账项通常有四种：

（1）企业已收、银行未收的账项。即企业存入银行的款项，企业已入账，作为本企业的银行存款增加，但银行尚未办理存款手续，有关款项还未记入企业的银行存款户头。

（2）企业已付、银行未付的款项。即企业开支票或其他付款凭证后，企业已入账，作为本企业的银行存款减少，但银行尚未实际划出的款项。

（3）银行已收、企业未收的款项。即银行付给企业的利息或代企业收到的款项，银行已登记入账，作为企业的存款增加，但企业未收到收款通知，因而还未登记入账。

（4）银行已付、企业未付的款项。即银行代企业支付的款项（如水电费、电话费等），银行已登记入账，作为企业的存款减少，但企业未接到付款通知，因而还未登记入账。

上述四种未达账项，前两种属于银行的未达账项，后两种则属于企业的未达账项。为了减少未达账项，月底应从开户银行将本单位的各种银行结算凭证及时取回，并及时入账。

上述任何一种未达账项的出现，都会引起企业的银行存款账面余额与对账单不符。

2. 银行存款清查的步骤

银行款的清查按以下四个步骤进行：

（1）将本单位银行存款日记账与银行对账单，以结算凭证的种类、号码和金额为依据，逐日逐笔核对。凡双方都有记录的，用铅笔在金额旁打上记号“√”。

（2）找出未达账项（即银行存款日记账和银行对账单中没有打“√”的款项）。

（3）将日记账和对账单的月末余额及找出的未达账项填入“银行存款余额调节表”，并计算出调整后的余额。

（4）将调整平衡的“银行存款余额调节表”，经主管会计签章后，呈报开户银行。

凡有几个银行户头以及开设有外币存款户头的单位，应分别按存款户头开设“银行存款日记账”。每月月底，应分别将各户头的“银行存款日记账”与各户头的“银行对账单”核对，并分别编制各户头的“银行存款余额调节表”。

现举例说明“银行存款余额调节表”的编制方法。

例 7-2：大地公司 2018 年 6 月的“银行存款日记账”如表 7-2 所示，本月月底银行转来的“银行对账单”如表 7-3 所示。

表 7-2　银行存款日记账

账号：4554-0810-00000188　单位：元

2018 年		凭证号数	摘要	结算凭证		对方科目	收入	支出	结余
月	日			种类	号数				
6	1		期初余额						780 000

表7-2(续)

2018年		凭证号数	摘要	结算凭证		对方科目	收入	支出	结余
月	日			种类	号数				
	3	（略）	销售产品	支票	00436	主营业务收入	340 000		1 120 000
	5		收到货款	支票	00527	应收账款	80 000		1 200 000
	10		支付货款	支票	00121	物资采购		520 000	680 000
	16		销售产品	支票	00639	主营业务收入	120 000		800 000
	20		提取现金	支票	00122	现金		3 000	797 000
	29		支付购料款	支票	00123	应付账款		32 000	765 000
	30		销售产品	支票	00834	主营业务收入	8 000		773 000
6	30	/	本月发生额及余额	/	/	/	548 000	555 000	773 000

表 7-3　　　　银行对账单

账号：4554-0810-00000188　单位：元

2018年		摘要	结算凭证		收入	支出	结余
月	日		种类	号数			
6	1	结余					780 000
	3	存入	支票	00436	340 000		1 120 000
	11	支取	支票	00121		520 000	600 000
	17	存入	支票	00639	120 000		720 000
	26	支取	支票	00123		32 000	688 000
	27	存入	支票	00821	40 000		728 000
	30	支取	支票	00124		25 000	703 000
6	30	本期发生额及余额			500 000	577 000	703 000

解析：经过对“银行存款日记账”和“银行对账单”逐笔核对，发现双方有下列未达账项：

①企业已收、银行未收的款项为 88 000 元；

②企业已付、银行未付的款项为 3 000 元；

③银行已收、企业未收的款项为 40 000 元；

④银行已付、企业未付的款项为 25 000 元。

根据企业的银行存款日记账的期末余额和银行编制的银行对账单上的期末余额，以及对双方账簿核对后发现的未达账项，编制“银行存款余款调节表”如表 7-4 所示。该调节表左右两方分别采用的计算公式为：

调节后的存款余额=企业银行存款账面余额+银行已收、企业未收的未达账项-银行已付、企业未付的未达账项

调节后的存款余额=银行存款账单余额+企业已收、银行未收的未达账项-企业已付、银行未付的未达账项

表 7-4 **银行存款余额调节表**

账号：4554-0810-00000188　　2018 年 6 月 30 日　　单位：元

项目	金额	项目	金额
企业银行存款账面余额	773 000	银行对账单余额	703 000
加：银行已收，企业未收	40 000	加：企业已收，银行未收	88 000
减：银行已付，企业未付	25 000	减：企业已付，银行未付	3 000
调节后的存款余额	788 000	调节后的存款余额	788 000

主管会计：（签章）　　制表人：（签章）

3. "银行存款余额调节表" 的意义

（1）"银行存款余额调节表" 是一种对账记录或对账工具，并不是会计凭证，不能作为调整账面记录的依据，即不能根据银行存款余额调节表中的未达账项来调整银行存款账面记录，未达账项只有在收到有关凭证后才能进行有关账务处理。

（2）若 "银行存款余额调节表" 中调节后的余额相等，则调节后相等的余额为企业可以动用的银行存款实有数，且说明企业和银行的账面记录一般没有错误，企业与银行的账面存款余额不一致，只是由于未达账项造成的。

（3）若 "银行存款余额调节表" 中调节后的余额不相等，则说明一方或双方记账有误，须进一步追查，查明原因后予以更正和处理。

二、实物的清查方法

1. 实地盘点法

这种方法是指在财产物资存放现场逐一清点或用计量器确定其实存数的一种方法。其适用范围较广，大多数财产物资的清查都可以采用这种方法。

2. 技术推算盘点法

采用这种方法，是指利用技术方法推算财产物资的实存数的方法。这种方法只适用大量的、难以逐一清点的财产物资的清查。

对于实物的质量，应根据不同的实物采用不同的检查方法，如有的采用物理方法，有的采用化学方法来检查实物的质量。

在清查过程中，还应了解财产物资的利用和储备情况，以及在收发、保管方面所存在的问题。

例 7-3：请思考，煤炭、砂石等大宗物资和固定资产分别适用于什么样的清查方法？

分析：煤炭、砂石数量大，难以逐一清点，故适用技术推算盘点法。

固定资产可以在存放现场逐一清点数量，故适用实地盘点法。

为了明确经济责任，盘点时，实物保管人员必须在场，并参加盘点。对于盘点结果，应将数量和质量情况，如实登记在“盘存单”上，并由盘点人员和实物保管人员签章。“盘存单”是记录盘点结果的书面证明，也是反映财产物资实存数的原始凭证。其一般格式如表7-5所示。

表7-5　　盘存单

单位名称：　　存放地点　　编号：

财产类别：　　盘点时间：

序号	名称	规格	计量单位	盘点数量	单价	金额	备注

盘点人签章：　　保管人签章：

为了查明实存数与账存数是否相符，确定盘盈盘亏情况，应根据“盘存单”和有关账簿记录编制“实存账存对比表”。“实存账存对比表”是用以调整账簿记录的重要原始凭证，也是分析产生差异的原因，明确经济责任的依据。在实际工作中，为了简化编表工作，“实存账存对比表”通常只填列账实不符的物资，对于账实完全相符的财产物资并不列入。这样的“实存账存对比表”主要是反映盘盈、盘亏情况，所以也称为“盘点盈亏报告表”。“实存账存对比表”的一般格式如表7-6所示。

表7-6　　实存账存对比表

单位名称：　　年　月　日

序号	名称	规格	计量单位	单价	实存		账存		盘盈		盘亏		备注
					数量	金额	数量	金额	数量	金额	数量	金额	

盘点人签章：　　会计签章：

三、往来款项的清查方法

往来款项的清查，是指对本单位与其他单位发生的各种债权、债务等结算业务进行的清查。往来款项包括应收账款、应付账款、应收票据、应付票据、其他应收款、其他应付款、预收账款、预付账款等。

往来款项的清查一般用发函询证的方法进行核对。步骤如下：

（1）首先将本单位的往来账款核对清楚。

（2）编制“往来款项对账单”，寄往各有关往来单位，其中一联作为回单，对方单位核对相符时，应在回单上盖章退回；如果有部分数据核对不符，应在回单上注明不符的情况或另编表退回，作为进一步核对的依据。

（3）收到上述回单后，编制“往来款项清查报告表”。

“函证信”“往来款项清查报告表”的格式参见图 7-1、表 7-7 所示。

往来款项的清查方法一般采用账目核对法，即采用发函询证，与对方单位核对账目。

清查完毕，应根据各个往来单位寄回的回单，编制“往来款项清查报告表”列示清查的具体结果。

函证信

××单位：

本公司与贵单位的业务往来款项有下列各项目，为了对清账目，特函请查证，是否相符，请在回执联中注明后盖章寄回。此致敬礼。

往来结算款项对账单

单位：__________地址：__________编号：__________			
会计科目名称	截止日期	经济事项摘要	账面余额

图 7-1 函证信

表 7-7 **往来款项清查报告表**

总分类账户名称： ××年 月 日

明细账户户名	账面应收金额	清查情况		发生日期	对方不同意付款原因		备注
		对方同意付款金额	对方不同意付款金额		按合同规定拒付金额	争执中的款项	

清查人员签章： 经管人员签章：

第三节　财产清查结果的处理

一、财产清查结果的处理要求

财产清查的结果有两种：一是账存数与实存数一致，即账实相符；二是账存数与实存数不一致，即出现盘盈或盘亏。当实存数大于账存数时，称为盘盈；当实存数小于账存数时，称为盘亏；实存数与账存数一致，但实存的财产如有质量问题，不能按正常的财产物资使用的，称为毁损。发生盘盈、盘亏或毁损时，必须以国家的有关法规、制度为依据，严肃认真地做好清查结果的处理工作。具体要求如下：

（一）分析账实不符的原因和性质，提出处理建议

对于在财产清查中发现的账账之间、账实之间的不符情况，应明确性质，查明原因，明确经济责任，提出处理意见，按有关法规规定报经批准，按规定的程序进行处理。对于定额内的损耗，多属自然原因，非人为因素所致，可根据会计准则的规定进行处理。对于超定额损耗，会计人员无权自行处理，应及时报请单位负责人做出处理。一般来说，个人造成的损失，应由个人赔偿，记入其他应收款账户；因管理不善原因造成的损失，应作为企业管理费用入账；因自然灾害造成的非常损失，列入企业的营业外支出。

（二）积极处理多余积压财产，清理往来款项

在财产清查过程中所发现的超储积压物资、呆滞商品以及多余物资，应积极处理，以做到物尽其用。对于长期不清的结算账项，应指定专人查明原因，尽快结算。

（三）总结经验和教训，建立健全各项管理制度

财产清查可以发现不少管理上存在的问题，所以在财产清查后应在总结经验的基础上，吸取造成损失浪费的教训，并针对存在的问题及缺点，提出改进工作的措施，建立健全财产管理制度，进一步提高财产管理水平。

（四）及时调整账簿记录，保证账实相符

对于财产清查中发现的盘盈或盘亏，应及时调整账面记录，以保证账实相符。要根据清查中取得的原始凭证编制记账凭证，登记有关账簿，使各种财产物资的账存数与实存数相一致，同时以相等的数额反映在账户上。

二、财产清查结果的账务处理步骤

对于账实不符的账务处理分两步进行：

1. 审批之前的处理

对于财产清查中发现的盘盈、盘亏，在报经有关领导审批之前，应基于客观性原则，根据“清查结果报告表”“盘点报告表”等已经查实的数据资料，编制记账凭证，据以记入有关账簿，使账簿记录与实际盘存数相符；同时根据企业的管理权

限，将处理建议报股东大会或董事会，或经理（厂长）会议或类似机构批准。

2. 审批之后的处理

审批后，按照差异产生的原因和报经批准的处理结果，将处理结果编制会计分录，并据以登记有关账簿，进行差异处理，调整账项。

三、财产清查结果处理账户的设置

为了反映和监督企业在财产清查中所发现的各项财产物资的盘盈、盘亏和毁损的情况，需要设置和运用“待处理财产损溢”账户。

1. 账户的性质

资产类账户。

2. 账户的用途

该账户用来核算企业在财产清查过程中查明的各种财产物资的盘盈、盘亏和毁损。在该科目下应设置“待处理固定资产损溢”和“待处理流动资产损溢”两个明细科目，分别核算固定资产和流动资产的盘亏。

3. “待处理财产损溢”账户结构（图 7-2）

待处理财产损溢

借方	贷方
（1）待处理财产盘亏数 （2）经批准结转的待处理财产盘盈数	（1）待处理财产盘盈数 （2）经批准结转的待处理财产盘亏数

图 7-2 “待处理财产损溢”账户结构

三、财产清查结果的会计处理

（一）库存现金清查结果的账务处理

盘盈的库存现金，在报经有关领导审批之前，根据“库存现金盘点报告表”，借记“库存现金”科目，贷记“待处理财产损溢”科目。经批准后，根据盘盈的原因及批准处理意见，分别做如下账务处理：属于应支付给有关人员或单位的，借记“待处理财产损溢”科目，贷记“其他应付款”科目；属于无法查明原因的，借记“待处理财产损溢”科目，贷记“营业外收入”科目。

盘亏的库存现金，在报经有关领导审批之前，根据“库存现金盘点报告表”，借记“待处理财产损溢”科目，贷记“库存现金”科目。经批准后，根据盘亏的原因及批准处理意见，分别做如下账务处理：属于应由出纳个人或保险公司赔偿的，借记“其他应收款”科目；属于无法查明原因的，借记“管理费用”科目，贷记

“待处理财产损溢”科目。

例 7-4：大地公司在财产清查中，发现库存现金溢余 500 元，无法查明溢余原因。

（1）在报经批准前，根据“现金盘点报告表”确定的现金盘盈数，编制会计分录如下：

借：库存现金 500

　贷：待处理财产损溢 500

（2）在批准后，根据批准处理意见，转销现金盘盈的会计分录如下：

借：待处理财产损溢 500

　贷：营业外收入 500

例 7-5：大地公司在财产清查中，发现库存现金短缺 600 元。

（1）在报经批准前，根据“现金盘点报告表”确定的现金盘亏数，编制会计分录如下：

借：待处理财产损溢 600

　贷：库存现金 600

（2）经查，现金短缺中，应由出纳员李某个人赔偿 200 元，其余部分无法查明原因，经批准予以核销。编制会计分录如下：

借：其他应收款 200

　　管理费用 400

　贷：待处理财产损溢 600

（二）存货清查结果的账务处理

盘盈的存货，在报经有关领导审批之前，先根据“账存实存对比表”等资料，借记“原材料”“库存商品”等科目，贷记“待处理财产损溢”科目。按规定手续报经批准后，借记“待处理财产损溢”科目，贷记“管理费用”科目。

企业盘亏的存货，在报经有关领导审批之前，先根据账存实存对比表等资料，借记“待处理财产损溢”科目，贷记“原材料”“库存商品”等科目。报经批准后，根据盘亏的原因及批准处理意见，分别做如下账务处理：对于应由保险公司和过失人支付的赔款，借记“其他应收款”科目，贷记“待处理财产损溢”科目；属于一般经营损失的部分，借记“管理费用”科目，贷记“待处理财产损溢”科目；属于非常损失的部分，借记“营业外支出”科目，贷记“待处理财产损溢”科目。

例 7-6：大地公司在财产清查中，发现某种材料盘盈 5 吨，价值 250 000 元。

（1）在报经批准前，根据“账存实存对比表”确定的材料盘盈数，编制会计分录如下：

借：原材料 250 000

　贷：待处理财产损溢 250 000

（2）在批准后，根据批准处理意见，转销材料盘盈的会计分录如下：

借：待处理财产损溢　　250 000
　贷：管理费用　　250 000

例 7-7：大地公司在财产清查中，盘亏材料 5 000 元，其中 3 500 元属于非常损失，1 500 元属于自然损耗。

（1）在报经批准前，根据“账存实存对比表”确定的材料盘亏数，编制会计分录如下：

借：待处理财产损溢　　5 000
　贷：原材料　　5 000

（2）在批准后，根据批准处理意见，转销材料盘亏的会计分录如下：

借：管理费用　　1 500
　　营业外支出　　3 500
　贷：待处理财产损溢　　5 000

（三）固定资产清查结果的账务处理

固定资产盘盈是通过“以前年度损益调整”科目进行账务处理的。

盘亏的固定资产，报经批准处理前，要先按账面原值和累计折旧及时予以注销，其账面净值转入“待处理财产损溢”科目。待报经批准处理后，再将净值转入相关科目，如是由财产责任人或保险公司赔偿，则转为“其他应收款”科目；如有关人员和保险公司赔偿后仍然有损失的，其差额作为企业的“营业外支出”入账。

例 7-8：大地公司对其全部的固定资产进行清查，盘盈一台八成新的机器设备，评估价为 160 万元，企业所得税税率为 25%，按净利润的 10%计提盈余公积金。

（1）盘盈机器设备时：

借：固定资产　　1 600 000
　贷：以前年度损益调整　　1 600 000

（2）调整应交所得税：

借：以前年度损益调整　　400 000
　贷：应交税费——应交所得税　　400 000

（3）将“以前年度损益调整”科目余额转入“利润分配”：

借：以前年度损益调整　　1 200 000
　贷：利润分配——未分配利润　　1 200 000

（4）调整利润分配有关数字：

借：利润分配——未分配利润　　120 000
　贷：盈余公积　　120 000

例 7-9：大地公司在财产清查中，发现丢失一台设备。该设备原价 100 000 元，已计提折旧 50 000 元。经查，设备丢失的原因在于设备管理员看守不当。经董事会批准后，由设备管理员赔偿 15 000 元。

（1）在报经批准前，根据固定资产盘盈、盘亏报告单，编制会计分录如下：

借：待处理财产损溢 50 000

累计折旧 50 000

贷：固定资产 100 000

（2）在批准后，根据批准处理意见，编制会计分录如下：

借：其他应收款 15 000

营业外支出 35 000

贷：待处理财产损溢 50 000

第八章　财务会计报告

本章要点

1. 掌握企业财务会计报告的构成（四表一注）。
2. 掌握财务会计报告的编制要求。
3. 掌握资产负债表、利润表的意义、格式。
4. 掌握简易资产负债表、利润表的编制。

问题导入

股票投资者在进行选股时，除了要对宏观经济、行业现状等问题进行分析，还要了解上市公司的财务状况。那股票投资者如何了解上市公司的财务状况呢？投资者可以通过查询上市公司披露的定期财务会计报告，包括年度报告和中期报告，以做出投资决策。那么什么是财务会计报告？财务会计报告如何编制？让我们一起寻找答案吧！

第一节　财务会计报告概述

一、财务会计报告的概念

财务会计报告是指企业对外提供的反映其某一特定日期的财务状况和某一会计期间的经营成果、现金流量等会计信息的文件。

在日常会计核算中，把经营过程中所发生的各项经济业务，通过设置账户、复式记账、填制和审核凭证、登记账簿、成本计算、财产清查等会计核算方法，反映在各种会计账簿中。但是，就某一会计期间的整体经营过程而言，会计凭证和会计账簿上的资料所提供的信息不能集中、概括地反映会计主体某一特定日期的财务状况和某一会计期间的经营成果和现金流量，因而难以满足利益相关者了解该单位财务状况、经营成果及现金流量的需要。因此，就有必要在日常会计核算的基础上，定期编制各种财务报表，为有关方面提供全面的信息。

二、财务会计报告的作用

编制财务会计报告的作用主要表现在以下几个方面：

（一）财务会计报告有助于投资者和债权人做出合理的决策

投资者中包括国家、其他单位、外商及个人等，他们都关心投资报酬和投资风险，其他利益人中包括银行和其他金融机构、债券购买人等则对自己的债权能否收回给予特别关注。因此，投资者通过全面系统的财务报告来了解企业的财务状况、营运能力、盈利能力以及经营者受托责任的履行情况，以便做出正确的投资决策；债权人需要通过财务报告了解各单位的支付能力、短期以及长期的偿债能力，使债权人做出信贷和赊销的决策。

（二）财务会计报告有助于企业管理当局改善经营管理，提高经济效益

企业的经营管理者，需要经常对企业的财务、成本等各方面的状况进行分析考核，对经营中的成绩及时予以总结，对存在的问题及时地发现并加以改进，才能不断提高经营管理水平，提高经济效益。财务会计报告提供了企业管理活动过程及结果的全面、完整、系统的资料，可以帮助企业管理人员了解企业的财务状况、经营过程、经营成果以及财务状况的变动情况；可以帮助企业管理人员分析评价企业在经营管理中取得的成绩，找出存在的问题，提出改进措施；可以帮助企业管理人员预测发展前景，做出正确经营决策，以不断提高经济效益。

（三）财务会计报告有助于国家财政、税务、审计等经济监督部门对企业经济行为进行监督

国家各级各类监督部门可利用企业对外提供的财务会计报告，对企业实行经济监督。检查企业的资金筹集和使用是否合理，利润的形成与分配是否符合国家法律规定；检查企业的税金计算和缴纳是否正确与及时，有无违反国家税法的规定；检查企业财经纪律的遵守情况等。通过监督促使企业合理使用资金，严格遵守国家法律法规，及时足额上缴税收，保证国家经济的稳定、健康发展。

三、财务会计报告的构成

财务会计报告包括会计报表及其附注和其他应当在财务会计报告中披露的相关

信息和资料。我国财政部 2006 年 2 月颁布的《企业会计准则第 30 号——财务报表列报》中规定，财务会计报告至少应当包括下列组成部分：资产负债表、利润表、现金流量表、所有者权益（或股东权益）变动表、会计报表附注。可见，一套完整的财务报告至少应当包括“四表一注”。

会计报表是财务会计报告的主要组成部分，它是根据会计账簿的记录和有关资料，按规定的报表格式，总括反映一定期间的经济活动和财务收支及其结果的一种报告文件。其中，资产负债表主要反映企业在某一特定日期的财务状况，即全部资产、负债和所有者权益情况的报表；利润表是反映企业在一定会计期间的经营成果及其分配情况的报表；现金流量表主要反映企业一定会计期间内现金和现金等价物的流入、流出和现金净变动额的报表。所有者权益变动表主要提供企业在一定会计期间股东权益各项目的增减变动情况的信息。资产负债表、利润表、现金流量表是公司、企业对外报送的三大基本会计报表，它们所反映的是财务会计报告使用者所共同关心的一些信息。

会计报表附注是对会计报表的补充说明，也是财务会计报告的重要组成部分。会计报表附注主要包括两项内容：一是对会计报表各要素的补充说明；二是对那些会计报表中无法描述的其他财务信息的补充说明。会计报表本身的局限性，使会计报表所提供的资料受到一定的限制。为了提供更详尽的会计资料，需要在会计报表附注中对会计报表的某些项目做进一步的补充说明。

财务会计报告按编报时间的不同，可以分为中期财务会计报告和年度财务会计报告。中期财务会计报告是以短于一个完整会计年度的报告期间为基础编制的会计报告，包括月报、季报、半年报等。月报要求简明扼要，反映及时；年报要求列示完整，反映全面；而季报、半年报在会计信息的详细程度方面，则介于二者之间。

目前，我国股份有限公司还需要编制中期财务会计报告向外报送，这里股份有限公司编制的中期财务会计报告仅指半年报。我国编制财务会计报告的时间是由统一的会计制度规定的，一般来说，资产负债表、利润表按月编制，现金流量表和利润表按年编制。

各期间财务会计报告编制的时间要求和基本内容是：

（1）月度财务会计报告，在每月终了后 6 日内报出，至少应当包括资产负债表和利润表。会计制度规定需要编制会计报表附注的，从其规定。

（2）季度财务会计报告，在每季度终了后的 15 日内报出，包括的内容与月度财务会计报告基本相同。

（3）半年度财务会计报告，在每半年度终了后 60 天内报出，包括资产负债表、利润表、现金流量表和利润表等附表以及财务情况说明书。

（4）年度财务会计报告，在每年度终了后 4 个月内对外提供，包括财务会计报告的全部内容。

根据我国《小企业会计准则》的规定，小企业的年度财务会计报告包括资产负债表、利润表和会计报表附注，小企业可以根据需要选择是否编制现金流量表。

我国《企业财务会计报告条例》规定，年度结账日为公历年度每年的 12 月 31 日；半年度、季度、月度结账日分别为公历年度每半年、每季、每月的最后一天。

四、财务会计报告的编制要求

财务会计报告是会计主体对外传递会计信息的基本形式，为了保证财务会计报告所提供的信息能够及时、准确、完整地反映企业的财务状况和经营成果，最大限度地满足各有关方面的需要，企业在编制财务会计报告时，应严格遵守企业会计准则的规定，并应遵循以下原则和要求：

（一）真实可靠

财务会计报告中的各项数据必须真实可靠，如实地反映企业的财务状况和经营成果。由于日常的会计核算以及编制会计报表过程中，涉及大量的数字计算，因此只有准确认真地计算，才能保证数字的真实性。这就要求编制会计报告必须以核对无误后的账簿记录和其他有关资料为依据，不能使用估计或推算的数据，更不能以任何方式弄虚作假。如果会计报告所提供的资料不真实或者可靠性很差，则不仅不能发挥会计报告的应有作用，而且还会由于错误的信息，导致会计报告使用者对企业的财务状况、经营成果和现金流动情况做出错误的评价与判断，致使报告使用者做出错误的决策。

（二）相关可比

企业会计报告所提供的财务会计信息必须与报告使用者进行决策所需要的信息相关，并且便于报告使用者在不同企业之间及同一企业前后各期之间进行横向和纵向的比较。财务会计报告只有提供相关并且可比的信息，才能使报告使用者分析企业在整个社会特别是同业中的地位，了解、判断企业过去、现在的情况，预测企业未来的发展趋势，进而为报告使用者的决策服务。

（三）全面完整

财务会计报告应当反映企业经济活动的全貌，全面反映企业的财务状况和经营成果，才能满足各方面对会计信息的需要。在我国，现行会计制度对会计报表的种类、各报表的内容和格式以及计算方法都做出了统一规定。凡是国家要求提供的会计报表，各企业必须全部编制并报送，不得漏编和漏报；对于应当填列的报表指标，无论是表内项目还是表外补充资料，必须全部填列，不得随意取舍。

（四）编报及时

及时性是信息的重要特征，会计报告信息只有及时地传递给信息使用者，才能为使用者的决策提供依据。否则，即使是真实可靠和内容完整的会计报告，由于编制、报送不及时，对报告使用者来说，也是没有任何价值的。所以财务会计报告必须按规定的期限，如期编报，及时逐级汇总，不得提前或延后编报。这就要求企业在平时认真做好日常核算工作，做到日清月结；期末，有关会计人员协作配合，及时编制会计报告并及时报送。随着市场经济和信息技术的迅速发展，会计报告的及时性要求将变得日益重要。

（五）便于理解

可理解性是指会计报告提供的信息可以为使用者所理解。企业对外提供的会计报告是为广大会计报告使用者提供企业过去、现在和未来的有关资料，为企业目前或潜在的投资者和债权人提供决策所需要的会计信息，因此，编制的会计报告应清晰明了。如果提供的会计报告晦涩难懂，不可理解，使用者就不能据以做出准确的判断，所提供的会计报告也会毫无用处。当然，会计报告的这一要求是建立在会计报告使用者具有一定的读表能力基础上的。

我国《企业财务会计报告条例》规定，对外提供的财务会计报告，应当依次编定页码，加具封面，装订成册，加盖公章，封面上应当注明单位名称、单位地址，财务会计报告所属年度、季度、月度，送出日期，并由企业负责人和主管会计工作的负责人、会计机构负责人（会计主管人员）签名并盖章，设置总会计师的企业，还应由总会计师签名并盖章。

第二节　资产负债表

一、资产负债表的概念和作用

（一）资产负债表的概念

资产负债表是指反映单位在某一特定日期（如月末、季末、年末等）财务状况的会计报表。它是根据“资产=负债+所有者权益”这一会计等式，依照一定的分类标准和顺序，将企业在一定日期的全部资产、负债和所有者权益项目进行适当分类、汇总、排列后编制而成的。资产负债表是企业基本会计报表之一，是所有独立核算的企业单位都必须对外报送的会计报表。

资产负债表的内容主要反映以下三个方面：

（1）资产。资产负债表中的资产反映由过去交易、事项形成并由企业在某一特定日期所拥有或控制的，预期会给企业带来经济利益的资源。资产一般按照流动资产、非流动资产分类并进一步分项列示。

流动资产是指可以在一年或者超过一年的一个营业周期内变现或耗用的资产。它通常包括货币资金、交易性金融资产、应收票据、应收账款、应收利息、应收股利、其他应收款、预付账款、存货、一年内到期的非流动资产等。

非流动资产项目通常包括其他债权投资、其他权益工具投资、债权投资、长期应收款、长期股权投资、投资性房地产、固定资产、在建工程、固定资产清理、生产性生物资产、无形资产、开发支出、商誉、长期待摊费用、递延所得税资产及其他非流动资产等。

（2）负债。资产负债表中的负债反映企业在某一特定日期企业所承担的、预期会导致经济利益流出企业的现时义务。负债一般分为流动负债和非流动负债。

流动负债是指将在一年（含一年）或者超过一年的一个营业周期内偿还的债务。它包括短期借款、交易性金融负债、应付票据、应付账款、预收账款、应付职工薪酬、应交税费、应付利息、应付股利、其他应付款、一年内到期的非流动负债以及其他流动负债等。

非流动负债是指偿还期限在一年以上或超过一年的一个营业周期以上的债务。它包括长期借款、应付债券、长期应付款、专项应付款、预计负债、递延所得税负债和其他非流动负债等。

（3）所有者权益。企业所有者权益反映企业在某一特定日期股东（投资者）拥有的净资产的总额。一般按照实收资本（或股本）、资本公积、盈余公积和未分配利润分项列示。

（二）资产负债表的作用

资产负债表的作用主要表现在以下几个方面：

（1）全面反映企业资产的构成情况。资产负债表可以反映企业在某一特定日期所拥有的经济资源及其分布情况，有助于经营者分析企业资产的构成及其状况并判断企业的资产分布是否合理。

（2）评价企业的流动性和偿债能力。流动性是指资产转换成现金或负债到期清偿所需的时间。资产负债表按流动性排列，在资产中，货币资金是流动性最强的流动资产，应收账款的流动性又比存货强。负债到期日越短，其流动性越强。资产负债表可以反映企业某一特定日期的负债总额及其结构，有助于经营者分析企业目前与未来需要支付的债务数额，投资者和债权人可以据此分析企业面临的财务风险。

（3）资产负债表可以反映企业所有者权益的情况，了解企业现有的投资者在企业资产总额中所占的份额等会计信息，并以此来判断企业的资本结构是否合理。

通过资产负债表有关内容的分析，可以帮助报表使用者全面了解企业的资产状况、盈利能力，分析单位的债务偿还能力，从而为未来的经济决策提供参考消息。

二、资产负债表的格式

资产负债表由表头、表身、表尾组成。表头部分应列明报表名称、编制单位名称、编制日期、金额计量单位；表身反映资产、负债、所有者权益的内容；表尾为补充说明。其中，表身是资产负债表的主体和核心。资产负债表的格式主要有报告式和账户式两种。

我国企业的资产负债表采用账户式结构，账户式资产负债表分为左右两方。左方为资产项目，按资产的流动性大小排列，流动性大的资产如“货币资金”等排在前面，流动性小的资产如“长期股权投资”“固定资产”等排在后面。右方为负债及所有者权益项目，一般按求偿权先后顺序排列，“短期借款”“应付票据”“应付职工薪酬”等需要在一年以内或者长于一年的一个正常营业周期内偿还的流动负债排在前面，“长期借款”“应付债券”等在一年以上才需要偿还的非流动负债排在中间，在单位清算之前不需要偿还的所有者权益排在后面。

账户式资产负债表中，资产各项目的合计等于负债和所有者权益各项目的合计，即左右双方平衡，即“资产=负债+所有者权益”。

资产负债表的格式如表8-1所示，这种格式将资产与权益的恒等关系一目了然地反映出来。

表8-1 资产负债表

编制单位： 年 月 日

资产	行次	年初数	期末数	负债及所有者权益	行次	年初数	期末数
流动资产：				**流动负债：**			
货币资金				短期借款			
交易性金融资产				交易性金融负债			
衍生金融资产				衍生金融资产			
应收票据及应收账款				应付票据及应付账款			
预付账款				预收账款			
其他应收款				合同负债			
存货				应交税费			
合同资产				应付职工薪酬			
持有待售资产				其他应付款			
一年内到期的非流动资产				持有待售负债			
其他流动资产				一年内到期的非流动负债			
流动资产合计				其他流动负债			
非流动资产：				**流动负债合计**			
债权投资				**非流动负债：**			
其他权益投资				长期借款			
长期应收款				应付债券			
长期股权投资				其中：优先股			
其他非流动金融资产				永续债			
其他权益工具投资				长期应付款			

表8-1(续)

资产	行次	年初数	期末数	负债及所有者权益	行次	年初数	期末数
投资性房地产				预计负债			
固定资产				递延收益			
在建工程				递延所得税负债			
无形资产				其他非流动负债			
开发支出				**非流动负债合计**			
商誉				**负债合计**			
长期待摊费用				**所有者权益（或股东权益）：**			
递延所得税资产				实收资本（或股本）			
其他非流动资产				资本公积			
非流动资产合计				减：库存股			
				其他综合收益			
				其他权益工具			
				盈余公积			
				未分配利润			
				所有者权益（或股东权益）合计			
资产总计				**负债和股东权益总计**			

三、资产负债表编制的基本方法

（一）资产负债表的资料来源

资产负债表的各项目均须填列“年初数”和“期末数”两栏数字。其中，“年初数”栏内各项目的数字，可根据上年年末资产负债表“期末数”栏相应项目的数字填列。如果本年度资产负债表规定的各个项目的名称和内容与上年度不相一致，应当对上年年末资产负债表各个项目的名称和数字按照本年度的规定进行调整。

资产负债表的“期末数”栏内各项数字，应根据会计账簿记录填列。由于资产负债表是一种静态报表，各项目均反映企业某一时点指标，本表主要根据账户期末余额填列。但由于资产负债表各项目与企业账户的设置并不完全一致，因此，在填列时，有的项目可以根据账户余额直接填列，有的项目则应根据账户余额分析计算后填列。

1. 根据总账账户期末余额直接填列

资产负债表中有些项目的“期末余额”可以根据有关总账账户的期末余额直接填列，如“交易性金融资产”“固定资产清理”“递延所得税资产”“短期借款”“交易性金融负债”“应付票据”“应付职工薪酬”“应交税费”“递延所得税负债”“预计负债”“实收资本”“资本公积”“盈余公积”等项目。

2. 根据总账账户期末余额计算填列

资产负债表中有些项目的“期末余额”需要根据有关总账账户的期末余额计算填列。如“货币资金”项目，须根据“库存现金”“银行存款”和“其他货币资金”三个总账科目的期末余额的合计数填列。

3. 根据明细账户期末余额分析计算填列

资产负债表中有些项目的“期末余额”需要根据有关明细账户的期末余额分析计算填列。如“应收账款”项目，应根据“应收账款”账户和“预收账款”账户所属明细账户的期末借方余额计算填列；“应付账款”项目，应根据“应付账款”账户和“预付账款”账户所属明细账户的期末贷方余额计算填列。

4. 根据总账科目和明细科目余额分析计算填列

资产负债表的许多项目，不能根据有关总账科目的期末余额直接或计算填列，也不能根据有关科目所属明细账科目的期末余额计算填列，需要依据总账科目和明细科目二者的余额分析计算填列。“长期待摊费用”项目，需要根据“长期待摊费用”账户期末余额扣除其中将于一年内摊销的数额后的金额填列，将于一年内摊销的数额填列在“一年内到期的非流动资产”项目内。

5. 根据总账科目余额减去其备抵项目后的净额填列

“固定资产”项目，应根据“固定资产”账户的期末余额减去“累计折旧”“固定资产减值准备”账户期末余额后的净额填列；“无形资产”项目，应根据“无形资产”账户的期末余额减去“累计摊销”“无形资产减值准备”账户期末余额后的净额填列。

6. 综合运用上述方法填列

“存货”项目，应根据“材料采购（或在途物资）”“原材料”“周转材料”“库存商品”“委托加工物资”“生产成本”等总账科目期末余额的分析汇总数，再减去“存货跌价准备”科目余额后的净额填列。

资产负债表附注的内容，根据实际需要和有关备查账簿等的记录分析填列。

（二）资产负债表各项目的填列方法

1. 资产项目的填列方法

（1）“货币资金”项目应根据“库存现金”“银行存款”“其他货币资金”科目期末余额的合计数填列。

例 8-1：大地公司 2018 年 12 月 31 日结账后的“库存现金”账户余额为 30 000 元，“银行存款”账户余额为 8 000 000 元，“其他货币资金”账户余额为 200 000

元，则该企业2018年12月31日资产负债表中的“货币资金”项目金额为多少？

分析：“货币资金”项目金额为30 000+8 000 000+200 000＝8 230 000（元）。

（2）“交易性金融资产”项目应当根据“交易性金融资产”科目的期末余额填列。

（3）“应收票据”项目应根据“应收票据”科目的期末余额，减去“坏账准备”科目中有关应收票据计提的坏账准备期末余额后的金额填列。

（4）“应收账款”项目应根据“应收账款”和“预收账款”科目所属各明细科目的期末借方余额合计减去“坏账准备”科目中有关应收账款计提的坏账准备期末余额后的金额填列。若“应收账款”科目所属明细科目期末有贷方余额的，应在本表“预收款项”项目内填列。

（5）“预付款项”项目应根据“预付账款”和“应付账款”科目所属各明细科目的期末借方余额合计数，减去“坏账准备”科目中有关预付款项计提的坏账准备期末余额后的金额填列。若“预付账款”科目所属各明细科目期末有贷方余额的，应在资产负债表“应付账款”项目内填列。

（6）“应收利息”项目应根据“应收利息”科目的期末余额，减去“坏账准备”科目中有关应收利息计提的坏账准备期末余额后的金额填列。

（7）“应收股利”项目应根据“应收股利”科目的期末余额，减去“坏账准备”科目中有关应收股利计提的坏账准备期末余额后的金额填列。

（8）“其他应收款”项目应根据“其他应收款”科目的期末余额，减去“坏账准备”科目中有关其他应收款计提的坏账准备期末余额后的金额填列。

（9）“存货”项目应根据“材料采购”“原材料”“库存商品”“周转材料”“委托加工物资”“委托代销商品”“生产成本”等科目的期末余额合计，减去“受托代销商品款”“存货跌价准备”科目期末余额后的金额填列。材料采用计划成本核算，以及库存商品采用计划成本核算或售价核算的企业，还应按加或减材料成本差异、商品进销差价后的金额填列。

例8-2：大地公司2018年12月31日生产成本借方余额50 000元，原材料借方余额30 000元，材料成本差异贷方余额500元，委托代销商品借方余额40 000元，工程物资借方余额10 000元，存货跌价准备贷方余额3 000元。则该企业2018年12月31日资产负债表中“存货”项目的金额为多少？

分析：“存货”项目的金额为50 000＋30 000－500＋40 000－3 000＝116 500（元）。

（10）“一年内到期的非流动资产”项目应根据有关科目的期末余额填列。

（11）“长期股权投资”项目应根据“长期股权投资”科目的期末余额，减去“长期股权投资减值准备”科目的期末余额后的金额填列。

（12）“固定资产”项目应根据“固定资产”科目的期末余额，减去“累计折旧”和“固定资产减值准备”科目期末余额后的金额填列。

例 8-3：大地公司 2018 年 12 月 31 日结账后的“固定资产”科目余额为 1 000 000元，“累计折旧”科目余额为 90 000 元，“固定资产减值准备”科目余额为200 000元。则资产负债表中“固定资产”项目金额为多少元?

分析：“固定资产”项目金额为 1 000 000-90 000-200 000＝710 000（元）。

(13)“在建工程”项目应根据“在建工程”科目的期末余额，减去“在建工程减值准备”科目期末余额后的金额填列。

(14)“工程物资”项目应根据“工程物资”科目的期末余额填列。

(15)“固定资产清理”项目应根据“固定资产清理”科目的期末借方余额填列，若“固定资产清理”科目期末为贷方余额，以“-”号填列。

(16)“无形资产”项目应根据“无形资产”的期末余额，减去“累计摊销”和“无形资产减值准备”科目期末余额后的金额填列。

(17)“开发支出”项目应当根据“研发支出”科目中所属的“资本化支出”明细科目期末余额填列。

(18)“长期待摊费用”项目：反映企业已经发生但应由本期和以后各期负担的分摊期限在一年以上的各项费用。长期待摊费用中在一年内（含一年）摊销的部分，在资产负债表“一年内到期的非流动资产”项目填列。本项目应根据“长期待摊费用”科目的期末余额减去将于一年内（含一年）摊销的数额后的金额填列。

(19)“其他非流动资产”项目应根据有关科目的期末余额填列。

2. 负债项目的填列方法

(1)“短期借款”项目应根据“短期借款”科目的期末余额填列。

(2)“应付票据”项目应根据“应付票据”科目的期末余额填列。

(3)“应付账款”项目应根据“应付账款”和“预付账款”科目所属各明细科目的期末贷方余额合计数填列。若“应付账款”科目所属明细科目期末有借方余额的，应在资产负债表“预付款项”项目内填列。

(4)“预收款项”项目应根据“预收账款”和“应收账款”科目所属各明细科目的期末贷方余额合计数填列。若“预收账款”科目所属各明细科目期末有借方余额，应在资产负债表“应收账款”项目内填列。

例 8-4：甲公司 2018 年 12 月 31 日结账后有关账户余额如表 8-2 所示。

表 8-2　　相关账户余额表　　单位：万元

账户名称	借方余额	贷方余额
应收账款——甲公司	600	
应收账款——乙公司		40
坏账准备——应收账款		80
预收账款——A 工厂	100	

表8-2(续)

账户名称	借方余额	贷方余额
预收账款——B 工厂		800
应付账款——甲公司	20	
应付账款——乙公司		400
预付账款——丙公司	320	
预付账款——丁公司		60

根据上述资料，计算资产负债表中应收账款、预付款项、应付账款、预收款项项目的金额。

分析：

“应收账款”项目金额=600+100-80=620（万元）

“预付款项”项目金额=320+20=340（万元）

“应付账款”项目金额=400+60=460（万元）

“预收款项”项目金额=800+40=840（万元）

（5）“应付职工薪酬”项目，反映企业根据有关规定应付给职工的工资、职工福利、社会保险费、住房公积金、工会经费、职工教育经费、非货币性福利、辞退福利等各种薪酬。外商投资企业按规定从净利润中提取的职工奖励及福利基金，也在本项目列示。

（6）“应交税费”项目应根据“应交税费”科目的期末贷方余额填列。如“应交税费”科目期末为借方余额，应以“-”号填列。

（7）“应付利息”项目应当根据“应付利息”科目的期末余额填列。

（8）“应付股利”项目应根据“应付股利”科目的期末余额填列。

（9）“其他应付款”项目应根据“其他应付款”科目的期末余额填列。

（10）“一年内到期的非流动负债”项目应根据有关科目的期末余额填列。

（11）“长期借款”项目：反映企业向银行或其他金融机构借入的期限在一年以上（不含一年）的各项借款。本项目应根据“长期借款”科目的期末余额填列。

（12）“应付债券”项目应根据“应付债券”科目的期末余额填列。

（13）“其他非流动负债”项目应根据有关科目期末余额减去将于一年内（含一年）到期偿还数后的余额填列。非流动负债各项目中，将于一年内（含一年）到期的非流动负债，应在“一年内到期的非流动负债”项目内单独反映。

3. 所有者权益项目的填列方法

（1）“实收资本（或股本）”项目应根据“实收资本（或股本）”科目的期末余额填列。

（2）“资本公积”项目应根据“资本公积”科目的期末余额填列。

(3)"盈余公积"项目应根据"盈余公积"科目的期末余额填列。

(4)"未分配利润"项目应根据"本年利润"科目和"利润分配"科目的余额计算填列。未弥补的亏损在本项目内以"-"号填列。

第三节 利润表

一、利润表的概念和作用

(一)利润表的概念

利润表(又称损益表),是反映企业在一定会计期间经营成果的会计报表。利润表属于动态报表。利润表主要是根据"收入-费用=利润"这一等式,依照会计核算的配比原则,将企业一定会计期间的各种收入、费用支出和直接记入当期损益的利得和损失进行适当分类、排列而成的。它也是企业的主要财务报表之一。

(二)利润表的作用

利润表的作用表现在以下几个方面:

(1)利润表提供企业一定时期的利润总额,通过此表可以考核企业利润计划的执行与完成情况,评价企业经营者的业绩。

(2)通过利润表可以从总体上了解企业收入、成本和费用及净利润(或亏损)的实现及构成情况,利用以上数据可以查明利润增减变动原因,为企业管理人员改善经营管理提供帮助。

(3)通过利润表提供的不同时期的比较数字(本月数、本年累计数、上年数),可以分析评价企业的资本在经营过程中是否得到了保全,分析企业的经济效益和盈利能力,预测企业未来的盈利趋势,为其决策提供依据。

二、利润表的格式

利润表由表首、表身和表尾组成。表首部分应列明报名名称、编标单位名称、编制日期和金额计量单位;正表部分反映利润的构成内容;表尾为补充说明。

利润表正表的格式主要有多步式利润表和单步式利润表两种。按照我国《企业会计准则》的规定,我国企业的利润表采用多步式。多步式利润表的主要编制步骤如下:

第一步,以营业收入为基础,计算营业利润:

营业利润=营业收入-营业成本-税金及附加-销售费用-管理费用-财务费用-资产减值损失+公允价值变动收益(-公允价值变动损失)+投资收益(-投资损失)

第二步,以营业利润为基础,计算利润总额:

利润总额=营业利润+营业外收入-营业外支出

第三步，以利润总额为基础，计算出净利润（或净亏损）：

净利润=利润总额-所得税费用

利润表的基本格式如表 8-3 所示。

表 8-3　利润表（多步式）

编制单位：　　　　____年____月　　　　单位：元

项目	行次	本期金额	上期金额
一、营业收入			
减：营业成本			
税金及附加			
销售费用			
管理费用			
研发费用			
财务费用			
其中：利息费用			
利息收入			
资产减值损失			
加：其他收益			
投资收益			
其中：以联营企业和合营企业的投资收益			
公允价值变动收益			
资产处置收益			
二、营业利润			
加：营业外收入			
减：营业外支出			
三、利润总额			
减：所得税费用			
四、净利润			
（一）持续经营净利润			
（二）终止经营净利润			
五、其他综合收益的税后净额			
（一）以后不能重分类进损益的其综合收益			
（二）以后将重分类进损益的其他综合收益			
六、综合收益总额			

表8-3(续)

项目	行次	本期金额	上期金额
七、每股收益			
（一）基本每股收益			
（二）稀释每股收益			

三、利润表编制的基本方法

（一）利润表各项目的填列方法

利润表中各项目的数字，主要是根据各损益类科目的发生额分析填列。

1. 上期金额栏的填列方法

利润表中的“上期金额”栏内各项数字，应根据上年度利润表“本年金额”栏内所列数字填列。如果上年度该期利润表的有关项目名称和内容与本期利润表不相一致，应对上年度利润表各项目的名称和数字按本年度的规定进行调整，填入利润表“上期金额”栏内。

2. 本期金额栏的填列方法

（1）“营业收入”项目应根据“主营业务收入”“其他业务收入”科目的本期发生额填列。

（2）“营业成本”项目应根据“主营业务成本”“其他业务成本”科目的本期发生额填列。

（3）“税金及附加”项目应根据“税金及附加”科目的发生额分析填列。

（4）“销售费用”项目应根据“销售费用”科目的发生额分析填列。

（5）“管理费用”项目应根据“管理费用”科目的发生额分析填列。

（6）“财务费用”项目应根据“财务费用”科目的发生额分析填列。

（7）“资产减值损失”项目应根据“资产减值损失”科目的发生额分析填列。

（8）“公允价值变动损益”项目，反映企业应当记入当期损益的资产或负债公允价值变动收益。本项目应根据“公允价值变动损益”科目发生额分析填列，如为净损失，本项目以“-”号填列。

（9）“投资收益”项目，反映企业以各种方式对外投资所取得的收益扣除投资损失后的净收益，其中包括分得的投资利润、债券投资的利息收入以及认购股票取得的股利和收回投资时发生的收益等。本项目应根据“投资收益”科目的发生额分析填列。如果为投资净损失，本项目以“-”号填列。

（10）“营业利润”项目如为亏损，以“-”号填列。

（11）“营业外收入”项目应根据“营业外收入”科目的本期发生额填列。

（12）“营业外支出”项目应根据“营业外支出”科目的本期发生额分析填列。

（13）“利润总额”项目如为亏损，以“-”号填列。

（14）“所得税费用”项目应根据“所得税费用”科目的余额分析填列。

（15）“净利润”项目如为亏损，以“-”号填列。

（16）“基本每股收益”和“稀释每股收益”项目：反映普通股股东每持有一股所能享有的企业利润或须承担的企业亏损。不存在稀释性潜在普通股的企业应当单独列示基本每股收益；存在稀释性潜在普通股的企业应当单独列示基本每股收益和稀释每股收益。

（二）月份利润表“本年累计数”栏各项目的填列方法

利润表“本年累计数”栏反映各项目自年初起至本月月末止的累计实际发生数。根据上月利润表的“本年累计数”栏的数字，加上本月利润表的“本月数”栏的数字，可以得出各项目的本月利润表的“本年累计数”，然后填入相应的项目内。

（三）年度利润表有关栏目的填列方法

在编制年度利润表时，应将“本月数”栏改为“上年数”栏，填列上年全年累计实际发生数，从而与“本年累计数”栏各项目进行比较。

12 月份利润表的“本年累计数”，就是年度利润表的“本年累计数”，可以直接转抄。由于年终结账时，全年的收入和支出都已全部转入“本年利润”科目，并且通过收支对比结出本年净利润的数额，因此，应将年报中的“净利润”数字，与“本年利润”科目结转到“利润分配——未分配利润”科目的数字相核对，检查报表编制和账簿记录的正确性。

例 8-5：某公司 2013 年 6 月份的相关账户本月发生额（见表 8-4），根据资料编制该公司 2013 年 6 月份的利润表（见表 8-5）。该公司截止到 2013 年 6 月 30 日发行在外的普通股股数为 100 000 股。

表 8-4　　相关账户本月发生额　　单位：元

账户名称	借方发生额	贷方发生额
主营业务收入		500 000
主营业务成本	225 000	
税金及附加	75 000	
其他业务收入		120 000
其他业务成本	70 000	
销售费用	60 000	
管理费用	40 000	
财务费用	10 000	
投资收益		140 000
营业外收入		30 000

表8-4(续)

账户名称	借方发生额	贷方发生额
营业外支出	7 500	
所得税费用	75 625	

表 8-5　　利润表

编制单位：　　年　月　　单位：元

项目	本期数	上期金额
一、营业收入	620 000	略
减：营业成本	295 000	略
税金及附加	75 000	略
销售费用	60 000	略
管理费用	40 000	略
财务费用	10 000	略
资产减值损失		略
加：公允价值变动收益（损失以“-”填列）		略
投资收益（损失以“-”填列）	140 000	略
其中：对联营企业和合营企业的投资收益		略
二、营业利润（损失以“-”填列）	280 000	略
加：营业外收入	30 000	略
减：营业外支出	7 500	略
其中：非流动资产处置损失		略
三、利润总额（损失以“-”填列）	302 500	略
减：所得税费用	75 625	略
四、净利润（净亏损以“-”填列）	226 875	略
五、每股收益		略
（一）基本每股收益	2. 27	略
（二）稀释每股收益	略	略

第九章　会计档案

本章要点

1. 掌握会计档案的内容。
2. 掌握会计档案保管期限。
3. 掌握会计档案的移交。
4. 掌握会计档案的销毁。

问题导入

陈明毕业后到一家中小型企业做会计，其工作内容是负责往来核算，之后也做过成本核算、总账等岗位的工作。一年后，陈明发现该企业两年前的会计账簿、会计凭证等会计核算专业资料经整理后都丢在会计部门的一间杂物室里。

问题：

(1) 你觉得该公司对会计档案的管理是否正确？

(2) 如果不正确，那正确的会计档案保管方法是什么？

第一节　会计档案概述

一、会计档案的概念

会计档案是指会计凭证、会计账簿和财务会计报告等会计核算专业材料。它是记录和反映单位经济业务的重要史料和证据。

为了加强会计档案管理，统一会计档案管理制度，根据《会计法》和《中华人民共和国档案法》的规定，中华人民共和国财政部和国家档案局联合发布了《会计档案管理办法》。

各单位必须加强对会计档案管理工作的领导，建立会计档案的立卷、归档、保管、查阅和销毁等管理制度，保证会计档案妥善保存、有序存放、方便查阅，严防毁损、散失和泄密。各级人民政府财政部门和档案行政管理部门共同负责会计工作的指导、监督和检查。

加强会计档案管理具有重要作用：反映作用，史料作用，查证作用，监督作用。

二、会计档案的内容

会计档案的基本内容具体包括以下四大类：

（1）会计凭证类，包括原始凭证、记账凭证、汇总凭证和其他会计凭证。

（2）会计账簿类，包括总账、明细账、日记账、固定资产卡片账、辅助账簿及其他账簿。

（3）财务报告类，包括月度、季度、年度财务报告和其他财务会计报告。

（4）其他会计资料，主要包括银行存款余额调节表、银行对账单、其他应当保存的会计核算专业资料（如存贮在磁性介质上的会计数据和财务数据统计资料等）、会计档案移交清册、会计档案保管清册、会计档案销毁清册等。

预算、计划、制度等文件材料，不属于会计档案，应当作为文书档案进行管理。

例 9-1：下列内容不属于会计档案的是（　　）。

A. 固定资产卡片　　　　B. 银行存款余额调节表

C. 生产计划　　　　D. 光盘存储的会计资料

解析：C。预算、计划、制度等文件材料，不属于会计档案，应当作为文书档案进行管理。

三、会计档案的分类及分类办法

按会计工作性质的不同，会计档案分为公司会计档案、企业会计档案、预算会计档案和银行会计档案。

按管理年限的不同，会计档案分为永久性档案和定期会计档案。

第二节　会计档案保管

一、会计档案的归档

（1）各单位每年形成的会计档案，都应由会计机构按照归档的要求，负责整理立卷，装订成册，编制会计档案保管清册。

例 9-2：各单位每年形成的会计档案，都应由会计机构按照归档的要求，负责整理立卷，装订成册，编制会计档案保管清册。（　　）

解析：正确。各单位每年形成的会计档案，都应由会计机构按照归档的要求，负责整理立卷，装订成册，编制会计档案保管清册。

（2）当年形成的会计档案，在会计年度终了后，可暂由本单位会计机构保管一年。期满之后，原则上应由会计机构编制移交清册，移交本单位的档案机构统一保管；未设立档案部门的，应当在财务会计部门内部指定专人保管。

（3）移交本单位档案机构保管的会计档案，原则上应当保持原卷册的封装，不得随意拆封。个别需要拆封重新整理的，档案机构应当会同会计机构和经办人员共同拆封整理，以分清责任。

（4）出纳人员不得兼任会计档案的保管工作。

（5）采用电子计算机进行会计核算的单位，应当保存打印的纸质会计档案。

二、会计档案的保管期限

会计档案的保管期限，根据其特点分为永久、定期两类。永久档案即长期保管、不可以销毁的档案；定期档案根据保管期限分为 10 年和 30 年。

《会计档案管理办法》规定了我国企业和其他组织、预算单位等会计档案的保管期限，该办法规定的会计档案的保管期限为最低保管期限。具体可以分为：

（1）需要永久保存的会计档案有会计档案保管清册、会计档案销毁清册、年度财务报告、财政总预算、行政单位和事业单位决算、税收年报（决算）。

（2）保管期限为 25 年的会计档案有现金和银行存款日记账、税收日记账（总账）和税收票证分类出纳账。

（3）保管期限为 15 年的会计档案有：会计凭证类；总账、明细账、日记账（不包括现金和银行存款日记账）和辅助账簿；会计移交清册；行政单位和事业单位的各种会计凭证；各种完税凭证和缴、退库凭证；财政总预算拨款凭证及其他会计凭证；农牧业税结算凭证。

（4）保管期限为 10 年的会计档案有：国家金库编送的各种报表及缴库退库凭证；各收入机关编送的报表；财政总预算保管行政单位和事业单位决算、税收年报、国家金库年报、基本建设、拨贷款年报；税收会计报表（包括票证报表）。

（5）保管期限为5年的会计档案有：固定资产卡片应于固定资产报废清理后保管5年；银行存款余额调节表；银行对账单；财政总预算会计月、季度报表；行政单位和事业单位会计月、季度报表。

（6）保管期限为3年的会计档案有：月、季度财务报告；财政总预算会计旬报。

各类会计档案的保管原则上应当按照表9-1和表9-2所列期限执行，表中会计保管期限为最低保管期限。会计档案的保管期限，从会计年度终了后的第一天算起。

表9-1　财政总预算、行政事业单位和税收会计档案保管期限表

类别	序号	档案名称	财政总预算	行政事业单位	税收会计	备注
一、会计凭证类	1	国家金库编送的各种报表及缴、退库凭证	10年		10年	
	2	各收入机关编送的报表	10年			
	3	行政单位和事业单位的各种会计凭证		30年		包括原始凭证、记账凭证和传票汇总表
	4	财政总预算拨款凭证及其他会计凭证	30年			包括拨款凭证和其他会计凭证
二、会计账簿类	5	日记账		30年	30年	
	6	总账	30年	30年	30年	
	7	税收日记账（总账）和税收票证分类出纳账			30年	
	8	明细分类、分户账或登记簿	30年	30年	30年	
	9	行政单位和事业单位固定资产明细账（卡片）				固定资产报废清理后保管5年

表9-1(续)

类别	序号	档案名称	财政总预算	行政事业单位	税收会计	备注
三、财务会计报告	10	财政综合财务报告	永久			
	11	部门财务报告		永久		
	12	财政总决算	永久		永久	
	13	部门总决算	永久			
	14	税收年报（决算）	永久			
	15	国家季度年报（决算）	10年			所属单位报送的保管2年
	16	基本建设改拨：贷款年报（决算）	10年			
	17	行政单位和事业单位会计月、季度报表		10年		所属单位报送的保管2年
	18	税收会计报表			10年	所属税务机关报送的保管3年
	19	银行存款余额调节表	10年	10年		
	20	银行对账单	10年	10年	10年	
四、其他会计资料	21	会计移交清册	30年	30年	30年	
	22	会计档案保管清册	永久	永久	永久	
	23	会计档案销毁清册	永久	永久	永久	
	24	会计档案鉴定意见书	永久	永久	永久	

表9-2　　企业和其他组织会计档案保管期限表

类别	序号	档案名称	保管期限	备注
一、会计凭证类	1	原始凭证	30年	
	2	记账凭证	30年	
二、会计账簿类	3	总账	30年	
	4	明细账	30年	
	5	日记账	30年	现金和银行存款日记账保管25年
	6	固定资产卡片		固定资产报废清理后保管5年
	7	其他辅助性账簿	30年	
三、财务报告类	8	月、季度半年度财务报告	10年	
	9	年度会计报告	永久	

表9-2(续)

类别	序号	档案名称	保管期限	备注
四、其他会计资料	10	银行余额调节表	10年	
	11	银行对账单	10年	
	12	纳税申报表	10年	
	13	会计移交清册	30年	
	14	会计档案保管清册	永久	
	15	会计档案销毁清册	永久	

三、会计档案的查阅、复制和交接

（一）会计档案的查阅和复制

各单位保存的会计档案为本单位提供查阅使用，不得借出。如有特殊需要，经本单位负责人批准，可以提供查阅或者复制，并办理登记手续。查阅或者复制会计档案的人员，严禁在会计档案上涂画、标记、拆散原卷册，也不得抽换。借出的会计档案，会计档案管理人员要按期如数收回，并办理注销借阅手续。

（二）会计档案的交接

（1）单位因撤销、解散、破产或者其他原因而终止的，在终止和办理注销登记手续之前形成的会计档案，应当由终止单位的业务主管部门或财产所有者代管或移交有关档案馆代管。

（2）单位分立后原单位存续的，其会计档案应当由分立后的存续方统一保管，其他方可查阅、复制与其业务相关的会计档案。

（3）单位分立后原单位解散的，其会计档案应当经各方协商后，由其中一方代管或移交档案馆代管，各方可查阅、复制与其业务相关的会计档案。

（4）单位分立中未结清的会计事项，所涉及的原始凭证应当单独抽出由业务相关方保存，并按规定办理交接手续。

（5）单位因业务移交其他单位办理所涉及的会计档案，应当由原单位保管，承接业务单位可查阅、复制与其业务相关的会计档案，对其中未结清的会计事项所涉及的原始凭证，应当单独抽出由业务承接单位保存，并按规定办理交接手续。

（6）单位合并后原各单位解散或一方存续其他方解散的，原各单位的会计档案应当由合并后的单位统一保管；单位合并后原各单位仍存续的，其会计档案仍应由原各单位保管。

（7）建设单位在项目建设期间形成的会计档案，应当在办理竣工决算后移交给建设项目的接受单位，并按规定办理交接手续。

（8）单位之间交接会计档案的，交接双方应当办理会计档案交接手续。移交会计档案的单位应当编制会计档案移交清册，列明应当移交的会计档案名称、卷号、册数、起止年度和档案编号、应保管期限、已保管期限等内容。

（9）交接会计档案时，交接双方应当按照会计档案移交清册所列内容逐项交接，并由交接双方的单位负责人负责监交。交接完毕后，交接双方经办人和监交人应当在会计档案移交清册上签名或者盖章。

（10）我国境内所有单位的会计档案不得携带出境。驻外机构和境内单位在境外设立的企业（简称“境外单位”）的会计档案，应当按照《会计档案管理办法》和有关规定进行管理。

四、会计档案的销毁

（一）保管期满的会计档案销毁

对于保管期满需要销毁的会计档案，销毁程序如下：

（1）由本单位档案机构提出销毁意见，编制“会计档案销毁清册”。

（2）将已编制好的销毁清册及销毁意见报本单位负责人，单位负责人审核后，应在销毁清册上签署意见。

（3）会计档案销毁前，监销人员要按照清册所列的内容，对要销毁的会计档案进行清点校对，检查会计档案是否已保管期满，内容和卷号是否相符，编号是否连续等。

（4）会计档案销毁时，应按规定指派人员监销。

一般企事业单位的会计档案，由单位档案机构和会计机构共同派员监销。

国家机关的会计档案，应由同级财政、审计部门派员参加监销。

（5）会计档案销毁后，监销人员应当在销毁清册上签名或盖章，并及时将监销情况向本单位负责人报告。

（二）会计档案销毁应注意的其他事项

（1）对于保管期满但未结清的债权债务的原始凭证和涉及其他未了事项的原始凭证，不得销毁，应单独抽出立卷，由档案部门保管到未了事项完结时为止。

（2）正在建设期间的建设单位的会计档案，不论是否已满保管期限，一律不得销毁，必须妥善保管，待项目办理竣工决算后，按规定的交接手续交给接收单位。

例 9-3　正在建设期间的建设单位的会计档案，不论是否已满保管期限，一律不得销毁，必须妥善保管，待项目办理竣工决算后，按规定手续进行销毁。（　　）

解析：错误。正在建设期间的建设单位的会计档案，不论是否已满保管期限，一律不得销毁，必须妥善保管，待项目办理竣工决算后，按规定的交接手续交给接收单位。

第十章　主要经济业务事项的账务处理

本章要点

1. 掌握存货发出的核算、坏账准备的计算。
2. 掌握固定资产折旧的账务处理。
3. 掌握应付职工薪酬的核算内容及处理。
4. 掌握借款利息的计算、应交所得税的计算。
5. 掌握制造费用按工时比例法的分配。
6. 掌握损益类科目结转入本年利润的处理。
7. 掌握利润分配的计算与核算。

问题导入

2018 年 9 月 1 日，实习会计小朱所在的富强通信器材有限公司从佛山照明电子厂购入电子材料 50 吨，单价 1 000 元，价款 50 000 元。对方是一般纳税人，增值税税率为 13%。约定 3 日内付款，用转账支票支付市内运杂费 20 000 元，中途发生合理损耗 0.01 吨。材料运达公司，并已由仓管部门验收入库。采购部门和仓管部门分别把单据传递给小朱。

问题：

（1）小朱该如何核算这项经济业务中的材料成本？

（2）小朱在处理该项经济业务的过程中应当履行什么手续？

（3）小朱具体应当怎样记载这项经济业务？

（4）小朱对这项经济业务的处理会对以后的生产、销售带来什么影响？

（5）通过对此项经济业务的处理，你认为作为一名会计人员应当具备怎样的专业知识与技能？

第一节　款项和有价证券的收付

企业日常经营活动中涉及的款项主要包括库存现金、银行存款及银行汇票存款、银行本票存款、信用卡存款、信用证保证金存款、存出投资款、外埠存款等其他货币资金。有价证券是指企业持有的交易性金融资产、持有至到期投资、可供出售金融资产等。二者是流动性最强的资产，必须及时、如实地办理相关手续，进行会计核算。

一、库存现金和银行存款

（一）主要账户设置

1.“库存现金”账户

库存现金通常是指存放于企业财会部门、由出纳人员经管的货币。

（1）“库存现金”账户的性质

“库存现金”账户是资产类账户。

（2）“库存现金”账户的用途

该账户用来核算企业的库存现金。

（3）“库存现金”账户的结构（如图10-1所示）。

库存现金

借方	贷方
期初余额 库存现金的增加数额	库存现金的减少数额
期末余额：企业持有的库存现金	

图10-1　“库存现金”账户的结构

（4）现金的使用范围

现金的使用范围包括职工工资、各种工资性津贴；个人劳务报酬，包括如设计费、装潢费、安置费、制图费、化验费、测试费、法律服务费、技术服务费、代办服务费以及其他劳务费用等；根据国家制度条例的规定，颁发给个人的科学技术、文化艺术、体育等方面的各种奖金；各种劳保、福利费用以及国家规定的对个人的其他支出，如退休金、抚恤金、学生助学金、职工困难生活补助等；收购单位向个人收购农副产品和其他物资的价款，如金银、工艺品、废旧物资等的价款；出差人员必须随身携带的差旅费；结算起点以下的零星支出（超过结算起点的应实行银行转账结算）；中国人民银行确定需要现金支付的其他支出。凡不属于国家现金结算范围的支出，一律不准使用现金结算，而必须通过银行转账结算。

（5）库存现金限额

库存现金限额是指为保证企业日常零星开支的需要，按规定允许企业留存现金的最高数额。这一限额由开户银行核定，核定的依据一般是企业 3~5 天的日常零星开支需要量，边远地区和交通不便的企业可以依据情况留存多于 5 天，但最高不超过 15 天的日常零星开支量（不包括企业每月发放工资和不定期差旅费等大额现金支出）。

企业每日结存的库存现金超过限额的部分应按规定的时间及时送存银行。

（6）库存现金的收支规定

①收入。开户单位现金收入应于当日送存开户银行，当日送存确有困难的，由开户银行确定送存时间。

②支出。开户单位支付现金可以从本单位现金库存中支付或者从开户银行提取，不得从本单位的现金收入中直接支付（即坐支）；需要坐支现金的单位，要事先报经开户银行审查批准，由开户银行核定坐支范围和限额。

③提现。开户单位从开户银行提取现金的，应当如实写明用途，由本单位财会部门负责人签字盖章，并经开户银行审查批准，予以支付。

④采购用现。因采购地点不确定、交通不便、抢险救灾以及其他特殊情况，办理转账结算不方便，必须使用现金的开户单位，要向开户银行提出书面申请，由本单位财会部门负责人签字盖章，开户银行审查批准后，予以支付现金。

2. “银行存款”账户

（1）“银行存款”账户的性质

“银行存款”账户是资产类账户。

（2）“银行存款”账户的用途

“银行存款”账户用来核算企业存入银行或其他金融机构的各种款项，但是银行汇票存款、银行本票存款、信用卡存款、信用证保证金存款、存出投资款、外埠存款等，不在本账户内核算，而是通过“其他货币资金”账户核算。

（3）“银行存款”账户的结构（如图 10-2 所示）

银行存款

借方	贷方
期初余额 银行存款的增加数额	银行存款的减少数额
期末余额：银行存款的实有数额	

图 10-2 “银行存款”账户的结构

（4）银行存款账户的分类

银行存款账户分为基本存款账户、一般存款账户、专用存款账户和临时存款账户。

（5）银行结算方式

①银行汇票结算

银行汇票是出票银行签发的，由其在见票时按照实际结算金额无条件支付给收款人或者持票人款项的票据。它适用于先收款后发货或钱货两清的商品交易，单位和个人均可使用。

②银行本票结算

银行本票是银行签发的，承诺自己在见票时无条件支付确定的金额给收款人或持票人的票据。它适用于在同一票据交换区域需要支付各种款项的单位和个人。

③商业汇票结算

商业汇票是出票人签发的，委托付款人在指定日期无条件支付确定的金额给收款人或者持票人的票据。根据承兑人不同，商业汇票分为商业承兑汇票和银行承兑汇票。

商业汇票的付款期限由交易双方商定，但最长不超过 6 个月。商业汇票的提示付款期限自商业汇票到期日起 10 日内。

④支票结算

支票是出票人签发的、委托办理支票存款业务的银行在见票时无条件支付确定的金额给收款人或者持票人的票据。它可分为转账支票和现金支票。现金支票只可以提取现金，不可以办理转账；转账支票只能用于转账，不能支取现金。

支票的提示付款期限为 10 天，超过提示付款期限提示付款的，持票人开户银行不予受理，付款人不予付款。在签发支票时内容要齐全，大小写金额要相符；签发现金支票必须符合库存现金管理的规定；不得签发空头支票；不得出租、出借支票。

3. “其他货币资金”账户

（1）“其他货币资金”账户的性质

“其他货币资金”账户是资产类账户。

（2）“其他货币资金”账户的用途

“其他货币资金”账户用来核算除库存现金、银行存款以外的其他各种货币资金，主要包括银行汇票存款、银行本票存款、信用卡存款、信用证存款、外埠存款和存出投资款等。

（3）“其他货币资金”账户的结构（如图 10-3 所示）

其他货币资金

借方	贷方
期初余额 其他货币资金增加额	其他货币资金减少额
期末余额：其他货币资金的实有数	

图 10-3 “其他货币资金”账户的结构

(4) 主要经济业务的账务处理

例 10-1：已知大地公司为增值税一般纳税人，2018 年 3 月 1 日向银行申请办理银行汇票用于购买一项设备，将 300 000 元存款交存银行转作银行汇票存款。

应编制如下会计分录：

借：其他货币资金——银行汇票　　300 000

　贷：银行存款　　300 000

例 10-2：大地公司于 2018 年 3 月 28 日向银行申领信用卡，向银行交存 500 000 元。应编制如下会计分录：

借：其他货币资金——信用卡　　500 000

　贷：银行存款　　500 000

例 10-3：大地公司向证券公司划出资金 200 000 元，按照实际划出的金额，应编制如下会计分录：

借：其他货币资金——存出投资款　　200 000

　贷：银行存款　　200 000

(二) 主要经济业务的账务处理

例 10-4：2013 年 3 月 8 日，大地公司因库存现金不足，从其在建设银行开设的基本账户中提取现金 10 000 元，以备日常零星开支。会计部门根据银行的付款通知，应编制如下会计分录：

借：库存现金　　10 000

　贷：银行存款——建设银行　　10 000

例 10-5：2013 年 3 月 26 日，大地公司将当日超过备用金限额的 30 000 元现金存入基本账户。会计部门根据银行的收款通知，应编制如下会计分录：

借：银行存款——建设银行　　30 000

　贷：库存现金　　30 000

例 10-6：2013 年 12 月 5 日，大地公司通过工商银行转账支付业务招待费 2 000 元，根据有关费用单据做如下会计分录：

借：管理费用——业务招待费　　2 000

　贷：银行存款——工商银行　　2 000

例 10-7：2013 年 12 月 10 日，大地公司采购员李永因业务需要到北京出差，经领导同意向财会部门预借差旅费 4 000 元，以现金支付。其会计分录如下：

借：其他应收款——备用金（李永）　　4 000

　贷：库存现金　　4 000

二、交易性金融资产

交易性金融资产是指企业为了近期内出售而持有的金融资产。例如，企业以赚取差价为目的，随时准备待价出售而从二级市场购入的股票、债券、基金等，就属于交易性金融资产。

（一）主要账户设置

1. “交易性金融资产”账户

（1）“交易性金融资产”账户的性质

“交易性金融资产”账户是资产类账户。

（2）“交易性金融资产”账户的用途

该账户用来核算企业为交易目的所持有的债券、股票、基金等交易性金融资产的公允价值。

（3）“交易性金融资产”账户的结构（如图 10-4 所示）

交易性金融资产

借方	贷方
企业取得的交易性金融资产的公允价值	企业出售的交易性金融资产的账面价值
期末余额：交易性金融资产的公允价值	

图 10-4　“交易性金额资产”账户的结构

2. “投资收益”账户

（1）“投资收益”账户的性质

“投资收益”账户是损益类账户。

（2）“投资收益”账户的用途

“投资收益”账户用来核算企业确认的投资收益或投资损失。

（3）“投资收益”账户的结构（如图 10-5 所示）

投资收益

借方	贷方
（1）为取得交易性金融资产支付的交易费用 （2）出售交易性金融资产发生的投资损失 （3）期末结转交易性金融资产投资收益	（1）出售交易性金融资产获得的投资收益 （2）期末结转交易性金融资产投资损失

图 10-5　“投资收益”账户的结构

该账户期末结转后无余额。

（二）主要经济业务的账务处理

1. 取得交易性金融资产及支付交易费用的账务处理

企业在取得交易性金融资产时，应当按照取得金融资产的公允价值作为初始确认金额。取得交易性金融资产发生的交易费用应当在发生时直接记入投资收益。

所支付价款中包含的已宣告但尚未发放的现金股利或已到付息期但尚未领取的债券利息，不应单独确认为应收项目，而应将其计入交易性金融资产的入账金额。

例 10-8：大地公司于 2018 年 1 月 1 日购入乙公司股票 10 000 股，并将其划分为交易性金融资产。该股票每股面值 1 元，每股市价 10.2 元（其中包含已宣告但尚未发放的现金股利每股 0.2 元），支付相关交易费用 3 000 元，购入时实际支付价款 105 000元。购入时该公司应编制会计分录如下：

借：交易性金融资产——成本　　102 000
　　投资收益　　3 000
　贷：银行存款　　105 000

2. 交易性金融资产的现金股利和利息

被投资单位宣告发放的现金股利或企业在计息日已宣告发放但尚未发放的利息计入投资收益。

例 10-9：2017 年 1 月 8 日，大地公司购入丙公司发行的公司债券，该笔债券于 2016 年 1 月 1 日发行，面值为 1 000 万元，票面利率为 5%，债券利息按年支付。大地公司将其划分为交易性金融资产，支付价款为 1 050 万元（其中包含已宣告但尚未发放的债券利息 50 元）。2017 年 2 月 5 日，大地公司收到该笔债券利息 50 万元。2018 年 2 月 10 日，大地公司收到债券利息 50 万元。大地公司应编制会计分录如下：

（1）2017 年 1 月 8 日，购入丙公司的公司债券：

借：交易性金融资产——成本　　10 500 000
　贷：银行存款　　10 500 000

（2）2017 年 2 月 5 日，大地公司收到该笔债券利息 50 万元：

借：银行存款　　500 000
　贷：投资收益　　500 000

（3）2017 年 12 月 31 日，确认该债券的利息收入：

借：应收利息　　500 000
　贷：投资收益　　500 000

（4）2018 年 2 月 10 日，大地公司收到债券利息：

借：银行存款　　500 000
　贷：应收利息　　500 000

3. 持有期间公允价值变动

资产负债表日，交易性金融资产应按照公允价值计量，公允价值与账面价值之间的差额计入当期损益。企业应按照交易性金融资产的公允价值高于其账面价值的差额，借记“交易性金融资产-公允价值变动”科目，贷记“公允价值变动损益”，当公允价值低于其账面价值时则做相反分录。

例 10-10：（承例 10-8）假定 2018 年 6 月 30 日，大地公司持有的乙公司股票的公允价值为 98 000 元，2018 年 12 月 30 日，大地公司持有的乙公司股票的公允价值为105 000元。则大地公司应编制会计分录如下：

（1）2018年6月30日，确认乙公司股票的公允价值变动损益

借：公允价值变动损益　　4 000

　　贷：交易性金融资产——公允价值变动　　4 000

（2）2018年12月30日，确认乙公司股票的公允价值变动损益

借：交易性金融资产——公允价值变动　　7 000

　　贷：公允价值变动损益　　7 000

4. 出售交易性金融资产及支付交易费用的账务处理

企业出售交易性金融资产，应当按照实际收到的金额，借“银行存款”“其他货币资金”等科目，贷记“交易性金融资产——成本”科目，按照该金融资产的账面余额的公允价值变动部分，借记或贷记“交易性金融资产——公允价值变动”科目，按其差额，借记或贷记“投资收益”，同时将原计入公允价值变动损益的该金融资产的公允价值变动转出，借记或贷记“公允价值变动损益”科目，贷记或借记“投资收益”科目。

例10-11：（承例10-10）假定2019年3月1日，大地公司出售了所持有的全部乙公司股票，价款为110 000元。则其会计分录为：

借：银行存款　　110 000

　　贷：交易性金融资产——成本　　102 000

　　　　　　　　　　——公允价值变动　　3 000

　　　　投资收益　　5 000

借：公允价值变动损益　　3 000

　　贷：投资收益　　3 000

第二节　财产物资的收发、增减和使用

财产物资主要包括存货和固定资产。存货是指企业在日常活动中持有以备出售的产成品或商品、处在生产过程中的在产品、在生产过程或提供劳务过程中耗用的材料和物料等，通常包括原材料、在产品、半成品、产成品、商品和周转材料等。固定资产是指使用寿命超过一个会计年度的有形资产，通常包括房屋、建筑物、机器设备、运输工具等。本节简要介绍原材料和库存商品的收发以及固定资产增减使用情况的账务处理。

一、原材料

原材料是指企业在生产过程中经过加工改变其形态或性质并构成产品主要实体的各种原料和外购半成品，以及不构成产品实体但有助于产品形成的辅助材料。具

体包括原料及主要材料、辅助材料、外购半成品（外购件）、修理用备件（备品备件）、包装材料、燃料等。原材料日常收发结存可以采用实际成本核算，也可以采用计划成本核算。

（一）主要账户设置

1. “在途物资”账户

（1）“在途物资”账户的性质

“在途物资”账户是资产类账户。

（2）“在途物资”账户的用途

“在途物资”账户核算企业采用实际成本（或进价）进行材料、商品等物资的日常核算，材料已采购但尚未到达或验收入库的材料采购成本。企业外购材料的采购成本，包括购买价款、相关税费、运输费、装卸费、保险费以及其他可归属于存货采购成本的费用。

（3）“在途物资”账户的结构（如图 10-6 所示）

在途物资

借方	贷方
期初余额 购入尚未到达验收入库的各种物资的实际成本	已验收入库的材料物资的实际成本
期末余额：已购入但尚未到达或尚未验收入库的材料物资的实际成本	

图 10-6　“在途物资”账户的结构

2. “原材料”账户

（1）“原材料”账户的性质

“原材料”账户是资产类账户。

（2）“原材料”账户的用途

该账户用来核算企业库存的各种材料，包括原料及主要材料、辅助材料、外购半成品（外购件）、修理用备件（备品备件）、包装材料、燃料等收入、发出、结存的实际成本。收到来料加工装配业务的原料、零件等，应当设置备查账簿进行登记。

（3）“原材料”账户的结构（如图 10-7 所示）

原材料

借方	贷方
期初余额 已验收入库材料物资的实际成本	领用材料物资的实际成本
期末余额：各种库存材料物资的实际成本	

图 10-7　原材料账户的结构

3.“应交税费”账户

（1）“应交税费”账户的性质

“应交税费”账户是负债类账户。

（2）“应交税费”账户的用途

该账户用来核算企业按照税法等规定计算应缴纳的各种税费，包括增值税、消费税、营业税、所得税、资源税、土地增值税、城市维护建设税、房产税、土地使用税、车船税、教育费附加和矿产资源补偿费等。

（3）“应交税费”账户的结构（如图 10-8 所示）

应交税费

借方	贷方
实际缴纳的各种税费	应交未交的各种税费
余额：企业期末多交或尚未抵扣的税费	余额：企业期末尚未缴纳的税费

图 10-8　“应交税费”账户的结构

（4）“应交税费”账户明细账的设置

“应交税费”账户按税种设置明细账。“应交税费——应交增值税”账户按照进项税额、销项税额等设置明细账，如图 10-9 所示。

应交税费——应交增值税

借方	贷方
增值税的进项税额 上交本期增值税	增值税的销项税额
余额：企业期末多交或尚未抵扣的增值税	余额：企业期末尚未缴纳的增值税

图 10-9　“应交税费——应交增值税”账户的结构

4.“材料采购”账户

（1）“材料采购”账户的性质

“材料采购”账户是资产类账户。

（2）“材料采购”账户的用途

“材料采购”账户用来核算企业采用计划成本进行材料日常核算而购入材料的采购成本。

（3）“材料采购”账户的结构（如图 10-10 所示）

材料采购

借方	贷方
期初余额：在途材料的实有数	
在途材料的买价以及支付的采购费用	入库材料的实际成本
期末余额：在途材料的实有数	

图 10-10 “材料采购”账户的结构

5. “材料成本差异”账户

（1）“材料成本差异”账户的性质

“材料成本差异”账户是资产类账户。

（2）“材料成本差异”账户的用途

“材料成本差异”账户用来核算企业采用计划成本进行日常核算的材料计划成本与实际成本的差异。

（3）“材料成本差异”账户的结构（如图 10-11 所示）

材料成本差异

借方	贷方
入库材料超支差异及发出材料应负担的节约差异	入库材料节约差异及发出材料应负担的超支差异
期末余额：库存材料的实际成本大于计划成本的差异（即超支差异）	期末余额：库存材料实际成本小于计划成本的差异（即节约差异）

图 10-11 “材料成本差异”账户的结构

（二）主要经济业务的账务处理

1. 购买原材料的账务处理

材料采购成本的计算就是将采购过程中所发生的材料的买价和有关采购费用，按一定种类的材料进行归集和分配，确定各种材料的实际成本。外购材料的采购成本主要包括：①材料的买价，供货单位的发票价格。②采购费用，包括运杂费（运输费、装卸费、保险费、包装费等）、入库前挑选整理费以及购入材料应负担的其他有关税费，主要包括关税、消费税、资源税和不可抵扣的进项税。

材料采购过程中发生的采购费用，有的是专为采购某种材料而发生的；有的是为了采购几种材料发生的。凡是专门为采购某种材料而发生的采购费用，应直接记入该种材料的采购成本。对于不能直接归属于某一种材料的采购费用要按一定的标准，在有关的几种材料之间进行分配。材料采购费用可以按照购入材料的买价、材料重量或体积的比例进行分配。

（1）计划成本法

计划成本法是指企业存货的收入、发出和结余均按预先制定的计划成本计价，同时另设“材料成本差异”科目，作为计划成本和实际成本联系的纽带，用来登记实际成本和计划成本的差额。这种方法适用于存货品种繁多、收发频繁的企业。计划成本下企业应设置的会计科目有“原材料”“材料采购”“材料成本差异”等。

例 10-12：2018 年 3 月 10 日，大地公司从星光公司购入丙材料 200 千克，每千克 25 元，代垫运杂费 100 元，增值税进项税额 650 元。计划成本为 5 200 元。全部款项以转账支票付讫，材料已到达企业并验收入库。会计部门根据从供应单位取得的发票、运杂费单据、转账支票存根和材料验收入库单等，编制如下会计分录：

借：材料采购——丙材料　　5 100

　　应交税费——应交增值税（进项税额）　　650

　贷：银行存款　　5 750

借：原材料——丙材料　　5 200

　贷：材料采购——丙材料　　5 100

　　　材料成本差异——丙材料　　100

（2）实际成本法

实际成本法是指材料收发及结存，均按照实际成本计价。采用实际成本核算，日常反映不出材料成本是节约还是超支，不能反映和考核采购业务的经营成果。这种方法通常适用于材料收发业务较少的企业。

例 10-13：2018 年 3 月 22 日，大地公司从三江公司购入甲、乙两种材料，发票上标明甲材料的价款为 30 000 元、乙材料的价款为 20 000 元，增值税为 6 500 元。材料未到，全部款项以转账支票付讫。会计部门根据取得的发票，编制如下会计分录：

借：在途物资——甲材料　　30 000

　　　　　　——乙材料　　20 000

　　应交税费——应交增值税（进项税额）　　6 500

　贷：应付票据　　56 500

例 10-14：承例 10-13，2019 年 3 月 25 日，大地公司开出转账支票支付上述甲、乙材料的运费 2 000 元，取得货物运输发票中注明的税款 180 元。企业规定按甲、乙两种材料的买价分配采购费用。

分配率＝（2 000）÷（30 000+20 000）＝0. 04

甲材料应承担的运杂费＝30 000×0. 037 2＝1 200（元）

乙材料应承担的运杂费＝20 000×0. 037 2＝800（元）

会计部门根据转账支票存根、收到的运杂费单据和上述采购费用分配表，编制如下会计分录：

借：在途物资——甲材料　　1 200

——乙材料　　800
应交税费——应交增值税（进项税额）　　180
贷：银行存款　　2 180

例 10-15：承例 10-13、例 10-14，月末结转上述入库材料的采购成本。会计部门根据材料入库单，编制如下会计分录：

借：原材料——甲材料　　31 200
——乙材料　　20 800
贷：在途物资——甲材料　　31 200
——乙材料　　20 800

2. 发出原材料的账务处理

（1）计划成本法

企业发出材料按计划成本核算时，月末应当根据相关资料，按所发出材料的用途，分别借记“生产成本”“制造费用”“销售费用”“管理费用”等科目，贷记“原材料”科目，并根据发出材料应负担的材料成本差异将发出材料的计划成本调整为实际成本，通过“材料成本差异”科目进行结转，按照所发出的用途，分别记入相应的会计科目。

材料成本差异率=（期初结存材料的成本差异+本期验收入库材料的成本差异）÷（期初结存材料的计划成本+本期验收入库材料的计划成本）×100%

发出材料应负担的成本差异=发出材料的计划成本×材料成本差异率

例 10-16：大地公司月初结存材料的计划成本为 5 000 元，成本差异为超支差 100 元。本月入库材料的计划成本为 15 000 元，成本差异为节约差异 500 元。根据本月发料凭证汇总表该公司当月基本生产车间领用材料 1 000 元，辅助生产车间领用材料 500 元，车间管理部门领用原材料 50 元。会计分录如下：

借：生产成本——基本生产成本　　1 000
——辅助生产成本　　500
制造费用　　50
贷：原材料　　1 550

该企业材料成本差异率=（100-500）÷（5 000+15 000）×100%=-2%（节约差异用负数）

结转发出材料的成本差异的会计分录如下：

借：材料成本差异　　31
贷：生产成本——基本生产成本　　20
——辅助生产成本　　10
制造费用　　1

（2）实际成本法

企业可以采用的发出存货成本的计价方法包括个别计价法、先进先出法、月末一次加权平均法和移动加权平均法等。

例 10-17：大地公司 5 月份基本生产车间领用 A 材料 40 000 元，辅助生产车间领用 A 材料 10 000 元，企业行政管理部门领用 A 材料 500 元，合计 50 500 元。会计分录如下：

借：生产成本——基本生产成本　　40 000
　　　　　　——辅助生产成本　　10 000
　　管理费用　　500
　贷：原材料——A 材料　　50 500

二、库存商品

库存商品指企业库存的各种商品，包括库存的外购商品、自制商品、存放在门市部准备出售的商品、发出展览的商品以及存放在仓库或寄存在外库的商品等，但不包括委托外单位加工的商品和已办妥销售手续而购买单位在月末尚未提货的库存商品。

（一）主要账户设置

1. “库存商品”账户

（1）“库存商品”账户的性质

“库存商品”账户是资产类账户。

（2）“库存商品”账户的用途

“库存商品”账户用来核算企业库存的各种商品的实际成本（或进价）或计划成本（或售价）。

（3）“库存商品”账户的结构（如图 10-12 所示）

库存商品

借方	贷方
已经完工验收入库的各种商品的实际生产成本（或进价）或计划成本（或售价）	已经出库的各种商品的实际生产成本（或进价）或计划成本（或售价）
期末余额：企业期末库存产成品的实际成本	

图 10-12　“库存商品”账户的结构

2. “主营业务成本”账户

（1）“主营业务成本”账户的性质

“主营业务成本”账户是损益类账户。

（2）“主营业务成本”账户的用途

“主营业务成本”账户用来核算企业确认销售商品、提供劳务或让渡资产使用权等主营业务收入时应结转的成本。

（3）“主营业务成本”账户的结构（如图 10-13 所示）

主营业务成本

借方	贷方
本期因销售商品、提供劳务或者让渡资产使用权等日常活动而发生的实际成本	期末转入“本年利润”账户的已销售商品的生产成本

图 10-13 “主营业务成本”账户的结构

该账户期末结转后无余额。

（二）主要经济业务的账务处理

1. 产成品入库的账务处理

例 10-18：2018 年 6 月 30 日大地公司生产 A、B 产品，分别为 100 件和 80 件，单位生产成本分别为 20 元和 10 元，全部完工并已验收入库，结转入库产品的生产成本。会计部门根据完工产品入库单，编制如下会计分录：

借：库存商品——A 产品　　2 000
　　　　　　——B 产品　　800
　贷：生产成本——A 产品　　2 000
　　　　　　　——B 产品　　800

2. 销售商品结转销售成本的账务处理

例 10-19：承例 10-14，2018 年 6 月 30 日，大地公司结转本月确认销售的 60 件 A 产品的成本。会计部门根据产品发出汇总表，编制如下会计分录：

借：主营业务成本——A 产品　　1 200（60×20）
　贷：库存商品——A 产品　　1 200

三、固定资产

固定资产是指为生产产品、提供劳务、出租或经营管理而持有的，且使用寿命超过一个会计年度的有形资产。

固定资产应按其取得时的实际成本作为入账的价值，取得时的成本包括买价、进口关税、运输和保险等相关费用，以及为使固定资产达到预定可使用状态前所必要的支出。

按照国家税务总局的规定，自 2009 年 1 月 1 日起，在全国实行增值税转型改革，允许生产经营用固定资产进行进项税额的抵扣。准予抵扣的固定资产范围包括机器、机械、运输工具以及其他与生产、经营有关的设备、工具、器具及房屋、建筑物等。

匹配的增值税税率为 9%。

（一）账户设置

1. “固定资产”账户

（1）“固定资产”账户的性质

“固定资产”账户是资产类账户。

（2）“固定资产”账户的用途

“固定资产”账户用来核算企业固定资产原始价值（原价）的增减变动和结存情况。固定资产的成本也称为原始价值，简称为原价或原值。外购固定资产的成本，包括购买价款、相关税费、使固定资产达到预定可使用状态前所发生的可归属于该项资产的运输费、装卸费、安装费和专业人员服务费等。

（3）“固定资产”账户的结构（如图 10-14 所示）

固定资产

借方	贷方
期初余额： 固定资产原价的增加数额	固定资产原价的减少数额
期末余额：固定资产原价的实有数额	

图 10-14　“固定资产”账户的结构

2. “累计折旧”账户

（1）“累计折旧”账户的性质

“累计折旧”账户是资产类账户，它是“固定资产”账户的一个备抵调整账户。

（2）“累计折旧”账户的用途

“累计折旧”账户用来核算企业固定资产发生的累计折旧。

（3）“累计折旧”账户的结构（如图 10-15 所示）

累计折旧

借方	贷方
因出售、报废清理、盘亏等原因减少固定资产而相应转销的折旧额	期初余额： 固定资产折旧额的计提数
	期末余额：企业现有固定资产的累计折旧额

图 10-15　“累计折旧”账户的结构

例 10-20：2013 年 12 月 18 日，大地公司从利民公司购入一幢厂房，买价 500 000元，增值税 45 000 元，杂费 2 500 元，全部款项已以银行存款支付。会计分录如下：

借：固定资产——厂房　　502 500
　　应交税费——应交增值税（进项税额）　　45 000
　贷：银行存款　　547 500

例 10-21：企业购入不需要安装的机器设备一台，买价 1 000 000 元，增值税 130 000 元，运杂费 3 000 元，全部款项以银行存款支付。会计分录如下：

借：固定资产——某设备　　1 003 000
　　应交税费——应交增值税（进项税额）　　130 000
　贷：银行存款　　1 133 000

（二）固定资产折旧的账务处理

1. 固定资产折旧的账务处理原则

固定资产折旧是指在固定资产使用寿命内，按照确定的方法对固定资产的折旧进行系统的分摊。固定资产计提的折旧应计入“累计折旧”科目，并根据用途计入相关资产的成本或者当期损益。其中，企业自行建造固定资产的过程中使用的固定资产，其计提的折旧应计入“在建工程”的成本；基本生产车间所使用的固定资产，其计提的折旧“制造费用”科目；管理部门所使用的固定资产，其计提的折旧应计入“管理费用”科目；经营租出的固定资产，其计提的折旧应计入“其他业务成本”科目。

2. 固定资产折旧的影响因素

（1）固定资产原值。

（2）预计使用寿命。

（3）预计净残值。

（4）固定资产计提的减值准备。

3. 我国现行会计准则规定，除以下情况外，企业应对所有的固定资产计提折旧：

（1）已提足折旧仍继续使用的固定资产。

（2）按规定单独估价作为固定资产入账的土地。

（3）提前报废的固定资产。

（4）处于改扩建期间的固定资产。

（5）经营租入的固定资产（经营租出、融资租入的固定资产要提折旧）。

4. 固定资产的折旧时间

一般情况下、固定资产应按月提取折旧。当月增加的固定资产，当月不提折旧，从下月起计提折旧；当月减少的固定资产，当月照提折旧，从下月起不提折旧。

5. 固定资产的折旧方法

现行会计准则规定，企业可选择的折旧方法包括直线法（年限平均法、工作量法）和加速折旧法（双倍余额递减法、年数总和法）。折旧方法一经确定，不得随意变更。企业应当根据固定资产的性质和使用情况，合理确定其折旧年限和净残值，作为计提折旧的依据。本阶段本书主要就年限平均法进行讲解。

年限平均法是指以固定资产预计使用年限为分摊标准，将固定资产的应提折旧总额均衡的分摊到使用各年的一种方法。采用这种折旧方法，各年折旧相等，不受固定资产使用频率和生产量多少的影响，因而也被称为固定费用法。

年限平均法计算折旧的公式入下：

年折旧额=（原始价值-预计净残值）÷预计使用年限

=原始价值×（1-预计净残值率）÷预计使用年限

=原始价值×年折旧率

其中，

预计净残值率=预计净残值÷原始价值×100%

年折旧率=年折旧额÷原始价值×100%

（三）固定资产处置的账务处理

1. 账户设置

（1）“固定资产清理”账户

①“固定资产清理”账户的性质

“固定资产清理”账户是资产类账户。

②“固定资产清理”账户的用途

“固定资产清理”账户用来核算企业因出售、报废、毁损、对外投资、非货币性资产交换、债务重组等原因转出的固定资产价值以及在清理过程中发生的费用等。

③“固定资产清理”账户的结构（如图 10-16 所示）

固定资产清理

借方	贷方
转入处置固定资产的账面价值、处置过程中发生的费用和相关税金	收回处置固定资产的价款、残料、变价收入和应由保险公司赔偿的损失 入库材料的实际成本
期末余额：尚未清理完毕的固定资产清理的净损失	

图 10-16　“固定资产清理”账户的结构

（2）“营业外收入”账户

①“营业外收入”账户的性质

“营业外收入”账户是损益类账户。

②“营业外收入”账户的用途

“营业外收入”账户用来核算企业发生的各项营业外收入，主要包括非流动资产处置利得、政府补助、盘盈利得、捐赠利得等。

③“营业外收入”账户的结构（如图 10-17 所示）

营业外收入

借方	贷方
期末转入“本年利润”账户的数额	取得各项营业外收入

图 10-17 “营业外收入”账户的结构

该账户期末结转后无余额。

（3）“营业外支出”账户

①“营业外支出”账户的性质

“营业外支出”账户是损益类账户。

②“营业外支出”账户的用途

“营业外支出”账户用来核算企业发生的各项营业外支出，包括非流动资产处置损失、公益性捐赠支出、非常损失、盘亏损失等。

③“营业外支出”账户的结构（如图 10-18 所示）

营业外支出

借方	贷方
发生各种营业外支出的实际发生数	期末转入“本年利润”账户的数额

图 10-18 “营业外支出”账户的结构

该账户期末结转后无余额。

（4）“资产处置损益”账户

①“资产处置损益”账户的性质

“资产处置损益”账户是损益类账户。

②“资产处置损益”账户的用途

“资产处置损益”账户是新准则增加的会计账户，主要用来核算固定资产、无形资产等因出售、转让等原因，产生的处置利得或损失。但固定资产毁损、报废等产生的损失仍通过“营业外支出”科目进行核算。

③“资产处置损益”账户的结构（如图 10-19 所示）

资产处置损益

借方	贷方
发生处置净损失的金额	发生处置净收益的金额
期末无余额	

图 10-19 “资产处置损益”账户的结构

2. 账务处理

（1）基本步骤

①固定资产转入清理（即注销固定资产原价及累计折旧）

借：固定资产清理

　　累计折旧

　贷：固定资产（原价）

②发生清理费时

借：固定资产清理

　贷：银行存款

③收到处置残料的出售价款

借：银行存款

　贷：固定资产清理

　　　应交税费——应交增值税（销项税额）

④收到固定资产的处置价款

借：银行存款

　贷：固定资产清理

⑤结转处置损益

处置形成亏损时：

借：资产处置损益

　贷：固定资产清理

处置形成盈余时：

借：固定资产清理

　贷：资产处置损益

（2）相关例题

例 10－22：大地公司因经营管理的需要，将办公楼出售，出售的价款为 2 400 000元，增值税税率为 9%。办公楼的原始价值为 4 000 000 元，累计折旧 3 500 000元。出售前公司对房屋进行了适当整修，并支付整修费用 80 000 元。不考虑其他税费。其账务处理如下：

①注销固定资产原价及累计折旧：

借：固定资产清理	500 000	
累计折旧	3 500 000	
贷：固定资产——办公楼		4 000 000

②支付整修费用：

借：固定资产清理	80 000	
贷：银行存款		80 000

③收到出售价款：

借：银行存款　　2 616 000
　贷：固定资产清理　　2 400 000
　　　应交税费——应交增值税（销项税额）　　216 000

④结转固定资产清理净收益：

净收益=2 400 000-50 000-80 000=1 820 000（元）

借：固定资产清理　　1 820 000
　贷：资产处置损益——处置非流动资产利得　　1 820 000

第三节　债权、债务的发生和结算

债权主要包括应收票据、应收账款、预付账款和其他应收款等；债务主要包括应付票据，应付账款，预收账款，应付职工薪酬，应交税费和长、短期借款等。

一、应收及预付款项

（一）应收票据

1. 应收票据的分类

商业汇票按承兑人不同，可分为银行承兑汇票和商业承兑汇票两种；商业汇票按是否计息可分为带息商业汇票和不带息商业汇票。

2. 应收票据的计价

我国企业会计准则规定，企业收到应收票据，不论是否带息，均按应收票据票面价值进行初始计量，但对于带息的应收票据，应于期末（指年末）按应收票据票面价值和票面利率计提应收利息，计提的应收利息应增加应收票据的账面价值。

3. “应收票据”账户的设置（如图 10-20 所示）

应收票据

借方	贷方
期初余额 本期销售产品应收的商业汇票	本期收回的商业汇票款项
期末余额：尚未收回款项的商业汇票	

图 10-20　“应收票据”账户的设置

应收票据到期时若债务人无力支付的，应转为“应收账款”进行管理。

4. “应收票据”的账务处理

（1）收到“应收票据”的核算

例 10-23：大地公司为增值税一般纳税人，2018 年 3 月 1 日向光明公司销售一批产成品，售价为200万元，成本为150万元，适用的增值税税率为13%，收到已承兑的银行承兑汇票。其会计分录为：

借：应收票据　　2 260 000
　贷：主营业务收入　　2 000 000
　　应交税费——应交增值税（销项税额）　　260 000

借：主营业务成本　　1 500 000
　贷：库存商品　　1 500 000

（2）到期收回票据的核算

例10-24：2018年12月1日，大地公司的应收票据到期，收回票面金额226万元，并将其存入银行。其会计分录如下：

借：银行存款　　2 260 000
　贷：应收票据　　2 260 000

（3）票据贴现的会计核算

例10-25：2018年4月20日，大地公司持应收票据向银行贴现，票面金额220万元，贴现息6万元，其余款项收回存入银行。其会计分录如下：

借：银行存款　　2 200 000
　　财务费用　　60 000
　贷：应收票据　　2 260 000

（二）应收账款

1. 应收账款的初始计量

我国的《企业会计准则》规定，企业应收账款的入账价值，应当采用总价法进行确认、计量。总价法是以销售商品的实际售价作为应收账款的入账价值，即应收账款的入账价值中包含着现金折扣。现金折扣只有客户在折扣期内支付货款时，才予以确认，销货方把给予客户的现金折扣视作融资费用，在会计上借记“财务费用”。

2. “应收账款”账户的设置（如图10-21所示）

为了核算和监督应收账款的发生和收回的情况，企业应设置“应收账款”账户，应收账款应按购货单位设置明细账，进行明细核算。

应收账款

借方	贷方
由于销售产品或提供劳务而发生的应收款项	企业已经收回的款项
期末余额：尚未收回的应收账款	

图10-21　“应收账款”账户的设置

3. 应收账款的账务处理

(1) 应收账款发生时的计量

例 10-26：大地公司是一般纳税人（下同），2018 年 9 月 8 日赊销一批甲产品给江明公司，发票上价款为 200 000 元，增值税为 26 000 元，信用期为 1 个月，货已发出。会计分录如下：

借：应收账款——江明公司　　226 000
　贷：主营业务收入　　200 000
　　应交税费——应交增值税（销项税额）　　26 000

(2) 应收账款收回的核算

应收账款收回后，应及时入账，冲减原应收账款的账面价值。

例 10-27：2018 年 10 月 8 日，大地公司收到 2018 年 9 月 8 日赊销给江明公司的甲产品的销货款 226 000 元，存入银行。其会计分录为：

借：银行存款　　226 000
　贷：应收账款——江明公司　　226 000

（三）预付账款

1. “预付账款”账户的设置（如图 10-22 所示）

预付账款是企业为了购买所需物资或为了接受劳务而按照购货合同规定提前预付给供应单位的款项。它属于企业的短期债权。为了加强对预付账款的核算和监督，应设置“预付账款”账户进行核算，其明细账应按供货方或提供服务的单位设户。

预付账款

借方	贷方
按照购货合同规定预付给供应单位的货款和补付的款项	收到所购货物的货款和退回多付的款项
期末余额：尚未结算的预付款项	期末余额：尚未补付的款项

图 10-22 “预付账款”账户的设置

2. “预付账款”的账务处理

例 10-28：2018 年 9 月 20 日，大地公司为采购紧俏的 A 材料，按合同规定以银行存款预付 200 000 元给光明公司。其会计分录为：

借：预付账款——光明公司　　200 000
　贷：银行存款　　200 000

例 10-29：2018 年 10 月 15 日，大地公司收到光明公司发来的 A 材料 5 000 千克，每千克 35 元，增值税 22 750 元，材料已收到并验收入库。会计分录如下：

借：原材料——A 材料　　175 000
　　应交税费——应交增值税（进项税额）　　22 750

贷：预付账款——光明公司　　197 750

例 10-30：2018 年 10 月 20 日，光明公司开出汇兑凭证，将 2 250 元货款退还给大地公司。其会计分录为：

借：银行存款　　2 250

贷：预付账款——光明公司　　2 250

对于预付账款业务不多的企业，也可以不设置“预付账款”账户，而将预付账款并入“应付账款”账户进行核算，整个核算方法与“预付账款”的核算方法一样，仅仅是换了一个账户而已，但在编制会计报表时，仍然要将“预付账款”和“应付账款”的金额分开报告。

（四）应收款项减值的计量

1. 应收款项减值的确认

在资产负债表日，企业应对应收款项期末的账面价值进行检查，对有确凿证据表明确实无法收回或收回可能性不大的应收账款，如债务人破产、资不抵债等，而使应收款项发生减值的，应将应收款项的账面价值减至预计未来现金流量现值。

企业的应收款项符合下列条件之一的，应确认为坏账：

①债务人死亡，以其遗产清偿后仍然无法收回的部分；

②债务人破产，以其破产财产清偿后仍然无法收回的部分；

③债务人较长时期内（3 年以上）未履行其清偿义务，并有足够的证明表明无法收回或收回的可能性极小。

在资产负债表日，企业一般应对“应收账款”“应收票据”“其他应收款”和“长期应收款”等进行减值测试，计提减值准备。

2. “信用减值损失”账户和“坏账准备”账户的设置

应收款项、债权投资及其他债权投资适用于《金融工具》准则，减值损失列入“信用减值损失”科目。

计提减值准备时通过“信用减值损失”账户和“坏账准备”账户进行核算。

“坏账准备”账户核算企业各项应收款项所计提的坏账准备。“坏账准备”账户可按应收款项的类别进行明细核算。该账户期末贷方余额，反映企业已计提但尚未转销的坏账准备。该账户放置如图 10-23 所示。

“信用减值损失”账户，反映预提的坏账损失额。该账户设置如图 10-24 所示。

坏账准备

借方	贷方
企业按规定提取的坏账准备金，以及重新收回的以前年度发生的坏账损失	已确认坏账损失的冲销数
	期末余额：已提取但尚未冲销的坏账准备金

图 10-23　“坏账准备”账户的设置

信用减值损失

借方	贷方
所确认的资产减值金额	期末转入“本年利润”科目

图 10-24 “信用减值损失”账户的设置

该账户期末结转后无余额。

3. 坏账准备的计提

例 10-31：2012 年 12 月 31 日，大地公司采用应收款项余额百分比法计提坏账准备，2012 年年末应收账款余额为 800 万元，坏账损失率为 6%。假设坏账准备账户在 2012 年年初余额为零。

2012 年年末首次计提坏账准备额＝800×6%＝48（万元）

借：资产减值损失——坏账损失 480 000

贷：坏账准备 480 000

例 10-32：接上例，2013 年发生坏账损失 50 万元，该年年末应收账款余额为 700 万元，坏账损失率为 7%。

（1）2013 年发生坏账损失 50 万元时：

借：坏账准备 500 000

贷：应收账款——××公司 500 000

（2）坏账准备第二次计提时：

2013 年年末计提坏账准备前该账户的贷方余额＝48－50＝－2（万元）

2013 年年末应有的坏账准备额＝700×7%＝49（万元）

2013 年年末应补提坏账准备＝49－（－2）＝51（万元）

借：资产减值损失——坏账损失 510 000

贷：坏账准备 510 000

（五）其他应收款

1. 其他应收款的确认

（1）企业应收的各种赔款、罚款等。

（2）企业应收的出租包装物的租金。

（3）企业应向职工收取的为职工负担的水电费、医药费等垫付款项。

（4）企业应收回的存出保证金，如租入包装物所支付的押金。

2. “其他应收款”账户的设置（如图 10-25 所示）

其他应收款

借方	贷方
其他应收款的增加	其他应收款的减少
期末余额：企业尚未收回的其他应收款项	

图 10-25　“其他应收款”账户的设置

3. 其他应收款的账务处理

例 10-33：2018 年 4 月 1 日，大地公司在材料采购的运输过程中发生了材料的毁损，按照合同的规定，应由某保险公司向本企业赔偿 50 000 元，该款项于月底收到。其会计分录为：

（1）确认该应收赔偿

借：其他应收款　　50 000

　贷：原材料　　50 000

（2）月底收回该款项

借：银行存款　　50 000

　贷：其他应收款　　50 000

二、应付账款

应付账款是指企业因购买材料物资、商品或接受劳务供应等经营活动而产生的应支付给供应商的款项。它是因为买卖双方在购销活动中实际取得货物和支付款项的时间不一致所造成的。

（一）“应付账款”账户的设置（如图 10-26 所示）

企业应设置“应付账款”账户，核算应付账款的发生、偿还、转销等情况。本账户一般按债权人设置明细账户进行明细核算。

应付账款

借方	贷方
已经支付或者已开出承兑商业汇票抵付的应付款项	期初余额 购买材料、商品和接收劳务供应等而发生的应付未付的款项
	期末余额：尚未偿还的货款

图 10-26　“应付账款”账户的设置

（二）应付账款的账务处理

1. 发生应付账款的计量

例10-34：2018年12月1日，大地公司从甲公司购入一批甲材料，货款200 000元，增值税26 000元，对方代垫运杂费1 000元，发票账单及运输发票均已收到。材料已运到并验收入库（该公司材料按实际成本计价），款项尚未支付。大地公司有关会计分录如下：

借：原材料——甲材料　　201 000
　　应交税费——应交增值税（进项税额）　　26 000
　贷：应付账款——甲公司　　227 000

2. 偿还应付账款的计量

例10-35：大地公司于12月9日，通过光大银行以银行存款支付甲公司货款227 000元。

借：应付账款——甲公司　　227 000
　贷：银行存款——光大银行　　227 000

三、应付职工薪酬

职工薪酬是指企业为获得职工提供的服务而给予各种形式的报酬以及其他相关支出，包括企业为职工在职期间和离职后提供的全部货币性薪酬和非货币性福利。提供给职工配偶、子女或其他被赡养人的福利等，也属于职工薪酬。

（一）“应付职工薪酬”账户的设置（如图10-27所示）

企业根据有关规定应付给职工的各种薪酬，包括职工工资、奖金、津贴和补贴、职工福利费等应通过“应付职工薪酬”科目进行核算。

应付职工薪酬

借方	贷方
实际发放职工薪酬的数额	期初余额 已分配记入有关成本费用项目的职工薪酬数额
	期末余额：企业应付未付的职工薪酬

图10-27　“应付职工薪酬”账户的设置

生产工人工资：生产成本。

车间管理人员工资：制造费用。

管理部门人员工资：管理费用。

销售部门人员工资：销售费用。

（二）具体核算内容

1. 短期薪酬

短期薪酬是指企业在职工提供相关服务的年度报告期间结束后十二个月内需要

全部予以支付的职工薪酬。包括：①工资、奖金、津贴和补贴等。②五险一金两费（医疗保险、生育保险、工伤保险等，住房公积金，工会经费及职工教育经费）。③短期带薪缺勤（病假、产假、婚嫁等）。④职工福利（生活困难补助、将产品或者外购的商品作为职工福利、无偿提供住房和医疗保健等）。

2. 离职后福利

离职后福利是指企业为了获得职工提供的服务而在职工退休或与企业解除劳动关系后提供的各种福利和报酬。养老保险和失业保险均属于此类。

3. 辞退福利

辞退福利是指企业在职工劳动合同到期之前接触与职工的劳动合同关系，或者为鼓励职工自愿接受裁剪而给予的补偿。

4. 其他长期职工福利

其他长期职工福利主要包括长期带薪缺勤、长期残疾福利和长期利润分享计划等。

（二）账务处理

例 10-36：2018 年 12 月 31 日，大地公司 12 月份发生应付职工薪酬 53 万元。根据本月份“工资费用分配表”，汇总资料为：直接生产 A 产品工人的工资 16 万元，直接生产 B 产品工人的工资 15 万元；车间管理人员工资 4 万元；公司管理部门人员工资 8 万元；公司销售部门人员工资 10 万元。“工资费用分配表”如表 10-1 所示。

表 10-1　　工资费用分配表

2018 年 12 月　　单位：元

项目	A 产品直接工人工资	B 产品直接工人工资	车间管理人员工资	公司管理人员工资	销售部门人员工资	合 计
生产成本——基本生产成本	160 000	150 000				310 000
制造费用			40 000			40 000
管理费用				80 000		80 000
销售费用					100 000	100 000
合计	160 000	150 000	40 000	80 000	100 000	530 000

借：生产成本——基本生产成本（A 产品）　160 000
　　　　　　　　　　　　　（B 产品）　150 000
　　制造费用——人工费　40 000
　　管理费用——人工费　80 000
　　销售费用——人工费　100 000
　贷：应付职工薪酬——工资　530 000

例 10-37：2019 年 1 月 12 日，大地公司根据 2018 年 12 月的“工资单”中的实发工资总额，开出现金支票从工行提取现金 530 000 元备发上月的工资。工资单如表 10-2 所示。

借：库存现金　　530 000

　贷：银行存款——工行　　530 000

例 10-38：2019 年 1 月 12 日，大地公司根据工资单，以现金发放上月的工资。工资单如表 10-2 所示。

表 10-2　**工资单**

2018 年 12 月　　金额单位：元

姓名	计时工资	计件工资	奖金		津贴、补贴		缺勤扣款		应付职工薪酬	代垫、代扣款项		实发工资
			综合	单项	岗位津贴	煤气补贴	事假	病假		个人自交医保 2%	个人自交住房公积金	
张晖	800		400		100	50		20	1 330	26	133	1 171
夏莉		800		100		50			950	19	95	836
杨柳		900		200		50			1 150	23	115	1 012
……	……	……	……	……	……	……	……	……	……	……	……	……
合计	189 820	164 500	86 180	59 330	21 410	8 850		90	530 000	10 600	53 000	466 400

借：应付职工薪酬——工资　　530 000

　贷：库存现金　　466 400

　　其他应付款——医药保险费　　10 600

　　　　　　　——住房公积金　　53 000

四、应交税费

应交税费是指企业在生产经营过程中产生的，按照税法规定计算应向国家缴纳的各种税费。

需要特别注意的是，企业应缴纳的印花税、耕地占用税、契税、车辆购置税等一般不需要预计应交数的各种税费，不必通过“应交税费”账户核算。

（一）应交增值税的账务处理

1. 进项税额的账务处理

“应交增值税——进项税额”的账务处理，见本章原材料采购的核算。

2. 销项税额的账务处理

例 10-39：2018 年 12 月 5 日，大地公司向兴隆公司开出增值税发票，销售 A 产品 60 件，销售单价 3 500 元；销售 B 产品 30 件，销售单价 5 500 元；增值税税率 13%；货已发出，货款已收存入工行。大地公司根据增值税发票记账联做如下分录：

借：银行存款　　423 750

　　贷：主营业务收入　　　　375 000
　　　　应交税费——应交增值税（销项税额）　　　　48 750

（二）应交消费税的账务处理

消费税是以消费品的流转额作为征税对象的各种税收的统称。其征税范围主要包括：烟，酒，鞭炮，焰火，化妆品，成品油，贵重首饰及珠宝玉石，高尔夫球及球具，高档手表，游艇，木制一次性筷子，实木地板，摩托车，小汽车，电池，涂料等税目。

1. 销售应税消费品的账务处理

例 10-40：大地公司销售生产的高档化妆品，不含税价款 200 万元，成本为 170 万元，增值税税率为 13%，消费税税率为 15%，该笔款项已存入银行。

①确认销售收入

借：银行存款　　　　2 260 000
　　贷：主营业务收入　　　　2 000 000
　　　　应交税费——应交增值税（销项税额）　　　　260 000

②结转销售成本

借：主营业务成本　　　　1 700 000
　　贷：库存商品　　　　1 700 000

③确认消费税

应交的消费税 = 200×15% = 30（万元）

借：税金及附加　　　　300 000
　　贷：应交税费——应交消费税　　　　300 000

2. 自产应税消费品用于职工福利的账务处理

例 10-41：大地公司的员工享受企业提供的福利补贴，本月领用自产产品一批，该产品属于应税消费品，其市场价值为 20 000 元，成本为 10 000，适用的增值税税率为 13%，消费税税率为 10%，其会计处理为：

领用自产产品作为职工福利得，应作视同销售处理。

①确认视同销售收入

借：应付职工薪酬——职工福利费　　　　22 600
　　贷：主营业务收入　　　　20 000
　　　　应交税费——应交增值税（销项税额）　　　　2 600

②结转视同销售成本

借：主营业务成本　　　　10 000
　　贷：库存商品　　　　10 000

③确认消费税

借：税金及附加　　　　2 000
　　贷：应交税费——应交消费税　　　　2 000

注：应计入“税金及附加”进行核算的税种：消费税、资源税、城市维护建设税、教育费附加、房产税、车船使用税、土地使用税和印花税。

五、借款

（一）账户设置

1. “短期借款”账户

“短期借款”账户核算企业向银行或其他金融机构等借入的期限在 1 年以下（含 1 年）的各种借款。本账户可按借款种类、贷款人和币种进行明细核算。具体如图 10-28 所示。

短期借款

借方	贷方
短期借款本金的归还数额	期初余额 短期借款的借入数额
	期末余额：尚未偿还的短期借款本金数额

图 10-28 “短期借款”账户的设置

2. “长期借款”账户

“长期借款”账户核算企业向银行或其他金融机构借入的期限在 1 年以上（不含 1 年）的各项借款。本账户可按贷款单位和贷款种类，分别按“本金”“利息调整”等进行明细核算。本账户按照开户银行设置明细账。具体如图 10-29 所示。

长期借款

借方	贷方
长期借款本金和利息的归还数额	期初余额 长期借款的本金及计提的利息数额
	期末余额：尚未偿还的长期借款本金及利息数额

图 10-29 “长期借款”账户的设置

3. “应付利息”账户

“应付利息”账户核算企业按照合同约定应支付的利息，如分期付息到期还本的长期借款等应支付的利息。本账户可按存款人或债权人进行明细核算。

4. “财务费用”账户

“财务费用”账户核算企业为筹集生产经营所需资金等而发生的筹资费用，包括利息支出（减利息收入）以及相关的手续费、企业发生的现金折扣或收到的现金折扣等。期末，应将“财务费用”账户余额转入“本年利润”账户，结转后“财务费用”账户无余额。本账户可按费用项目进行明细核算。

（二）短期借款的账务处理

1. 短期借款利息的计算

短期借款利息一般按单利计算。其计算公式如下：

短期借款利息=借款本金×借款期限×借款利率

企业短期借款利息的结算支付方法有如下三种：

（1）按月计算并支付：实际支付利息时，借记“财务费用”或“在建工程”等账户，贷记“银行存款”账户。

（2）按月预提、按季支付。

（3）利息在借款到期时连本带利一并支付，利息金额小可以不计提。

其会计分录如下：

借：财务费用/短期借款

　贷：银行存款

例 10-42：2018 年 12 月 1 日，大地公司因资金周转困难，从光大银行取得一笔为期 6 个月的临时借款 200 000 元，款项收存银行，月利率为 6‰。借款于 2018 年 5 月 31 日到期时连本带利一并归还。根据借款合同、借款、还款单据编制短期借款的取得和本息归还的会计分录。

（1）2018 年 12 月 1 日，取得短期借款 200 000 元时：

借：银行存款	200 000	
贷：短期借款		200 000

（2）2018 年 5 月 31 日，到期归还本息时：

借款到期应付的 6 个月的利息=200 000×6‰×6=7 200（元）

到期应归还的借款本息和=200 000+7 200=207 200（元）

因为利息额较小，所以不需要预提利息。会计分录如下：

借：短期借款	200 000	
财务费用	7 200	
贷：银行存款		207 200

（三）长期借款的账务处理

例 10-43：2018 年 1 月 1 日，大地公司从建行取得一笔为期两年的借款 500 万元，款收存银行，年利率为 7%。该借款用于仓库的基建工程，借款利息按年支付，借款本金到期后一次还清。借款取得的会计分录如下：

借：银行存款	5 000 000	
贷：长期借款		5 000 000

例 10-44：2018 年 12 月 31 日，大地公司收到建行的计息单。经核查该笔借款从借到之日起一次性全部投入在建工程。会计分录如下：

借：在建工程　　350 000
　贷：银行存款　　350 000

例 10-45：2018 年 12 月 31 日，大地公司收到建行的计息单。经核查该笔借款所投资的在建工程，已于 2018 年 12 月 31 日竣工验收，并交付使用。会计分录如下：

借：财务费用——利息　　350 000
　贷：银行存款　　350 000

例 10-46：2018 年 12 月 31 日，大地公司开出转账支票，归还建行长期借款 500 万元。会计分录如下：

借：长期借款　　5 000 000
　贷：银行存款　　5 000 000

第四节　资本的增减

资本主要包括实收资本和资本公积。实收资本是指投资者按照企业章程或合同、协议的规定，实际投入企业的资本。资本公积是指企业收到投资者投入的超出其在企业注册资本中所占份额的投资，以及其他综合收益。本节主要介绍实收资本、资本公积增减的账务处理。

一、接受投资

（一）主要账户设置

1. “实收资本（股本）” 账户

（1）“实收资本（股本）” 账户的性质

“实收资本（股本）” 账户是所有者权益类账户。

（2）“实收资本（股本）” 账户的用途

“实收资本（股本）” 账户用来核算投资者按规定投入企业的资本。股份有限公司的投资者投入的资本称为“股本”。

（3）“实收资本（股本）” 账户的结构（如图 10-30 所示）

实收资本（股本）

借方	贷方
资本金的减少数额	期初余额 资本金的增加数额
	期末余额：资本金的实有数额

图 10-30　“实收资本（股本）” 账户的结构

2. “资本公积”账户

（1）“资本公积”账户的性质

“资本公积”账户是所有者权益类账户。

（2）“资本公积”账户的用途

“资本公积”账户用来核算企业收到投资者出资额超出其在注册资本或股本中所占份额的部分（即资本或股本溢价），直接记入其他综合收益。

（3）“资本公积”账户的结构（如图 10-31 所示）

资本公积

借方	贷方
企业依法减少的资本公积	投资者投资产生的资本或股本溢价
	期末余额：企业资本公积的累积数

图 10-31　“资本公积”账户的结构

（二）主要经济业务的账务处理

1. 接受现金资产投资的账务处理

例 10-47：2017 年 1 月 8 日，A、B、C 三个投资者各投资 500 000 元成立大地有限公司，实收资本 1 500 000 元。会计部门根据公司章程及银行收账通知，应编制如下会计分录：

借：银行存款	1 500 000	
贷：实收资本——A		500 000
——B		500 000
——C		500 000

例 10-48：承例 10-47，经营一年后，大地公司留存收益为 150 000 元。2018 年 1 月 31 日，有另一名 D 投资者欲加入该公司，并希望占有 25%的股份。经协商，该公司将注册资本增加到 2 000 000 元，D 投资者需要投资 550 000 元货币资金，款项已收到存入银行。会计部门根据修改后的公司章程及银行收账通知，应编制如下会计分录：

借：银行存款	550 000	
贷：实收资本——D		500 000
资本公积——资本溢价		50 000

2. 接受非现金资产投资的账务处理

例 10-49：2018 年 12 月 1 日，A、B、C 三家公司共同投资组成江河有限公司。按江河有限公司的章程规定，注册资本为 9 000 000 元，A、B、C 三方各占 1/3 的股份。A 公司以厂房投资，投资各方确认的价值为 3 000 000 元（同公允价值）；B 公司以价值 300 000 元（同公允价值）的一项专利权投资，其价值已被投资各方确认；C公司以货币资金投资，并已存入江河有限公司的开户银行。会计部门根据公司章程及银行收账通知等有关资料，编制如下会计分录：

借：固定资产　　3 000 000
　　无形资产　　3 000 000
　　银行存款　　3 000 000
　贷：实收资本——A公司　　3 000 000
　　　　　　　——B公司　　3 000 000
　　　　　　　——C公司　　3 000 000

二、实收资本的减少

若为有限责任公司，则直接注销即可，即借记“实收资本”，贷记“银行存款”。

若为股份有限公司，则应该先回购自己的股份，然后再予以注销。回购股份时，通过“库存股”科目核算。

1. 有限责任公司的账务处理

例10-50：承例10-49，2014年3月20日，经协商，投资人A公司从江河有限公司退出，投资款按照A公司原实际出资额退还。江河有限公司已将3 000 000元以银行转账方式支付给A公司。会计部门根据修改后的公司章程及银行付款通知，编制如下会计分录：

借：实收资本　　3 000 000
　贷：银行存款　　3 000 000

2. 股份有限公司的账务处理

例10-51：大地股份有限公司2016年3月20日所发行股票10 000万股，面值1元，资本公积-股本溢价为3 000万元。2018年3月20日，大地公司以银行转账的方式回购本公司的股票2 000万股并予以注销。

（1）假定大地股份有限公司按每股0. 8元回购股票（折价回购）

①回购本公司股票

借：库存股　　1 600
　贷：银行存款　　1 600

②注销本公司股票

借：股本　　2 000
　贷：库存股　　1 600
　　　资本公积——股本溢价　　400

（2）假定大地股份有限公司按每股2元的价格回购股票（溢价回购）

①回购本公司股票

借：库存股　　4 000

　贷：银行存款　　4 000

②注销本公司股票

借：股本　　2 000

　　资本公积——股本溢价　　2 000

　贷：库存股　　4 000

第五节　收入、成本和费用

收入是指企业在日常活动中形成的、会导致所有者权益增加的、与所有者投入资本无关的经济利益的总流入，包括销售商品收入、提供劳务收入和让渡资产使用权收入等。

成本是指企业为生产产品、提供劳务而发生的各种经济资源的耗费。产品生产成本一般包括直接材料、直接人工和制造费用。

费用是指企业在日常活动中发生的、会导致所有者权益减少的、与向所有者分配利润无关的经济利益的总流出，包括主营业务成本、其他业务成本、营业税金及附加、销售费用、管理费用和财务费用等。

一、收入

（一）销售商品收入的确认条件

销售商品收入必须同时满足下列条件时，才能予以确认：

①企业已将商品所有权上的主要风险和报酬转移给购货方；

②企业既没有保留通常与所有权相联系的继续管理权，也没有对已售出的商品实施有效控制；

③收入的金额能够可靠计量；

④相关的经济利益很可能流入企业；

⑤相关的已发生或将发生的成本能够可靠计量。

（二）主要账户设置

1. “主营业务收入”账户

（1）“主营业务收入”账户的性质

“主营业务收入”账户是损益类账户。

（2）“主营业务收入”账户的用途

“主营业务收入”账户用来核算企业确认的销售商品、提供劳务等业务的收入。

（3）“主营业务收入”账户的结构（如图 10-32 所示）

主营业务收入

借方	贷方
期末转入“本年利润”账户的数额	销售商品、提供劳务等业务的收入

图 10-32 “主营业务收入”账户的结构

该账户期末结转后无余额。

2. “其他业务收入”账户

（1）“其他业务收入”账户的性质

“其他业务收入”账户是损益类账户。

（2）“其他业务收入”账户的用途

“其他业务收入”账户用来核算企业确认的除主营业务活动以外的其他经营活动实现的收入，包括出租固定资产、出租无形资产、出租包装物和商品、销售材料等实现的收入。

（3）“其他业务收入”账户的结构（如图 10-33 所示）

其他业务收入

借方	贷方
期末转入“本年利润”账户的数额	除主营业务收入以外的其他销售或其他业务的收入

图 10-33 “其他业务收入”账户的结构

该账户期末结转后无余额。

3. “预收账款”账户

（1）“预收账款”账户的性质

“预收账款”账户是负债类账户。

（2）“预收账款”账户的用途

“预收账款”账户用来核算企业按照合同规定向购货单位预收的款项。

（3）“预收账款”账户的结构（如图 10-34 所示）

预收账款

借方	贷方
销售实现时与购货单位结算的款项	企业收到的预收款项
期末余额：企业应由购货单位补付的款项	期末余额；企业向购货单位预收的款项

图 10-34 “预收账款”账户的结构

（三）主要经济业务的账务处理

1. 取得主营业务收入的账务处理

（1）现销业务

例 10-52：2018 年 1 月 10 日，大地公司向星光公司发出 B 产品 1 000 件，每件不含增值税售价为 500 元。发票上注明的货款为 500 000 元，增值税为 65 000 元。货款已存入银行。会计部门根据增值税专用发票记账联及银行收账通知，编制如下会计分录：

借：银行存款　　565 000
　贷：主营业务收入　　500 000
　　　应交税费——应交增值税（销项税额）　　65 000

（2）赊销业务

发生赊销业务的账务处理参见本章第三节例 10-20。

（3）预收款销售业务

例 10-53：2018 年 1 月 15 日，大地公司根据销货合同预收星光公司购货款 10 000元。货款已存入银行。会计部门根据银行收账通知，编制如下会计分录：

借：银行存款　　10 000
　贷：预收账款——星光公司　　10 000

例 10-54：承例 10-53，2018 年 1 月 20 日，大地公司向星光公司发出 B 产品 100 件，每件不含增值税售价为 500 元。发票上注明的货款为 50 000 元，增值税为 6 500元。会计部门根据增值税专用发票记账联，编制如下会计分录：

借：预收账款——星光公司　　565 000
　贷：主营业务收入　　50 000
　　　应交税费——应交增值税（销项税额）　　6 500

例 10-55：承例 10-53、例 10-54，2018 年 1 月 25 日，大地公司向星光公司收取余款计 46 500 元，已存入银行。会计部门根据银行收账通知，编制如下会计分录：

借：银行存款　　46 500
　贷：预收账款——星光公司　　46 500

2. 取得其他业务收入的账务处理

例 10-56：2018 年 5 月 10 日，大地公司出售一批不需用的原材料 10 000 元，增值税税率为 13%，款项尚未收到。会计部门根据增值税专用发票的记账联，编制如下会计分录：

借：应收账款　　11 300
　贷：其他业务收入　　10 000
　　　应交税费——应交增值税（销项税额）　　1 300

二、成本

（一）主要账户设置

1.“生产成本”账户

（1）“生产成本”账户的性质

“生产成本”账户是成本类账户。

（2）“生产成本”账户的用途

“生产成本”账户核算企业为生产产品和提供劳务而发生的各项直接费用，包括直接材料、直接人工等。

（3）“生产成本”账户的结构（如图 10-35 所示）

生产成本

借方	贷方
直接生产产品所发生的材料费、生产工人工资和福利费 月末分配转入的制造费用	转出完工产品的生产成本
期末余额：在生产过程中尚未完工的在产品成本	

图 10-35 “生产成本”账户的结构

2.“制造费用”账户

（1）“制造费用”账户的性质

“制造费用”账户是成本类账户。

（2）“制造费用”账户的用途

“制造费用”账户核算企业生产车间（部门）为生产产品和提供劳务而发生的各项间接费用，包括生产车间发生的机物料消耗、管理人员的工资、折旧费、办公费、水电费、季节性停工损失等。期末，企业应根据制造费用的性质，合理选择分配方法，将制造费用分配记入各种产品成本。

（3）“制造费用”账户的结构（如图 10-36 所示）

制造费用

借方	贷方
本期生产车间发生的各项费用	期末转入“生产成本”账户，分配记入各种产品成本的制造费用

图 10-36 “制造费用”账户的结构

（二）主要经济业务的账务处理

产品的生产成本就是指产品在其生产过程中所发生的各种生产费用。成本项目的内容具体一般可分为直接材料、直接人工和制造费用等。其中：

直接材料是指直接用于产品生产，构成产品实体的原材料、主要材料、燃料以及有助于产品形成的辅助材料等。

直接人工指直接从事产品生产人员的工资及提取的其他职工薪酬。

制造费用是指直接或间接用于产品生产，但不便于直接记入产品成本，因而没有专设成本项目的费用。这些费用是企业内部各生产单位为组织和管理生产所发生的。

由于直接材料和直接人工费用都是直接用于产品生产的费用，在发生时能够分清是为哪种产品的生产而耗用，应由哪种产品来承担，因而，一般可以直接记入各种产品生产成本中。而制造费用在其发生时，一般不能分清应由哪种产品承担，因而不能直接归属于某种产品，而应先归集，然后按一定标准分配后再记入各种产品成本中。如果某个企业只生产单一的一种产品，制造费用在其发生时不需要分配而直接记入该产品生产成本明细账。

1. 发生直接材料、直接人工、制造费用的账务处理

（1）发生直接材料的账务处理。

例 10-57：2018 年 12 月 31 日，大地公司根据汇总编制的“发料成本分配表”（如表 10-3 所示），进行必要的会计处理。

表 10-3　　发料成本分配表

2018 年 12 月　　金额单位：元

项目	甲材料			丙材料			合计
	数量	单价	金额	数量	单价	金额	
基本生产车间 A 产品领用	7 000		283 430	2 500		153 000	436 430
基本生产车间 B 产品领用	3 000		121 470	1 500		91 800	213 270
车间一般耗用	1 000		40 490	500		30 600	71 090
厂部管理部门领用	500		20 235				20 235
合 计	11 500	40. 49	465 625	4 500	61. 20	275 400	741 025

借：生产成本——基本生产成本——A 产品　　436 430

　　　　　　　　　　　　　　——B 产品　　213 270

　　制造费用　　71 090

　　管理费用　　20 235

　贷：原材料——甲材料　　465 625

　　　　　　——丙材料　　275 400

（2）发生直接人工的账务处理参见本章第三节例 10-37。

(3) 发生制造费用的账务处理参见本章第三节例 10-29。

2. 制造费用在不同产品之间分配的账务处理

例 10-58：2018 年 3 月 1 日，大地公司收到一批订单，要求在本月月底之前生产完成 A 产品和 B 产品各 200 件。甲公司如期完成任务，所有产品已于 3 月 31 日入库。本月其他资料如下：

(1) 领用某种材料 5 000 千克，其中 A 产品耗用 3 000 千克，B 产品耗用 2 000 千克，该材料单价为 100 元；

(2) 生产 A 产品发生的直接生产人员工时为 4 000 小时，B 产品为 2 000 小时，每工时的标准工资为 10 元；

(3) 生产车间发生管理人员工资、折旧费、水电费等 90 000 元。假定该车间本月仅生产了 A 和 B 两种产品，甲公司采用生产工人工时比例法对制造费用进行分配。

相关会计分录为：

(1) 核算产品成本

A 产品应分配的制造费用 = 90 000÷（4 000+2 000）×4 000 = 60 000（元）

B 产品应分配的制造费用 = 90 000÷（4 000+2 000）×2 000 = 30 000（元）

A 产品的生产成本 = 3 000×100+4 000×10+60 000 = 400 000（元）

B 产品的生产成本 = 2 000×100+2 000×10+30 000 = 250 000（元）

借：生产成本——基本生产成本——A 产品　　400 000
　　　　　　　　　　　　　　——B 产品　　250 000
　贷：原材料——××材料　　500 000
　　　应付职工薪酬　　60 000
　　　制造费用　　90 000

或：

借：生产成本——基本生产成本——A 产品　　340 000
　　　　　　　　　　　　　　——B 产品　　220 000
　贷：原材料——××材料　　500 000
　　　应付职工薪酬　　60 000
借：生产成本——基本生产成本——A 产品　　60 000
　　　　　　　　　　　　　　——B 产品　　30 000
　贷：制造费用　　90 000

(2) 产品入库

借：库存商品——A 产品　　400 000
　　　　　　——B 产品　　250 000
　贷：生产成本——基本生产成本——A 产品　　400 000
　　　　　　　　　　　　　　　——B 产品　　250 000

三、费用

（一）主要账户设置

1. “主营业务成本”账户的性质、用途、账户结构、明细账的设置参见本章第二、三节。

2. “其他业务成本”账户

（1）“其他业务成本”账户的性质

“其他业务成本”账户是损益类账户。

（2）“其他业务成本”账户的用途

“其他业务成本”账户用来核算企业确认的除主营业务活动以外的其他经营活动所发生的支出，包括销售材料的成本、出租固定资产的折旧额、出租无形资产的摊销额、出租包装物的成本或摊销额等。

（3）“其他业务成本”账户的结构（如图 10-37 所示）

其他业务成本

借方	贷方
除主营业务成本外的其他销售或业务所发生的成本	期末转入“本年利润”账户的数额

图 10-37　“其他业务成本”账户的结构

该账户期末结转后无余额。

3. “销售费用”账户

（1）“销售费用”账户的性质

“销售费用”账户是损益类账户。

（2）“销售费用”账户的用途

“销售费用”账户用来核算企业销售商品和材料、提供劳务的过程中发生的各种费用，包括保险费、包装费、展览费和广告费、商品维修费、预计产品质量保证损失、运输费、装卸费等以及为销售本企业商品而专设的销售机构（含销售网点、售后服务网点等）的职工薪酬、业务费、折旧费等经营费用。企业发生的与专设销售机构相关的固定资产修理费用等后续支出，也在本账户核算。

(3)“销售费用”账户的结构(如图 10-38 所示)

销售费用

借方	贷方
销售过程中发生的广告费等各项销售费用	期末转入“本年利润”账户的数额

图 10-38 “销售费用”账户的结构

该账户期末结转后无余额。

(4)明细账的设置

该账户可按费用项目设置明细分类账，进行明细分类核算。

4.“管理费用”账户

(1)“管理费用”账户的性质

“管理费用”账户是损益类账户。

(2)“管理费用”账户的用途

管理费用是指企业为组织和管理生产经营活动而发生的各种管理费用，包括企业在筹建期间发生的开办费、董事会和行政管理部门在企业的经营管理中发生的或者应由企业统一负担的公司经费等。企业生产车间(部门)和行政管理部门等发生的固定资产修理费用等后续支出，也在本账户核算。

(3)“管理费用”账户的结构(如图 10-39 所示)

管理费用

借方	贷方
企业为组织和管理生产经营活动而发生的各种管理费用	期末转入“本年利润”账户的数额

图 10-39 “管理费用”账户的结构

(二)主要经济业务的账务处理

1. 结转主营业务成本的账务处理

例 10-59：2018 年 12 月 31 日，假定大地公司经统计，本月共销售 A 产品 450 件，假定 A 产品的加权平均单价为 1 940 元；销售 B 产品 150 件，B 产品的加权平均单价为 3 700 元。请计算并结转已销产品的销售成本。

本月已销 A 产品的销售成本 = 450×1 940 = 873 000(元)

本月已销 B 产品的销售成本 = 150×3 700 = 555 000(元)

借：主营业务成本	1 428 000	
贷：库存商品——A 产品		873 000

——B 产品　　555 000

2. 结转其他业务成本的账务处理

例 10-60：2018 年 5 月 31 日，大地公司结转已售原材料的成本 6 500 元。会计部门根据原材料出库单，编制如下会计分录：

借：其他业务成本　　6 500

　贷：原材料　　6 500

3. 发生营业税金及附加的账务处理

例 10-61：2017 年 12 月 31 日，大地公司地处城市，假定本月的主营业务和其他业务应交的增值税额为 600 000 元，应交消费税额为 100 000 元。请核算本月的应交城市维护建设税。

应交的城市维护建设税=（600 000+100 000）×7%=49 000（元）

借：税金及附加　　49 000

　贷：应交税费——应交城市维护建设税　　49 000

应纳教育费附加=（应交增值税+应交消费税+应交营业税）×征收率（3%）

应纳城市维护建设税=（应交增值税+应交消费税+应交营业税）×征收率（7%）

例 10-62：2018 年 12 月 31 日，假定大地公司本月主营业务和其他业务应交的增值税额为 600 000 元，应交消费税为 100 000 元。要求核算本月应交的教育费附加，按照 3%计提。

应交的教育费附加=（600 000+100 000）×3%=21 000（元）

借：消费税金及附加　　21 000

　贷：应交税费——应交教育费附加　　21 000

4. 发生销售费用的账务处理

例 10-63：2018 年 6 月 20 日，大地公司以现金支付销售 A 产品的运杂费 500 元。会计部门根据取得的运杂发票，编制如下会计分录：

借：销售费用　　500

　贷：库存现金　　500

5. 发生管理费用的账务处理

（1）预付费用及其摊销

例 10-64：2018 年 12 月 20 日，大地公司以银行存款预付 2019 年年度报纸、杂志费及财产保险费共 120 000 元。会计部门根据取得的报纸、杂志费发票，保险费发票及银行付款通知，编制如下会计分录：

借：预付账款　　120 000

　贷：银行存款　　120 000

例 10-65：承例 10-64，2019 年 1 月 31 日起当年的每月月末，大地公司摊销预付的报纸、杂志费及财产保险费时，会计部门根据计算的月摊销额，编制如下会计分录：

借：管理费用　　10 000
　贷：预付账款　　10 000

（2）发生管理费用的其他账务处理

例 10-66：2018 年 12 月 20 日，大地公司以银行存款支付本月聘请法律顾问费 6 000 元。

借：管理费用——咨询费　　6 000
　贷：银行存款　　6 000

四、营业外收支

（一）主要账户设置

“营业外收入”“营业外支出”账户的性质、用途、账户结构、明细账的设置参见本章第二节。

（二）主要经济业务的账务处理

1. 取得营业外收入的账务处理

例 10-67：2018 年 6 月 20 日，大地公司对违反本企业管理规定的职工王某罚款 100 元，会计部门收到王某交来现金。会计部门根据有关管理部门的罚款通知单，编制如下会计分录：

借：库存现金　　100
　贷：营业外收入　　100

2. 发生营业外支出的账务处理

例 10-68：2018 年 10 月 8 日，大地公司开出银行转账支票，通过教育局向某小学捐款 100 000 元。会计部门根据捐赠专用收据及银行付款通知，编制如下会计分录：

借：营业外支出　　100 000
　贷：银行存款　　100 000

第六节　财务成果的计算

财务成果是指企业在一定时期内通过从事生产经营活动而在财务上所取得的成果，具体表现为盈利或者亏损。一般包括利润的计算、企业所得税的计算和缴纳、利润分配或弥补亏损等。

一、利润

（一）主要账户设置

企业的利润计算环节主要设置“本年利润”账户。

1. “本年利润”账户的性质

“本年利润”账户是所有者权益类账户。

2. “本年利润”账户的用途

该账户用来核算企业实现的净利润（或发生的净亏损）。

3. “本年利润”账户的结构（如图 10-40 所示）

本年利润

借方	贷方
①期末将主营业务成本、营业税金及附加、其他业务成本、管理费用、财务费用、销售费用、营业外支出、所得税费用等转入的数额 ②结转本期实现的净利润	①期末将主营业务收入、其他业务收入、营业外收入等转入的数额 ②结转本期发生的净亏损

图 10-40　“本年利润”账户的结构

该账户期末结转后无余额。

（二）主要经济业务的账务处理

1. 利润的计算

财务成果是企业生产经营活动的最终成果，即利润或亏损（简称“利润”）。利润是综合反映企业经营管理水平的一个重要指标。企业在产品销售过程中取得的销售成果，还不是最终的财务成果，因为企业在经营活动中，由于种种原因，还会发生一些其他业务收入、其他业务成本、期间费用（管理费用、财务费用、销售费用）、营业外收入、营业外支出、所得税费用等。这些收支都是财务成果的组成部分。

利润的计算公式如下：

（1）营业利润=营业收入-营业成本-税金及附加-销售费用-管理费用-财务费用-资产减值损失±投资损益±公允价值变动损益±资产处置收益+其他收益

（2）利润总额=营业利润+营业外收入-营业外支出

（3）净利润=利润总额-所得税费用

（4）营业收入=主营业务收入+其他业务收入

（5）营业成本=主营业务成本+其他业务成本

（6）利润总额=营业利润+营业外收入-营业外支出

（7）净利润=利润总额-所得税费用

企业期末结转利润时，应将各损益类账户的累计发生额转入“本年利润”账户，结平各损益类账户。结转后“本年利润”账户的贷方余额为当期实现净利润，借方余额为当期发生的净亏损。

年度终了，应将“本年利润”科目本年收入和支出相抵后结出的本年实现的净利润，转入“利润分配”科目，借记“本年利润”科目，贷记“利润分配——未分配利润”科目；如为净亏损作相反的会计分录。结转后“本年利润”科目应无余额。

2. 期末结转各项收入、利得类以及费用、损失类账户的账务处理

例 10-69：大地公司 2018 年有关损益类科目的年末余额如表 10-4 所示。

表 10-4　　科目汇总表　　单位：元

科目名称	结账前余额
主营业务收入	3 000 000（贷）
其他业务收入	350 000（贷）
投资收益	300 000（贷）
营业外收入	25 000（贷）
主营业务成本	2 300 000（借）
其他业务成本	200 000（借）
税金及附加	40 000（借）
销售费用	250 000（借）
管理费用	300 000（借）
财务费用	50 000（借）
营业外支出	100 000（借）

（1）结转各项收入、利得类科目

借：主营业务收入　　3 000 000
　　其他业务收入　　350 000
　　投资收益　　300 000
　　营业外收入　　25 000
　贷：本年利润　　3 675 000

（2）结转各项费用、损失类科目

借：本年利润　　3 240 000
　贷：主营业务成本　　2 300 000
　　　其他业务成本　　200 000
　　　税金及附加　　40 000
　　　销售费用　　250 000
　　　管理费用　　300 000
　　　财务费用　　50 000
　　　营业外支出　　100 000

会计利润=3 675 000-3 240 000=435 000（元）

二、所得税

（一）主要账户设置

1. “所得税费用”账户

（1）“所得税费用”账户的性质

“所得税费用”账户是损益类账户。

（2）“所得税费用”账户的用途

“所得税费用”账户用来核算企业按规定从当期利润总额中减去的所得税费用。

（3）“所得税费用”账户的结构（如图 10-41 所示）

所得税费用

借方	贷方
企业发生的所得税费用	期末转入“本年利润”账户的数额

图 10-41　“所得税费用”账户的结构

该账户期末结转后无余额。

2. “应交税费”账户

“应交税费”账户的性质、用途、账户结构、明细账的设置参见本章第二节，本节主要介绍“应交税费——应交所得税”账户的结构（如图 10-42 所示）。

应交税费——应交所得税

借方	贷方
本期实际缴纳的所得税	本期应交未交的所得税
期末余额：企业期末多上交的所得税	期末余额：企业期末尚未缴纳的所得税

图 10-42　“应交税费——应交所得税”账户的结构

（二）主要经济业务的账务处理

1. 应缴纳所得税的计算

企业当期应缴纳的所得税额计算公式为：

应纳所得税额=应纳税所得额×所得税税率

在不存在纳税调整事项的情况下，应纳税所得额等于税前会计利润。

2. 所得税的账务处理

例 10-70：承例 10-69，2018 年 10 月 31 日，该公司计算本期应缴纳的企业所得税，并结转所得税费用。假定适用的所得税税率为 25%，本期的应纳税所得额就是本期的利润总额。

应纳所得税额 = 应纳税所得额×所得税税率 = 435 000×25% = 108 750（元）

会计部门根据企业所得税计算表，编制如下会计分录：

借：所得税费用　　108 750

　贷：应交税费——应交所得税　　108 750

同时，结转企业的所得税费用。

借：本年利润　　108 750

　贷：所得税费用　　108 750

该公司本期的净利润 = 435 000−108 750 = 326 250（元）

三、利润分配

（一）利润分配的分配顺序

企业年度净利润，除法律、行政法规另有规定的外，按照以下顺序分配：

（1）弥补五年以前年度亏损。

（2）提取10%法定公积金。法定公积金累计额达到注册资本50%以后，可以不再提取。

（3）应付优先股股利，指企业按照利润分配方案分配给优先股股东的现金股利。

（4）提取任意公积金。任意公积金提取比例由投资者决议。

（5）向普通股投资者分配利润。

（6）保留一定量的未分配利润。

（二）主要账户设置

1. “利润分配”账户

（1）“利润分配”账户的性质

“利润分配”账户是所有者权益类账户。

（2）“利润分配”账户的用途

“利润分配”账户用来核算企业利润的分配（或亏损的弥补）和历年分配（或弥补）后的余额。

（3）“利润分配”账户的结构（如图10-43所示）

利润分配

借方	贷方
①自“本年利润”账户转入的净亏损 ②当年对净利润的分配	自“本年利润”账户转入的净利润
期末余额：历年累计未弥补的亏损	期末余额：历年累计未分配的利润

图10-43　“利润分配”账户的结构

（4）明细账的设置

该账户应当设置的明细账户包括“提取法定盈余公积”“提取任意盈余公积”“应付现金股利或利润”“转作股本的股利”“盈余公积补亏”和“未分配利润”等。期末将“利润分配”账户下的其他明细账的余额转入本账户的“未分配利润”明细账。结转后，除“未分配利润”明细账之外，该账户的其他明细账应无余额。

2. “盈余公积”账户

（1）“盈余公积”账户的性质

“盈余公积”账户是所有者权益类账户。

（2）“盈余公积”账户的用途

“盈余公积”账户用来核算企业从净利润中提取的盈余公积。

（3）“盈余公积”账户的结构（如图 10-44 所示）

盈余公积

借方	贷方
用盈余公积弥补亏损的数额	企业提取的盈余公积数额
	期末余额：盈余公积的结余数额

图 10-44　“盈余公积”账户的结构

（4）明细账的设置

该账户应当设置的明细账包括法定盈余公积、任意盈余公积等。

3. “应付股利”账户

（1）“应付股利”账户的性质

“应付股利”账户是负债类账户。

（2）“应付股利”账户的用途

“应付股利”账户用来核算企业经董事会或股东大会，或类似机构决议确定分配的现金股利或利润。企业分配的股票股利，不通过本账户核算。

（3）“应付股利”账户的结构（如图 10-45 所示）

应付股利

借方	贷方
实际向投资者支付的利润	企业向投资者分配的利润
	期末余额：已分配给投资者但尚未实际支付的股利

图 10-45　“应付股利”账户的结构

（三）主要经济业务的账务处理

1. 结转本期净利润的账务处理

例 10-71：2018 年 12 月 31 日，大地公司将本年实现的净利润 500 000 元转入“利润分配”账户。会计分录如下：

借：本年利润　500 000
　贷：利润分配——未分配利润　500 000

2. 提取法定盈余公积的账务处理

例 10-72：承例 10-71，截至 2018 年 12 月 31 日，大地公司的年末未分配利润为 1 268 700 元。2018 年 1 月 28 日，大地公司董事会决定按上年度实现的净利润 500 000 元的 10%提取法定公积金 50 000 元。会计分录如下：

借：利润分配——提取法定盈余公积　50 000
　贷：盈余公积——法定盈余公积　50 000

3. 提取任意盈余公积的账务处理

例 10-73：承例 10-72，2018 年 1 月 28 日，大地公司董事会同时决定，按上年度实现的净利润 500 000 元的 5%，提取任意盈余公积金 25 000 元。会计分录如下：

借：利润分配——提取任意盈余公积　25 000
　贷：盈余公积——任意盈余公积　25 000

4. 向投资者分配利润的账务处理

例 10-74：承例 10-72，2018 年 1 月 28 日，大地公司董事会同时决定向投资者分配利润 300 000 元。会计分录如下：

借：利润分配——应付现金股利　300 000
　贷：应付利润　300 000

5. 利润分配明细账户结转的账务处理

例 10-75：承例 10-72、例 10-73、例 10-74，利润分配结束后，应将“利润分配”账户其他明细账户的余额结清，转入“利润分配——未分配利润”明细账户，以便结出年末未分配利润总额。会计分录如下：

借：利润分配——未分配利润　375 000
　贷：利润分配——提取法定盈余公积　50 000
　　　　　　——提取任意盈余公积　25 000
　　　　　　——应付现金股利　300 000

大地公司根据 2014 年 1 月 28 日董事会决议进行利润分配后，未分配利润的余额 = 1 268 700 − 50 000 − 25 000 − 300 000 = 893 700（元）。

课后习题

第一章　总　论

一、单项选择题

1. 会计以（　　）为主要计量单位。

   A. 金额　　　　B. 数量

   C. 货币　　　　D. 会计要素

2. 下列各项中，属于会计工作基础的是（　　）。

   A. 会计预测　　　　B. 会计核算

   C. 会计决策　　　　D. 会计监督

3. 下列关于会计的基本特征，表述正确的是（　　）。

   A. 会计是以货币为计量单位，不能使用实物计量和劳动计量

   B. 会计拥有一系列的专门方法，包括会计核算、管理和决策分析等

   C. 会计具有会计核算和监督的基本职能

   D. 会计的本质是核算活动

4. 会计的基本职能包括（　　）。

   A. 会计控制与会计决策　　　　B. 会计预测与会计控制

   C. 会计核算与会计监督　　　　D. 会计计划与会计决策

5. 下列有关会计主体的表述中，不正确的是（　　）。

   A. 会计主体是指会计核算和监督的特定单位和组织

   B. 会计主体就是法律主体

   C. 由若干具有法人资格的企业组成的企业集团也是会计主体

D. 会计主体界定了从事会计工作和提供会计信息的空间范围

6. 某企业 2011 年 12 月份发生下列支出：①年初支付本年度保险费 2 400 元，本月摊销 200 元；②支付下年第一季度房屋租金 3 000 元；③支付本月办公开支 800 元，则在权责发生制下本月应确认的费用为（　　）元。

A. 1 000　　B. 800
C. 3 200　　D. 3 000

7. 企业固定资产可以按照其价值和使用情况，确定采用某一方法计提折旧，它所依据的会计核算前提是（　　）。

A. 会计主体　　B. 持续经营
C. 会计分期　　D. 货币计量

8. 会计的本质是（　　）。

A. 一种经济管理目标　　B. 一项经济管理活动
C. 一种技术工作　　D. 一种货币资金管理工作

9. 我国实行公历制会计年度是基于（　　）的基本会计假设。

A. 会计主体　　B. 货币计量
C. 会计分期　　D. 持续经营

10. 下面关于会计对象说法不正确的是（　　）。

A. 会计对象是指会计所要核算与监督的内容
B. 特定主体能够以货币表现的经济活动，都是会计核算和监督的内容
C. 企业日常进行的所有活动都是会计对象
D. 会计对象就是社会再生产过程中的资金运动

11. 下列各项中，属于款项的是（　　）。

A. 可转换债券　　B. 商业承兑汇票
C. 银行汇票存款　　D. 银行承兑汇票

12. 企业在一定时期内通过从事生产经营活动而在财务上取得的结果称为（　　）。

A. 财务状况　　B. 盈利能力
C. 经营业绩　　D. 财务成果

13. 下列各项中，不属于有价证券项目的是（　　）。

A. 企业债券　　B. 股票
C. 银行汇票　　D. 国库券

14. 某单位 6 月份预付第三季度财产保险费 1 800 元；支付本季度借款利息 3 900元（其中 5 月份 1 300 元，4 月份 1 300 元）；用银行存款支付本月广告费 30 000元。根据收付实现制，该单位 6 月份确认的费用为（　　）。

A. 31 900 元　　B. 31 300 元
C. 33 900 元　　D. 35 700 元

15. 下列有关会计方面的表述中，不正确的是（　　）。

A. 经济越发展，会计越重要

B. 会计按其报告对象的不同，分为财务会计与管理会计

C. 会计就是记账、算账和报账

D. 会计是以货币为主要计量单位，反映和监督一个单位经济活动的一种经济管理活动

16. 下列各项中适用于划分各会计期间收入和费用的原则是（　　）。

A. 配比原则　　B. 权责发生制

C. 可比性　　D. 谨慎性

17. 一般来说，会计主体与法律主体是（　　）。

A. 有区别的　　B. 相互一致的

C. 不相关的　　D. 相互可替代的

18. 会计核算的最终环节是（　　）。

A. 确认　　B. 计量

C. 计算　　D. 报告

19. 会计核算工作的基础环节是（　　）。

A. 合法地取得、正确地填制和审核会计凭证

B. 登记会计账簿

C. 进行财产清查

D. 编制财务报表

20. 在会计核算中，要求合理核算可能发生的费用和损失的原则符合（　　）。

A. 谨慎性原则　　B. 可比性原则

C. 一贯性原则　　D. 配比原则

二、多项选择题

1. 会计具有的基本特征包括（　　）。

A. 会计以货币为主要计量单位　　B. 会计拥有一系列专门方法

C. 会计具有核算和监督的基本职能　　D. 会计的本质就是管理活动

2. 下面关于会计对象说法正确的有（　　）。

A. 会计对象是指会计所要核算与监督的内容

B. 特定主体能够以货币表现的经济活动，都是会计核算和监督的内容

C. 企业日常进行的所有活动都是会计对象

D. 会计对象就是社会再生产过程中的资金运动

3. 会计核算的内容是指特定主体的资金活动，包括（　　）等阶段。

A. 资金的投入　　B. 资金的循环与周转

C. 资金的储存　　D. 资金的退出

4. 下列各项中，属于会计核算基本前提的有（　　）。

A. 会计主体　　B. 持续经营

C. 会计分期　　D. 货币计量

5. 根据权责发生制原则，应记入本期的收入和费用的有（　　）。

A. 前期提供劳务未收款，本期收款

B. 本期销售商品一批，尚未收款

C. 本期耗用的水电费，尚未支付

D. 预付下一年的报刊费

6. 会计核算的环节包括（　　）。

A. 确认　　B. 计量

C. 记录　　D. 报告

7. 下列属于会计核算具体内容的有（　　）。

A. 款项和有价证券的收付、资本的增减

B. 财物的收发、增减和使用

C. 债权债务的发生和结算、财务成果的计算和处理

D. 收入、支出、费用、成本的计算

8. 下列各项活动中，属于企业资金退出的有（　　）。

A. 偿还各种债务　　B. 缴纳各种税费

C. 发放工资薪金　　D. 向所有者分配利润

9. 下列关于会计监督的说法正确的有（　　）。

A. 只是对特定主体的经济活动的真实性、合法性进行审查

B. 主要通过价值指标来进行

C. 包括事前监督和事中监督，不包括事后监督

D. 会计监督是会计核算质量的保障

10. 下列属于资金的运用的是（　　）。

A. 偿还债务　　B. 购买原材料

C. 生产工人的工资　　D. 收回货款

11. 下列各项中，可以作为一个会计主体进行核算的有（　　）。

A. 生产部门　　B. 分公司

C. 母公司　　D. 企业集团

12. 下列属于谨慎性原则要求的是（　　）。

A. 资产计价时从低　　B. 负债估价时从高

C. 不预计任何可能发生的收益　　D. 利润估价时从高

13. 下列各项的增减核算，一般不以具有法律效力的文书作为依据，不具有政策性强的特点的有（　　）。

A. 资本　　B. 债权债务

C. 现金、银行存款　　D. 财物

14. 我国《企业会计制度》规定，会计期间分为（　　）。

A. 年度　　B. 半年度

C. 季度　　D. 月度

15. 下列各项中属于会计核算的一般原则的有（　　）。

A. 及时性原则　　B. 权责发生制原则

C. 配比原则　　D. 历史成本原则

16. 会计为企业外部各有关方面提供信息，主要是指（　　）。

A. 为政府提供信息　　B. 为投资者提供信息

C. 为债权人提供信息　　D. 为社会公众提供信息

17. 下列说法正确的是（　　）。

A. 会计人员只能核算和监督所在主体的经济业务，不能核算和监督其他主体的经济业务

B. 会计主体可以是企业中的一个特定部分，也可以是几个企业组成的企业集团

C. 会计主体一定是法律主体

D. 会计主体假设界定了从事会计工作和提供会计信息的空间范围

18. 下列各项中，属于财务成果的计算和处理内容的有（　　）。

A. 利润分配　　B. 利润的计算

C. 亏损弥补　　D. 所得税的计算

19. 以下关于事中监督描述正确的有（　　）。

A. 事中监督是指在日常会计工作中，对已发生的问题提出建议，促使有关部门和人员采取改进措施

B. 事中监督是对经济活动的日常监督和管理

C. 事中监督是指以事先制定的目标，利用会计核算提供的资料，对已发生的经济活动进行的考核和评价

D. 事中监督是对未来经济活动的指导

20. 会计分期这一基本前提的主要意义在于（　　）。

A. 可使会计原则建立在非清算基础之上

B. 可为分期结算账目奠定理论与实务基础

C. 界定了提供会计信息的时间和空间范围

D. 为编制财务会计报告及使用相关会计原则确立了理论和实务基础

三、判断题

1. 会计是以货币为主要计量单位，反映和监督一个单位经济活动的一种经济管

理工作。（ ）

2. 款项是作为支付手段的货币资金；有价证券是指表示一定财产拥有权或支配权的证券。款项和有价证券是企业流动性最差的资产。（ ）

3. 企业必须根据实际发生的经济业务事项进行会计核算，编制财务会计报告。（ ）

4. 权责发生制主要是从空间上规定会计确认的基础。（ ）

5. 会计的基本职能是会计核算和会计监督，会计监督是首要职能。（ ）

6. 会计的监督职能是会计人员在进行会计核算之前，对特定会计主体经济活动的合法性、合理性、完整性等进行审查。（ ）

7. 我国事业单位采用收付实现制核算。（ ）

8. 会计主体前提为会计核算确定了空间范围，会计分期前提为会计核算确定了时间范围。（ ）

9. 会计中期是指短于一个完整的会计年度的报告期间，一般指半年度。（ ）

10. 按照权责发生制原则的要求，凡是本期实际收到款项的收入和付出款项的费用，不论是否归属于本期，都应当作为本期的收入和费用处理。（ ）

11. 会计是人类社会发展到一定历史阶段的产物，它起源于生产实践，是为管理生产活动而产生的。（ ）

12. 由于有了持续经营这个会计核算的基本前提，才产生了本期与非本期的区别，从而出现了权责发生制与收付实现制。（ ）

13. 会计科目和账户的设置、复式记账、填制会计凭证、登记会计账簿、进行成本计算、财产清查和编制财务会计报告等，国家有统一的会计制度要求。（ ）

14. 企业会计的对象就是企业的资金运动。（ ）

15. 在权责发生制下，企业预收的货款不作为企业的收入核算。（ ）

16. 持续经营假设是假设企业可以持续经营，即使进入破产清算，也不应该改变会计核算方法。（ ）

17. 财务成果具体表现为盈利或亏损。（ ）

18. 签订经济合同是一项经济活动，因此属于会计对象。（ ）

19. 资金的退出指的是资金离开本企业，退出资金的循环与周转，主要包括提取盈余公积、偿还各项债务、上交各项税金以及向所有者分配利润等。（ ）

20. 会计核算的可比性原则是指企业在进行会计核算时，收入与其成本、费用应当相互可比，统一会计期间内的各项收入和其相关的成本、费用，应当在该会计期间内确认。（ ）

第二章　会计要素与会计科目

一、单项选择题

1. （　　）是对会计要素的具体内容进行分类核算的项目。

A. 会计对象　　B. 会计科目
C. 会计账户　　D. 明细分类账

2. 每个单位设置会计科目都应当遵循相关性原则，相关性原则是指（　　）。

A. 所设置的会计科目应当符合国家统一的会计制度的规定
B. 所设置的会计科目应当符合单位自身的特点，满足单位实际的需要
C. 所设置的会计科目应当为提供有关各方所需要的会计信息服务，满足对外报告和对内管理的要求
D. 所设置的会计科目应当满足编制财务会计报表的需要

3. 根据我国会计准则的规定，企业在对会计要素进行计量时，一般采用（　　），采用其他计量属性的，应当保证所确定的会计要素的金额能够取得并可靠地计量。

A. 历史成本　　B. 重置成本
C. 公允价值　　D. 现值

4. 下列说法正确的是（　　）。

A. 收入是指企业销售商品、提供劳务及让渡资产使用权等活动中形成的经济利益的总流入
B. 所有者权益增加一定表明企业获得了收入
C. 狭义的收入包括营业外收入
D. 收入按照性质不同，分为销售商品收入、提供劳务收入和让渡资产使用权收入

5. 下列关于所有者权益的说法，不正确的是（　　）。

A. 所有者权益包括实收资本（或股本）、资本公积、盈余公积和未分配利润等
B. 所有者权益的金额等于资产减去负债后的余额
C. 盈余公积和未分配利润又统称为留存收益
D. 所有者权益包括实收资本（或股本）、资本公积、盈余公积和留存收益等

6. 下列资产中，流动性最强的是（　　）。

A. 应收账款　　B. 货币资金
C. 存货　　D. 预付账款

7. 下列属于企业流动资产的是（　　）。

A. 预收账款　　B. 累计折旧

C. 预付账款　　D. 无形资产

8. 单位的债权一般包括各种（　　）等。

A. 短期借款　　B. 应付和预收款

C. 应收和应付款　　D. 债券

9. 下列说法中不正确的是（　　）。

A. 会计要素用于反映企业财务成果和经营状况

B. 会计要素包括资产、负债、所有者权益、收入、费用和利润

C. 资产、负债和所有者权益称为动态会计要素

D. 利润要素的确认主要依赖于收入和费用

10. 按照会计科目归属进行分类，“管理费用”应属于（　　）类科目。

A. 成本　　B. 收入

C. 费用　　D. 损益

11. “预付账款”科目按其所归属的会计要素不同，属于（　　）类科目。

A. 资产　　B. 负债

C. 所有者权益　　D. 成本

12. 总分类会计科目一般按（　　）进行设置。

A. 企业管理的需要　　B. 统一会计制度的规定

C. 会计核算的需要　　D. 经济业务的种类不同

13. 关于会计科目，下列说法中不正确的是（　　）。

A. 会计科目的设置应该符合国家统一会计准则的规定

B. 会计科目是设置账户的依据

C. 企业不可以自行设置会计科目

D. 账户是会计科目的具体运用

14. 在下列项目中，与“制造费用”属于同一类科目的是（　　）。

A. 固定资产　　B. 其他业务成本

C. 生产成本　　D. 主营业务成本

15. 下列不属于期间费用的是（　　）。

A. 管理费用　　B. 制造费用

C. 销售费用　　D. 财务费用

16. 与计算“营业利润”无关的因素是（　　）。

A. 所得税费用　　B. 销售费用

C. 管理费用　　D. 财务费用

17. 下列说法正确的是（　　）。

A. 生产成本均可以直接记入产品成本

B. 制造费用属于期间费用

C. 狭义的收入指的是营业收入，狭义的费用指的是营业成本

D. 费用表现为企业资产的减少或负债的增加，最终导致企业所有者权益的减少

18. 投资者为开展经营活动而投入的资金称为（　　）。

A. 投资　　B. 基金

C. 资本　　D. 股本

19. 下列各项中属于流动资产的是（　　）。

A. 库存现金　　B. 运输设备

C. 专利权　　D. 开办费

20. 下列各项中，属于反映企业经营成果的会计要素的是（　　）。

A. 收入　　B. 资产

C. 负债　　D. 所有者权益

二、多项选择题

1. 以下有关明细分类科目的表述中，正确的有（　　）。

A. 能提供、更加详细、更加具体会计信息的科目

B. 除国家统一的会计制度规定设置的以外，各单位可以根据实际需要自行设置

C. 也称一级会计科目

D. 是对总分类科目做进一步分类的科目

2. 企业在设置会计科目时，应遵循的原则有（　　）。

A. 合法性原则　　B. 相关性原则

C. 实用性原则　　D. 合理性原则

3. 下列项目中，不属于流动资产的是（　　）。

A. 交易性金融资产及存货　　B. 长期待摊费用和在建工程

C. 企业的机器设备和债权　　D. 专利权及银行存款

4. 下列会计科目中，属于损益类科目的有（　　）。

A. 营业外支出　　B. 本年利润

C. 销售费用　　D. 营业税金及附加

5. 下列属于负债类科目的是（　　）。

A. 应付票据　　B. 应交税费

C. 材料成本差异　　D. 其他应付款

6. 会计科目按其所归属的会计要素不同，分为资产类、负债类、（　　）五大类。

A. 所有者权益类　　B. 损益类
C. 成本类　　D. 费用类

7. 下列项目中，属于费用要素特点的有（　　）。
A. 与向所有者分配利润无关
B. 企业在日常活动中发生的经济利益的总流入
C. 经济利益的流出额能够可靠计量
D. 会导致所有者权益减少

8. 负债要素特征包括（　　）。
A. 负债是由过去的交易或事项形成的偿债义务
B. 负债是由过去的交易或事项形成的现时义务
C. 负债是由现金的交易或事项形成的现时义务
D. 负债预期会导致经济利益流出企业

9. 下列各项中，不属于资产的有（　　）。
A. 长期闲置不用的机器设备
B. 以融资租入方式租入的固定资产
C. 签订购货合同，计划下月购入的固定资产
D. 公司厂区内的空气、阳光

10. 收入取得后可能表现为（　　）。
A. 增加资产　　B. 减少负债
C. 减少所有者权益　　D. 增加所有者权益

11. 下列反映资金运动静态表现的会计要素是（　　）。
A. 资产　　B. 负债
C. 收入　　D. 利润

12. 关于负债，下列各项表述中正确的有（　　）。
A. 负债按其流动性不同，分为流动负债和非流动负债
B. 负债通常是在未来某一时日通过交付资产和提供劳务来清偿
C. 正在筹划的未来交易事项，也会产生负债
D. 应付债券属于流动负债

13. 下列各项反映企业经营成果的会计要素是（　　）。
A. 利润　　B. 费用
C. 收入　　D. 所有者权益

14. 下列属于资产的特征的是（　　）。
A. 资产是由于过去或现在的交易或事项所形成的
B. 资产是由企业拥有或者控制的
C. 资产能够给企业带来未来经济利益
D. 资产一定具有具体的实物形态

15. 反映资产或者负债的现时成本或者现时价值的计量属性有（　　）。

A. 重置成本　　B. 可变现净值

C. 公允价值　　D. 现值

16. 下列关于会计科目的表述中，正确的是（　　）。

A. 会计科目是对会计要素的具体内容进行分类核算的项目

B. 会计科目按照其所属会计要素的不同，可分为七大类科目

C. 会计科目按其所提供的详细程度及其统驭关系的不同，可分为总账科目和明细科目

D. 设置会计科目应努力做到科学、合理、实用

17. 下列各项中，属于无形资产的有（　　）。

A. 房屋　　B. 专利权

C. 商标权　　D. 土地使用权

18. 下列属于成本类科目的是（　　）。

A. 生产成本　　B. 主营业务成本

C. 制造费用　　D. 销售费用

19. 下列说法正确的是（　　）。

A. 所有者权益是指企业所有者在企业资产中享有的经济利益

B. 所有者权益的金额等于资产减去负债后的余额

C. 所有者权益也称为净资产

D. 所有者权益包括实收资本（或股本）、资本公积、盈余公积和未分配利润等

20. 下列会计科目中，属于资产类科目的有（　　）。

A. 存货跌价准备　　B. 营业外收入

C. 预收账款　　D. 长期应收款

三、判断题

1. 科目一般分到三级，不是越多越好。（　　）

2. 企业在采用历史成本的情况下，要求对企业的资产、负债、所有者权益等项目的计量应当基于经济业务的实际交易成本，而不考虑随后市场变化的影响。（　　）

3. 对会计科目的具体内容进行分类核算的项目，称为会计要素。（　　）

4. 会计科目按其经济内容分类，可以分为总分类科目和明细分类科目。（　　）

5. 成本类科目是用于核算成本的发生和归集情况，提供成本相关会计信息的会计科目。（　　）

6. 所有的总分类科目都应该设置明细科目。（　　）

7. 费用按性质的不同，可分为生产成本和期间费用。（　）

8. 所有者权益是指企业投资人对企业资产的所有权。（　）

9. 所有者权益和负债的区别包括二者的对象不同、二者体现的经济关系不同、二者的偿还期限不同、二者承担的风险不同。（　）

10. 只有企业拥有某项财产物资的所有权才能将其确认为企业的资产。（　）

11. 会计要素中既有反映财务状况的要素，又有反映经营成果的要素。（　）

12. 资产、负债和所有者权益三项会计要素是资金运动的动态表现，反映企业的财务状况，是资产负债表的基本要素。（　）

13. 库存中已失效或已毁损的商品，由于企业对其拥有所有权并且能够实际控制，因此应该作为本企业的资产。（　）

14. 按照我国的《企业会计准则》，负债不仅指现时已经存在的债务责任，还包括某些将来可能发生的、偶然事项形成的债务责任。（　）

15. 利润包括收入减去费用后的净额、直接记入当期利润的利得和损失等。（　）

16. “坏账准备”“长期投资减值准备”“累计折旧”和“无形资产减值准备”科目均属于资产类科目。（　）

17. 总分类科目与其所属的明细分类科目的核算内容相同，所不同的是前者提供的信息比后者更加详细。（　）

18. 损益类科目用于核算收入、费用、成本的发生和归集，提供一定期间与损益相关的会计信息的会计科目。（　）

19. 会计对象是对会计要素进行的基本分类，是会计核算内容的具体化。（　）

20. 企业采用重置成本、可变现净值、现值和公允价值计量的，应当保证所确定的会计要素金额能够取得并可靠计量。（　）

第三章　会计等式与复式记账

一、单项选择题

1. 下列属于会计恒等式的是（　）。

A. 资产=负债+所有者权益

B. 收入-费用=利润

C. 资产=负债+所有者权益+利润

D. 资产=负债+所有者权益+（收入-费用）

2. 下列（　）平衡公式是编制资产负债表的依据。

A. 资产=负债+所有者权益

B. 所有账户本期借方发生额合计=所有账户本期贷方发生额合计

C. 收入=费用+利润

D. 资产=负债+利润

3. 下列哪个会计科目期末一般无余额。(　　)

A. 资产类会计科目　　B. 负债类会计科目

C. 所有者权益类会计科目　　D. 损益类会计科目

4. 目前我国采用的记账方法是（　　）。

A. 收付记账法　　B. 借贷记账法

C. 单式记账法　　D. 增减记账法

5. 简单会计分录是指（　　）。

A. 一贷多借　　B. 一借多贷

C. 一借一贷　　D. 多借多贷

6. 一个企业的资产总额与权益总额（　　）。

A. 只有在期末时相等　　B. 必然相等

C. 有时相等　　D. 不会相等

7. 下列等式不正确的是（　　）。

A. 资产=负债+所有者权益=权益

B. 期末资产=期末负债+期初所有者权益

C. 期末资产=期末负债+期初所有者权益+本期增加的所有者权益-本期减少的所有者权益

D. 债权人权益+所有者权益=负债+所有者权益

8. 下列关于单式记账法说法不正确的是（　　）。

A. 单式记账法是一种比较简单、不完整的记账方法

B. 在单式记账法下，科目之间没有直接联系和相互平衡关系

C. 单式记账法可以全面、系统地反映各项会计要素的增减变动和经济业务的来龙去脉

D. 这种方法适用于业务简单或很单一的经济个体和家庭

9. 借贷记账法下的发生额平衡是由（　　）决定的。

A. 记账规则　　B. 平行登记要点

C. 账户结构　　D. 会计等式

10. 对于每一笔经济业务，都要在两个或两个以上相互联系的账户中进行登记，系统地反映资金运动变化及其结果的一种记账方法称为（　　）。

A. 财产清查　　B. 设置会计科目

C. 复式记账　　D. 填制和审核会计凭证

11. 在借贷记账法下，科目的贷方用来登记（　　）。

A. 收入类科目的减少　　B. 所有者权益类科目的增加

C. 负债类科目的减少　　D. 成本类科目的增加

12. 借贷记账法下分别以“借”“贷”两个记账符号表示各会计要素的增加或减少，至于“借”表示增加还是“贷”表示增加，则取决于（　　）。

A. 账户的格式　　B. 账户的名称

C. 账户的用途　　D. 账户反映的经济内容

13. 一项资产增加，一项负债增加的经济业务发生后，都会使资产与权益原来的总额（　　）。

A. 发生同减的变动　　B. 发生不等额的变动

C. 不会变动　　D. 发生同增的变动

14. 某公司月初资产总额为 1 000 万元，本月发生下列业务：

（1）以银行存款购买原材料 100 万元；

（2）向银行借款 600 万元，款项存入银行；

（3）以银行存款归还前欠货款 300 万元；

（4）收回应收账款 200 万元，款项已存入银行。

月末资产则为（　　）万元。

A. 1 000　　B. 1 100

C. 1 300　　D. 1 600

15. 下列经济业务会导致资产和负债同时增加的是（　　）。

A. 以银行存款偿还欠款　　B. 结算职工工资

C. 从银行取得借款　　D. 生产车间领用材料

16. 某公司 2010 年 1 月初资产总额为 500 000 元，负债总额为 219 000 元，当月从银行取得借款 30 000 元，支付广告费 5 000 元，月末该公司所有者权益总额为（　　）元。

A. 306 000　　B. 281 000

C. 246 000　　D. 276 000

17. 运用复式记账法登记账户时，有关账户之间存在着（　　）。

A. 从属关系　　B. 对应关系

C. 统驭关系　　D. 一致关系

18. 下列会计科目中，如月末有余额，一般在贷方的是（　　）。

A. 银行存款　　B. 长期借款

C. 材料采购　　D. 应收利息

19. 下列关于试算平衡法的说法，正确的是（　　）。

A. 漏记某项经济业务影响试算平衡

B. 包括发生额试算平衡法和余额试算平衡法

C. 试算平衡了，账户记录一定正确

D. 发生额试算平衡法理论的依据是会计等式

20. 下列记账错误中，不能通过试算平衡检查发现的是（　　）。

A. 将某一分录的借方发生额 600 元，误写成 6 000 元

B. 某一分录的借贷方向写反

C. 借方的金额误记到贷方

D. 漏记了借方的发生额

21. 甲公司月末编制的试算平衡表中，全部科目的本月贷方发生额合计为 120 万元，除银行存款外的本月借方发生额合计 104 万元，则银行存款科目（　　）。

A. 本月借方余额为 16 万元　　B. 本月贷方余额为 16 万元

C. 本月贷方发生额为 16 万元　　D. 本月借方发生额为 16 万元

22. 某企业原材料总分类科目的本期借方发生额为 25 000 元，贷方发生额为 24 000元。其所属的三个明细分类账中：甲材料本期借方发生额为 8 000 元，贷方发生额为 6 000；乙材料借方发生额为 13 000 元，贷方发生额为 16 000 元。则丙材料的本期借、贷方发生额分别为（　　）。

A. 借方发生额为 12 000 元，贷方发生额为 2 000 元

B. 借方发生额为 4 000 元，贷方发生额为 2 000 元

C. 借方发生额为 4 000 元，贷方发生额为 10 000 元

D. 借方发生额为 6 000 元，贷方发生额为 8 000 元

23. 总分类账户与明细分类账户平行登记四要点中的“依据相同”是指（　　）。

A. 总分类账要根据明细分类账进行登记

B. 明细分类账要根据总分类账进行登记

C. 根据同一会计凭证登记

D. 由同一人员进行登记

24. “库存现金”账户期初余额为 1 000 元，本期贷方发生额为 800 元，借方发生额为 500 元，则期末余额为（　　）元。

A. 1 300　　B. 300

C. 700　　D. 1 500

25. 符合负债账户记账规则的是（　　）。

A. 增加记贷方　　B. 减少记贷方

C. 增加记借方　　D. 余额在借方

26. 某企业“应付账款”账户期末贷方余额为 460 000 元，本月借方发生额为 300 000 元，贷方发生额为 580 000 元，则期初余额为（　　）。

A. 1 600 000 元　　B. 180 000 元

C. 280 000 元　　D. 120 000 元

27. 投资者投入设备一台，该项经济业务引起（　　）。

A. 一项资产增加，一项负债增加

B. 一项资产增加，一项所有者权益增加

C. 一项资产增加，一项资产减少

D. 一项资产增加，一项负债减少

28. 不属于总分类科目和明细分类科目平行登记的要点的是（　　）。

A. 方向相同　　B. 方法相同

C. 金额相同　　D. 期间相同

29. 某企业固定资产账户的期初余额为500万元，本月借方发生额为18万元，期末余额为408万元，则本月减少的固定资产为（　　）。

A. 800万元　　B. 110万元

C. 101万元　　D. 74万元

30. 借贷记账法下，可以在账户贷方登记的是（　　）。

A. 资产的增加　　B. 负债的减少

C. 收入的减少　　D. 费用的减少

31. 企业购进设备，但货款尚未支付，将引起企业的（　　）。

A. 一项资产增加，另一项资产减少

B. 资产增加，同时负债减少

C. 资产和负债同时增加

D. 资产和负债同时减少

32. 下列会计分录中，属于复合会计分录的是（　　）。

A. 借：生产成本—A产品	30 000	
贷：原材料——甲材料		10 000
——乙材料		20 000
B. 借：制造费用——办公费	300	
——邮电费	600	
贷：库存现金		900
C. 借：制造费用——折旧费	2 000	
管理费用——折旧费	1 000	
贷：累计折旧		3 000
D. 借：银行存款	100 000	
贷：应收账款——A公司		40 000
——B公司		60 000

二、多项选择题

1. 下列属于会计等式的有（　　）。

A. 资产=权益　　B. 资产=负债+所有者权益

C. 收入-费用=利润　　D. 资产+所有者权益=负债

2. 企业经济业务的发生，对“资产=权益”等式的影响表述正确的有（　　）。

A. 资产与权益同时等额增加　　B. 资产方等额有增有减，权益不变

C. 资产与权益同时等额减少　　D. 权益方等额有增有减，资产不变

3. 下列有关复式记账法的表述中，正确的有（　　）。

A. 复式记账法一般应在两个或两个以上会计科目中登记，但有时也在一个会计科目中登记

B. 复式记账法能如实反映资金运动的来龙去脉

C. 复式记账法便于检查会计科目的记录是否正确

D. 我国所有企事业单位都必须统一采用复式记账法中的借贷记账法进行会计核算

4. 与单式记账法相比，复式记账法的优点是（　　）。

A. 有一套完整的账户体系

B. 可以清楚地反映经济业务的来龙去脉

C. 可以对记录的结果进行试算平衡，以检查账户记录是否正确

D. 记账手续简单

5. 下列各项中，符合借贷记账法记账规则的有（　　）。

A. 资产类账户增加记贷方，减少记借方

B. 负债类账户增加记贷方，减少记借方

C. 收入类账户增加记贷方，减少记借方

D. 费用类账户增加记贷方，减少记借方

6. 借贷记账法的特点有（　　）。

A. “借”表示增加，“贷”表示减少

B. 以“借”“贷”为记账符号

C. 可根据借贷平衡原理进行试算平衡

D. 以“有借必有贷，借贷必相等”作为记账规则

7. 在产品销售业务的核算中，期末结转后，下列账户应无余额的有（　　）。

A. 主营业务收入　　B. 主营业务成本

C. 销售费用　　D. 应交税费

8. 下列关于账户与会计科目的联系与区别的表述中正确的有（　　）。

A. 会计科目是账户的名称，也是设置账户的依据；账户是根据会计科目设置的，账户是会计科目的具体运用

B. 会计账户的性质决定了会计科目的性质，二者的分类一样

C. 会计科目和账户对会计对象经济内容分类的方法、分类的用途和分类的结果是完全相同的

D. 没有会计科目，账户便失去了设置的依据；没有账户，就无法发挥会计

科目的作用

9. 会计分录的基本要素包括（　　）。

A. 记账符号　　B. 记账时间

C. 记账金额　　D. 科目名称

10、下列会计分录属于复合会计分录的有（　　）。

A. 一借一贷　　B. 一借多贷

C. 一贷多借　　D. 多借多贷

11. 某企业月末编制试算平衡表时，因“原材料”账户的余额计算不正确，导致试算平衡中月末借方余额合计为 65 000 元，而全部账户月末贷方余额合计为 60 000元，则“原材料”账户（　　）。

A. 余额多记 5 000 元　　B. 余额少记 5 000 元

C. 为贷方余额　　D. 为借方余额

12. 某企业月末编制试算平衡表时，因“库存现金”账户的余额计算不正确，导致试算平衡中月末借方余额合计为 168 000 元，而全部账户月末贷方余额合计为 160 000 元，则“库存现金”账户（　　）。

A. 为借方余额　　B. 为贷方余额

C. 贷方余额多记 8 000 元　　D. 借方余额多记 8 000 元

13. 借贷记账法的试算平衡方法包括（　　）。

A. 增加额试算平衡法　　B. 减少额试算平衡法

C. 发生额试算平衡法　　D. 余额试算平衡法

14. 下列错误不会影响借贷双方的平衡关系的是（　　）。

A. 漏记某项经济业务　　B. 重记某项经济业务

C. 记错方向，把借方记入贷方　　D. 借贷错误巧合，正好抵销

15. 以下说法中属于平行登记规则要点的有（　　）。

A. 金额相等　　B. 期间不同

C. 方向一致　　D. 依据相同

16. 下列（　　）科目的结构与“应付利息”科目的结构相同。

A. 预收账款　　B. 应付账款

C. 管理费用　　D. 实收资本

17. 总分类科目余额试算平衡关系有（　　）。

A. 期初借方余额合计数和期末借方余额合计数相等

B. 期初贷方余额合计数和期末贷方余额合计数相等

C. 期初借方余额合计数和期初贷方余额合计数相等

D. 期末借方余额合计数和期末贷方余额合计数相等

18. 下列经济业务中，不会引起会计等式两边同时发生变动的有（　　）。

A. 收到购货单位前欠货款存入银行

B. 购进材料未付款

C. 从银行提取现金

D. 取得借款存入银行

19. 下列经济业务中，引起资产一增一减的有（　　）。

A. 以银行存款购进设备　　B. 从银行提取现金

C. 收到购货单位的欠款　　D. 以银行存款偿还前欠货款

20. 下列（　　）科目贷方登记增加发生额，借方登记减少额。

A. 应交税费　　B. 预收账款

C. 固定资产　　D. 资本公积

21. 下列经济业务会引起资产总额发生变化的是（　　）。

A. 以银行存款归还前欠货款　　B. 购入材料 50 000 元，货款未付

C. 投资者投入设备一台　　D. 将现金存入银行

22. 某企业销售产品一批，价款为 50 000 元，增值税为 8 500 元，货款收回存入银行。这笔经济业务涉及的科目有（　　）。

A. “银行存款”科目

B. “应收账款”科目

C. “主营业务收入”科目

D. “应交税费——应交增值税（销项税额）”科目

23. 通过试算平衡不能发现的错误有（　　）。

A. 一笔会计分录被重复过账

B. 会计分录方向、金额正确，但记错会计科目

C. 一笔经济业务被漏记

D. 会计分录的方向、会计科目记贷方金额正确，但借方金额记错

24. 从银行借入长期借款 5 000 元，用于归还前欠货款，正确的说法有（　　）。

A. 借记“银行存款”5 000 元　　B. 贷记“长期借款”5 000 元

C. 借记“应付账款”5 000 元　　D. 贷记“应付账款”5 000 元

25. 账户哪一方记增加，哪一方记减少，取决于（　　）。

A. 业务的性质　　B. 所采用的记账方法

C. 账户的性质和类型　　D. 会计人员的分工

26. 复式记账法的优点包括（　　）。

A. 进行试算平衡　　B. 了解经济业务的来龙去脉

C. 简化账簿登记工作　　D. 检查账户记录的正确性

三、判断题

1. 简单会计分录只有一借一贷，复合会计分录是多借多贷。（　　）

2. 经济业务的发生会破坏会计等式的平衡关系。 （ ）

3. 在借贷记账法下，账户的借方登记增加，贷方登记减少。 （ ）

4. 所谓会计分录，就是确定每项经济业务应借、应贷账户的名称和金额的一种记录形式。 （ ）

5. 总分类科目和明细分类科目是平行登记关系，而不是控制和从属关系。 （ ）

6. “短期借款”账户的期初余额为50 000元，本期借方发生额为40 000元，期末余额为30 000元，则该账户的本期贷方发生额为60 000元。 （ ）

7. 资产和权益在数量上始终是相等的。 （ ）

8. 一般来说，期末结账后，收入和费用账户没有余额。 （ ）

9. 在会计工作中，用试算平衡表来查验过账是否正确有一定的局限性。（ ）

10. 运用借贷记账法登记经济业务时，有关账户之间形成的相互关系叫平衡关系。 （ ）

11. “资产=负债+所有者权益”体现了企业资金运动过程中某一特定时期的资产分布和权益构成。 （ ）

12. “资产=负债+所有者权益”是最基本的会计等式，是复式记账的理论基础，是设置账户、试算平衡和编制会计报表的理论依据。 （ ）

13. “收入-费用=利润”这一会计等式，是复式记账法的理论基础，也是编制资产负债表的依据。 （ ）

14. “收入-费用=利润”反映的是资金运动的动态方面，反映的是某一会计期间的经营成果，反映一个过程，是编制利润表的依据。 （ ）

15. 复式记账法是以资产与权益平衡关系作为记账基础，对于每一笔经济业务，都要在两个或两个以上的会计科目中进行登记，系统地反映资金运动变化结果的一种记账方法。 （ ）

16. 运用单式记账法记录经济业务，可以反映每项经济业务的来龙去脉，可以检查每笔业务是否合理、合法。 （ ）

17. 由于账户的设置以会计科目为依据，因而某一账户的核算内容具有独立性和排他性。 （ ）

18. 损益类账户的期末余额=期初余额+本期贷方发生额-本期借方发生额。 （ ）

19. 在会计处理中，企业可以将不同类型的交易或事项合并编制多借多贷的会计分录。 （ ）

20. 发生额试算平衡是根据资产与权益的恒等关系，检验本期发生额记录是否正确的方法。 （ ）

21. 在实际工作中发生账户借贷方向颠倒的记账错误，不能通过试算平衡的方法来发现。 （ ）

22. 通过平行登记可以使总分类账户与其所属明细分类账户保持统驭关系，便于核对与检查，纠正错误与遗漏。 （ ）

23. 对于一项经济业务，总分类账户登记在借方，其所属明细分类账户可以登记在贷方。 （ ）

24. 在平行登记法下，总分类账和明细分类账户要同时登记。 （ ）

25. 在借贷记账法下，成本类账户的借方登记增加数，贷方登记减少数，期末无余额。 （ ）

26. 期末试算平衡时，全部资产类账户的本期借方发生额合计应当等于其贷方发生额合计。 （ ）

27. 试算平衡表平衡不一定说明记账没有错误，试算平衡表不平衡，说明记账有错误，应进一步检查。 （ ）

第四章　会计凭证

一、单项选择题

1. 下列会计凭证中属于原始凭证的是（ ）。
   A. 收款凭证　　B. 付款凭证
   C. 发料汇总表　　D. 转账凭证

2. 自制原始凭证与外来原始凭证具有（ ）。
   A. 同等效力　　B. 不同等效力
   C. 自制原始凭证有更大效力　　D. 外来原始凭证有更大效力

3. 企业收到外单位或个人交来的现金时应填制的原始凭证是（ ）。
   A. 发票　　B. 收款收据
   C. 缴费单　　D. 入库单

4. 限额领料单是一种（ ）。
   A. 记账凭证　　B. 转账凭证
   C. 汇总凭证　　D. 累计凭证

5. 下列不能作为原始凭证的是（ ）。
   A. 发货票　　B. 经济合同
   C. 收料单　　D. 领料单

6. 从银行提取现金备用的经济业务，应填制（ ）。
   A. 一张付款凭证　　B. 一张转账凭证
   C. 一张收款凭证　　D. 一张收款凭证和一张付款凭证

7. 涉及现金和银行存款之间的划转业务，一般只填制付款凭证，其目的主要是（ ）。

A. 简化凭证填制手续　　B. 简化账簿登记手续
C. 清晰地反映相关的经济业务　　D. 避免重复记账

8. 用来记载经济业务，明确经济责任，作为记账依据的书面证明是（　　）。
A. 会计账簿　　B. 会计科目
C. 会计凭证　　D. 会计报表

9. 收款凭证、付款凭证和转账凭证都属于（　　）。
A. 单式记账凭证　　B. 复式记账凭证
C. 单科目记账凭证　　D. 通用记账凭证

10. 付款凭证的贷方科目为（　　）。
A. 库存现金　　B. 银行存款
C. 任何一个会计科目　　D. 库存现金或银行存款

11. 填制记账凭证时发现了错误，应当（　　）。
A. 重新填制记账凭证
B. 更正并加盖公章
C. 更正并加盖更正人员的印章
D. 更正并加盖更正人员的印章和公章

12. 从仓库领料，应编制的记账凭证是（　　）。
A. 收款凭证　　B. 付款凭证
C. 转账凭证　　D. 累计凭证

13. 销售过程中企业与客户签订的产品销售合同属于（　　）。
A. 自制原始凭证　　B. 记账凭证
C. 外来原始凭证　　D. 以上三者均不是

14. 用转账支票支付前欠货款，应填制（　　）。
A. 转账凭证　　B. 收款凭证
C. 付款凭证　　D. 原始凭证

15. 会计人员审核原始凭证，对于合法、合理但不完整的，应（　　）。
A. 及时办理　　B. 拒绝办理
C. 退回要求补充完整　　D. 坚持不予办理

16. 会计核算工作的基础环节是（　　）。
A. 登记会计账簿
B. 合法地取得、正确地填制和审核会计凭证
C. 进行财产清查
D. 编制财务报表

17. 以下有关会计凭证的表述中不正确的有（　　）。
A. 会计凭证是记录经济业务的书面证明
B. 会计凭证可以明确经济责任

C. 会计凭证是编制报表的依据

D. 会计凭证是登记账簿的依据

18. 在每项经济业务发生或完成时取得或填制的会计凭证是（　　）。

A. 原始凭证　　B. 转账凭证

C. 收款凭证　　D. 付款凭证

19. 下列属于通用凭证的是（　　）。

A. 领料单　　B. 工资计算表

C. 增值税专用发票　　D. 借款单

20. 折旧计算表属于（　　）。

A. 转账凭证　　B. 自制原始凭证

C. 收款凭证　　D. 付款凭证

21. 汇总原始凭证与累计原始凭证的主要区别是（　　）。

A. 登记的经济业务内容不同　　B. 填制时期不同

C. 会计核算工作繁简不同　　D. 填制手续和内容不同

22. 下列不属于自制原始凭证的是（　　）。

A. 领料单　　B. 成本计算单

C. 入库单　　D. 火车票

23. 根据连续反映某一时期内不断重复发生而分次进行的特定业务编制的原始凭证有（　　）。

A. 一次凭证　　B. 累计凭证

C. 记账凭证　　D. 汇总原始凭证

24. 下列各项中，不属于原始凭证的基本内容的是（　　）。

A. 接受凭证单位的全称

B. 交易或事项的内容、数量、单价和金额

C. 经办人员签名或盖章

D. 应记会计科目名称和记账方向

25. 不符合原始凭证基本要求的是（　　）。

A. 从个人取得的原始凭证，必须有填制人员的签名盖章

B. 原始凭证不得涂改、刮擦、挖补

C. 上级批准的经济合同，应作为原始凭证

D. 大写和小写金额必须相等

26. 下列表示方法正确的是（　　）。

A. ¥501. 00　　B. ¥81. 00

C. 人民币伍拾陆元捌角伍分整　　D. 人民币　柒拾陆元整

27. 在审核原始凭证时，对于内容不完整、填制有错误或手续不完备的原始凭证，应该（　　）。

A. 拒绝办理，并向本单位负责人报告
B. 予以抵制，对经办人员进行批评
C. 由会计人员重新填制或予以更正
D. 予以退回，要求更正、补充，或者重新填制

28. 发现原始凭证金额错误，下列各项中，正确的处理方法是（　　）。
A. 由本单位经办人更正，并由单位财务负责人签名盖章
B. 由出具单位重开
C. 由出具单位更正，更正处应当加盖出具单位印章
D. 由本单位会计人员按划线更正法更正，并在更正处签章

29. 下列关于专用记账凭证的说法中错误的是（　　）。
A. 专用记账凭证可以分为收款凭证、付款凭证和转账凭证
B. 若该凭证已登记账簿，应在“记账”栏内标记如“√”，以防止经济业务重记或漏记
C. 借贷记账法下，收款凭证的设证科目是借方科目
D. 付款凭证在凭证内反映的是贷方科目，应填列与“库存现金”或“银行存款”相对应的科目

30. 下列业务中应该编制收款凭证的是（　　）。
A. 购买原材料用银行存款支付　　B. 收到销售商品的款项
C. 购买固定资产，款项尚未支付　　D. 销售商品，收到商业汇票一张

31. 可以不附原始凭证的记账凭证是（　　）。
A. 更正错误的记账凭证　　B. 从银行提取现金的记账凭证
C. 以现金发放工资的记账凭证　　D. 职工临时性借款的记账凭证

32. 现金收款凭证的填制日期应当是（　　）。
A. 原始凭证注明的日期　　B. 编制收款凭证的日期
C. 收取现金的日期　　D. 登记现金总账的日期

33. 关于记账凭证的审核，下列表述不正确的是（　　）。
A. 如果在填制记账凭证时发生错误，应当重新填制
B. 发现以前年度记账凭证有错误的，应当用红字填制一张更正的记账凭证
C. 必须审核会计科目是否正确
D. 必须审核记账凭证项目是否齐全

34. 关于原始凭证和记账凭证，以下说法正确的是（　　）。
A. 记账凭证是记录和证明经济业务发生或完成情况的文字凭据
B. 原始凭证不可以作为登记账簿的依据
C. 原始凭证是编制记账凭证的依据
D. 记账凭证是编制原始凭证的依据

35. 关于会计凭证的装订和保管，下列表述不正确的是（　　）。

A. 会计凭证必须按照归档制度，妥善整理和保管，形成会计档案，便于随时查阅

B. 对检查无误的会计凭证，要按顺序排列，折叠整齐，装订成册，并加具封面

C. 如果某些记账凭证的原始凭证数量过多，也可以单独装订保管，但应在其封面及有关记账凭证上加注说明

D. 契约、押金收据等重要原始凭证，必须装订成册，不得单独保管，以防散失

36. 填写原始凭证时，不符合书写要求的是（　　）。

A. 阿拉伯数字前面应当写货币币种符号

B. 大写金额有分的，分字后面可以写整

C. 汉字大写金额不得写简化字

D. 书写金额与币种符号间不得留有空白

37. 会计凭证分为原始凭证和记账凭证的标志是（　　）。

A. 填制的经济内容　　B. 填制的时间

C. 填制的程序和用途　　D. 填制的方式

38. 预提本月应负担的短期借款利息 2 000 元，该笔业务应编制（　　）。

A. 收款凭证　　B. 付款凭证

C. 转账凭证　　D. 单式凭证

39. 因特殊情况，其他单位需要使用原始凭证的不正确做法是（　　）。

A. 原始凭证不得借出　　B. 经单位负责人批准可以查阅

C. 经单位负责人批准可以借出　　D. 经单位负责人批准可以复制

二、多项选择题

1. 原始凭证必须具备的基本内容有（　　）。

A. 凭证的名称、日期　　B. 凭证编号

C. 经济业务的内容摘要　　D. 应借应贷的账户及金额

2. 会计凭证的作用有（　　）。

A. 记录经济业务，提供记账依据　　B. 明确经济责任，强化内部控制

C. 监督经济活动，控制经济运行　　D. 以上都对

3. 可以作为记账凭证填制依据的有（　　）。

A. 自制原始凭证　　B. 外来原始凭证

C. 汇总原始凭证　　D. 付款凭证

4. 涉及现金与银行存款之间划转业务时，可以编制的记账凭证有（　　）。

A. 现金收款凭证　　B. 现金付款凭证

C. 银行存款收款凭证　　D. 银行存款付款凭证

5. 原始凭证审核的主要内容有（　　）。

A. 原始凭证的合法性　　B. 原始凭证的合理性

C. 原始凭证的完整性　　D. 原始凭证的正确性

6. 外来原始凭证是指（　　）。

A. 从企业外部取得的　　B. 会计人员填制

C. 一次凭证　　D. 加盖填制单位公章

7. 以下属于原始凭证的有（　　）。

A. 火车票　　B. 领料单

C. 增值税专用发票　　D. 产品入库单

8. 以下属于汇总原始凭证的有（　　）。

A. 汇总收款凭证　　B. 收料凭证汇总表

C. 限额领料单　　D. 发料凭证汇总表

9. 下列属于一次凭证的有（　　）。

A. 收据　　B. 发货票

C. 工资结算单　　D. 工资汇总表

10. 下列属于外来原始凭证的有（　　）。

A. 本单位开具的销售发票　　B. 供货单位开具的发票

C. 职工出差取得的飞机票和火车票　　D. 银行收付款通知单

11. 下列原始凭证中，属于单位自制原始凭证的有（　　）。

A. 收料单　　B. 限额领料单

C. 产品入库单　　D. 领料单

12. 在原始凭证上书写阿拉伯数字，正确的有（　　）。

A. 有角无分的，分位不得用“—”代替

B. 无角分的，角位和分位写“00”或者符号“—”

C. 有角无分的，分位应当写“0”

D. 有角无分的，分位也可以用符号“—”代替

13. 对原始凭证发生的错误，正确的更正方法是（　　）。

A. 由出具单位重开或更正

B. 由本单位的会计人员代为更正

C. 金额发生错误的，可由出具单位在原始凭证上更正

D. 金额发生错误的，应当由出具单位重开

14. 从外单位取得的原始凭证遗失时应（　　）后，才能代作原始凭证。

A. 取得原签发单位盖有公章的证明

B. 注明原始凭证的号码金额内容等

C. 由经办单位会计机构负责人批准

D. 由经办单位负责人批准

15. 记账凭证按照填列方式不同，可以分为（　　）。

A. 专用记账凭证　　B. 通用记账凭证

C. 复式记账凭证　　D. 单式记账凭证

16. 下列人员中，应在记账凭证上签章的有（　　）。

A. 单位负责人　　B. 会计主管

C. 记账人员　　D. 制单人员

17. 下列经济业务中，应填制付款凭证的有（　　）。

A. 提现金备用　　B. 购买材料预付定金

C. 购买材料未付款　　D. 以银行存款支付前欠单位货款

18. 下列说法正确的是（　　）。

A. 记账凭证上的日期指的是经济业务发生的日期

B. 对于涉及“库存现金”和“银行存款”之间的经济业务，一般只编制收款凭证

C. 出纳人员不能直接依据有关收、付款业务的原始凭证办理收、付款业务

D. 出纳人员必须根据经会计主管或其指定人员审核无误的收、付款凭证办理收、付款业务

19. 收款凭证的借方科目可能有（　　）。

A. 应收账款　　B. 库存现金

C. 银行存款　　D. 应付账款

20. 关于记账凭证下列说法正确的是（　　）。

A. 收款凭证是指用于记录现金和银行存款收款业务的会计凭证

B. 收款凭证分为现金收款凭证和银行存款收款凭证两种

C. 从银行提取库存现金的业务应该编制现金收款凭证

D. 从银行提取库存现金的业务应该编制银行存款付款凭证

21. 记账凭证的填制必须做到记录真实、内容完整、填制及时、书写清楚外，还必须符合（　　）要求。

A. 如有空行，应当在空行处划线注销

B. 发生错误应该按规定的方法更正

C. 必须连续编号

D. 除另有规定外，应该有附件并注明附件张数

22. 王明出差回来，报销差旅费 1 000 元，原预借 1 500 元，交回剩余现金 500 元，这笔业务应该编制的记账凭证有（　　）。

A. 付款凭证　　B. 收款凭证

C. 转账凭证　　D. 原始凭证

23. 以下有关会计凭证的表述中正确的有（　　）。

A. 会计凭证是记录经济业务的书面证明

B. 会计凭证可以明确经济责任

C. 会计凭证是编制报表的依据

D. 会计凭证是登记账簿的依据

24. 下列各项中，属于记账凭证的基本内容有（　　）。

A. 填制凭证的日期和凭证的编号

B. 会计科目的名称、记账方向和金额

C. 所附原始凭证的张数

D. 制单、复核、会计主管等有关人员的签章

25. 下列关于会计凭证传递和保管的说法中正确的有（　　）。

A. 原始凭证较多时可以单独装订

B. 装订成册的会计凭证要加具封面，并逐项填写封面内容

C. 通过会计凭证的传递可以加强会计监督

D. 单位应根据具体情况制定每一种凭证的传递程序和方法

26. 下列经济业务应该编制转账凭证的是（　　）。

A. 生产产品领用材料　　B. 产品加工完毕，验收入库

C. 购入设备一台，款项未付　　D. 以银行存款预付保险费

27. 记账凭证审核的内容包括（　　）。

A. 会计分录的正确性

B. 记账凭证内容的完整性

C. 记账凭证的内容与原始凭证的一致性

D. 编写内容的重要性

三、判断题

1. 原始凭证是在记账后取得或填制的，作为经济业务完成情况的书面证明。（　　）

2. 限额领料单属于汇总原始凭证。（　　）

3. 单式记账凭证便于按科目汇总，有利于分工记账。（　　）

4. 转账凭证只登记与货币资金收付无关的业务。（　　）

5. 原始凭证不得涂改、挖补。发现错误时，应当由开具单位重开或更正，更正处应当加盖开出单位公章。（　　）

6. 每张记账凭证都必须有审核无误的原始凭证为附件。（　　）

7. 自制原始凭证是企业内部经办业务的部门和人员填制的凭证。（　　）

8. 原始凭证的内容中应包括会计分录。（　　）

9. 结账和更正错误的记账凭证可以不附原始凭证。（　　）

10. 会计凭证按照其填列的方法可以分为原始凭证和记账凭证两大类。（　　）

11. 付款凭证是只用于银行存款付出业务的记账凭证。（　　）

12. 外来原始凭证都是一次凭证。（　　）

13. 由中国人民银行统一制定的支票、商业汇票等结算凭证属于专用凭证。（　　）

14. 所有的记账凭证都必须附有原始凭证，否则，不能作为记账的依据。（　　）

15. 原始凭证是会计核算的原始资料和重要依据，是登记会计账簿的直接依据。（　　）

16. 对于真实、合法、合理但内容不够完善、填写有错误的原始凭证，会计机构和会计人员不予以接受。（　　）

17. 一张原始凭证所列的支出需要由几个单位共同负担时，应当由保存该原始凭证的单位将该原始的复印件交给其他应负担的单位。（　　）

18. 自制原始凭证都是一次凭证，外来原始凭证绝大多数是一次凭证。（　　）

19. 原始凭证发生的错误，正确的更正方法是由出具单位在原始凭证上更正。（　　）

20. 为了简化工作手续，可以将不同内容和类别的原始凭证汇总，填制在一张记账凭证上。（　　）

21. 在签发支票时，5 200. 05 元的汉字大写金额应写成“伍仟贰佰元伍分”。（　　）

22. 从外单位取得的原始凭证，可以没公章，但必须有经办人员的签名或盖章。（　　）

23. 从外单位取得的原始凭证如果丢失，可由当事人写出详细情况，代作原始凭证。（　　）

24. 收、付款记账凭证是出纳人员根据有关的原始凭证审核后编制的。（　　）

25. 从银行提取现金的原始凭证是现金支票存根。（　　）

26. 记账凭证在编制时发生的错误，只要未登记账簿，就可以重新进行编制。（　　）

第五章　会计账簿

一、单项选择题

1. （　　）为编制会计报表提供依据。

A. 填制和审核凭证　　B. 编制记账凭证

C. 设置和登记账簿　　D. 编制会计分录

2. 会计账簿按（　　）分为序时账、分类账和备查账。

A. 用途　　B. 经济内容

C. 外表形式　　D. 会计要素

3. （　　）是按照经济业务发生的先后顺序，逐日逐笔登记经济业务的账簿。

A. 序时账　　B. 分类账

C. 明细账　　D. 备查账

4. 启用账簿时，不能在扉页上书写的是（　　）。

A. 单位名称　　B. 账簿名称

C. 账户名称　　D. 启用日期

5. 下列不符合登记会计账簿基本要求的有（　　）。

A. 文字和数字的书写占格距的二分之一

B. 发生的空行、空页一定要补充书写

C. 用红字冲销错误记录

D. 无余额的账户，在“借”或“贷”栏内写“平”

6. 账账核对不包括（　　）。

A. 总账与日记账核对

B. 总账与明细账核对

C. 会计账与保管账核对

D. 各种应收、应付账款明细账面余额与有关债权、债务单位的账目余额相核对

7. 关于银行存款日记账的登记方法，下列说法中不正确的有（　　）。

A. 由会计负责登记

B. 按时间先后顺序逐日逐笔进行登记

C. 每日结出存款余额

D. 月终计算出全月收入、支出的合计数

8. 现金和银行存款日记账，据有关凭证（　　）。

A. 逐日汇总登记　　B. 定期汇总登记

C. 逐日逐笔登记　　D. 一次汇总登记

9. 下列账户的明细账采用的账页适用于三栏式账页的是（　　）。

A. 原材料　　B. 应收账款

C. 管理费用　　D. 销售费用

10. 多栏式明细账格式一般适用于（　　）。

A. 债权、债务类账户　　B. 财产、物资类账户

C. 费用成本类和收入成果类账户　　D. 货币资产类账户

11. 财产物资明细账一般适用（　　）。

A. 多栏式明细账　　B. 三栏式明细账

C. 数量金额式明细账　　D. 以上都不是

12. 一般情况下，不需要根据记账凭证登记的账簿是（　　）。

A. 明细分类账　　B. 总分类账

C. 备查账簿　　D. 特种日记账

13. 下列做法错误的是（　　）。

A. 现金日记账采用三栏式账簿

B. 库存商品明细账采用数量金额式账簿

C. 生产成本明细账采用三栏式账簿

D. 制造费用明细账采用多栏式账簿

14. 在下列有关账项中，不属于账账核对的内容是（　　）。

A. 银行存款日记账余额与银行对账单余额核对

B. 银行存款日记账余额与总账余额核对

C. 总账账户借方发生额合计与其明细账借方发生额合计核对

D. 总账账户贷方余额合计与其明细账贷方余额合计核对

15. “原材料”明细账的格式一般采用（　　）。

A. 数量金额式　　B. 横线登记式

C. 三栏式　　D. 多栏式

16. 总账账簿登记的依据和方法是（　　）。

A. 记账凭证逐笔登记　　B. 汇总记账凭证定期登记

C. 取决于采用的会计核算组织形式　　D. 科目汇总表定期登记

17. 会计人员在填制记账凭证时，将 1 650 元错记为 650 元，并且已登记入账，月末结账时发现此笔错账，更正时应采用的便捷方法是（　　）。

A. 划线更正法　　B. 红字更正法

C. 补充登记法　　D. 核对账目的方法

18. 如果发现记账凭证所采用的科目正确，只是所填金额大于应填金额，并已登记入账，应采用（　　）更正。

A. 划线更正法　　B. 红字更正法

C. 平行登记法　　D. 补充登记法

19. 企业的结账时间应为（　　）。

A. 每项经济业务登账后　　B. 每日终了时

C. 一定时期终了时　　D. 会计报表编制后

20. 关于结账，不正确的做法有（　　）。

A. 结出当月发生额的，在“本月合计”下面通栏划单红线

B. 结出本年累计发生额的，在“本年累计”下面通栏划单红线

C. 12 月月末，结出全年累计发生额的，在下面通栏划单红线

D. 12 月月末，结出全年累计发生额的，在下面通栏划双红线

二、多项选择题

1. 任何会计主体都必须设置的账簿有（　　）。
A. 日记账簿　　B. 备查账簿
C. 总分类账簿　　D. 明细分类账簿
2. 明细分类账的账页格式一般有（　　）。
A. 三栏式　　B. 数量金额式
C. 多栏式　　D. 以上都不是
3. 现金日记账和银行存款日记账（　　）。
A. 一般采用订本式账簿和三栏式账页　　B. 由出纳人员登记
C. 根据审核后的收、付款记账凭证登记　　D. 逐日逐笔序时登记
4. 现金日记账的登记依据有（　　）。
A. 银行存款收款凭证　　B. 现金收款凭证
C. 现金付款凭证　　D. 银行存款付款凭证
5. 银行存款日记账的登记依据有（　　）。
A. 银行存款收支的原始凭证　　B. 银行存款收款凭证
C. 银行存款付款凭证　　D. 现金付款凭证
6. 账户中各项金额的关系可用（　　）表示。
A. 本期期末余额=期初余额+本期增加发生额-本期减少发生额
B. 期初余额+本期增加发生额=本期期末余额+本期减少发生额
C. 本期期末余额=本期增加发生额+本期减少发生额
D. 本期期初余额=上期期末余额
7. 下列说法中说法正确的有（　　）。
A. 账户的期末余额等于期初余额
B. 余额一般与增加额在同一方向
C. 账户的借方发生额等于贷方发生额
D. 如果一个账户的左方记增加额，右方就记减少额
8. 出纳人员可以登记和保管的账簿有（　　）。
A. 现金日记账　　B. 银行存款日记账
C. 现金总账　　D. 银行存款总账
9. 在账簿记录中，红笔只能适用（　　）。
A. 错账更正　　B. 冲账
C. 结账　　D. 登账
10. 必须采用订本式账簿的有（　　）。
A. 原材料明细账　　B. 现金日记账

C. 银行存款日记账　　D. 总分类账

11. 账簿按填制的程序和用途可分为（　　）。

A. 日记账　　B. 分类账

C. 备查账　　D. 订本账

12. 在下列中，可采用划线更正法的具有（　　）。

A. 在结账前，发现记账凭证无误，但登账时金额有笔误

B. 结账时，计算的期末余额有错误

C. 发现记账凭证金额错误，并已登记入账

D. 发现记账凭证金额错误，原始凭证无误，记账凭证尚未登记入账

13. 明细分类账可以根据（　　）登记。

A. 原始凭证　　B. 记账凭证

C. 科目汇总表　　D. 经济合同

14. 红字更正法通常适用的情况有（　　）。

A. 记账后在当年内发现记账凭证所记的会计科目错误

B. 发现上一年度的记账凭证所记的会计科目错误

C. 记账后发现会计科目无误而所记金额大于应记金额

D. 记账后发现会计科目无误而所记金额小于应记金额

15. 下列错误中，可以通过试算平衡发现的有（　　）。

A. 借方发生额大于贷方发生额　　B. 应借应贷科目颠倒

C. 借方余额小于贷方余额　　D. 漏记或重记一项经济业务

16. 普通日记账的缺点有（　　）。

A. 记账时不便于分工合作

B. 不便于了解企业一定时期发生的所有经济业务的全貌

C. 不便于进行试算平衡

D. 不便于了解某一特定账户的发生额及余额的变化情况

17. 会计账簿中，下列（　　）可以用红色墨水记账。

A. 按照红字冲账的记账凭证，冲销错误记录

B. 在不设借贷等栏的多栏式账页中，登记减少数

C. 在三栏式账户的余额栏前，如未印明余额方向的（如借或贷），在余额栏内登记负数余额。

D. 会计制度中规定可以用红字登记的其他会计记录

18. 账簿记录发生错误时，应根据错账的具体情况，按规定的方法进行更正，不得（　　）。

A. 涂改　　B. 挖补

C. 用褪色药水消除字迹　　D. 撕去错页重新抄写

19. 必须采用订本式账簿的是（　　）

A. 现金日记账　　B. 固定资产明细账

C. 银行存款日记账　　D. 管理费用总账

20. 以下属于备查账簿的有（　　）

A. 租入固定资产登记簿　　B. 代销商品登记簿

C. 受托加工材料登记簿　　D. 材料采购明细账

21. 下列明细账中不宜采用数量金额式的有（　　）。

A. 产成品——A 产品　　B. 原材料——甲材料

C. 财务费用　　D. 应收账款——M 公司

三、判断题

1. 现金日记账的借方是根据收款凭证登记的，贷方是根据付款凭证登记的。（　　）

2. 会计年度终了，应将活页账装订成册，活页账一般只适用于总分类账。（　　）

3. 平行登记是为了完整地反映资产、负债、所有者权益之间的关系。（　　）

4. 日记账是逐笔序时登记的，故月末不必与总账进行核对。（　　）

5. 对于记账过程中的数字错误，若个别数字错误，采用划线更正法时，只将错误数字划去并填上正确数字即可。（　　）

6. 在结账前，若发现登记的记账凭证科目有错误，必须用划线更正法予更正。（　　）

7. “原材料”账户的明细核算通常是采用三栏式明细账。（　　）

8. 现金日记账和银行存款日记账必须采用订本式账簿。（　　）

9. 总分类账对明细分类账起着统驭作用。（　　）

10. 总账只进行金额核算，提供价值指标，不提供实物指标；而明细账有的只提供价值指标，有的既提供价值指标，又提供实物指标。（　　）

11. 多栏式明细账格式适应有关费用、成本和收入、利润等明细账。（　　）

12. 结账时，没有余额的账户，应当在“借”或“贷”栏内用“0”表示。（　　）

13. 在会计核算中，红笔一般只在画线、改错、冲账和表示负数金额时使用。（　　）

14. 总账、日记账和固定资产明细账应每年更换一次。（　　）

15. 账簿是重要的经济档案和历史资料，必须长期保管，不得销毁。（　　）

16. 记账以后，发现记账凭证和账簿记录中应借应贷的会计科目无误，只是金额有错误，可采用红字更正法更正。（　　）

17. 为保持账簿记录的持久性，防止涂改，记账时必须使用蓝黑墨水或碳素墨

水，并用钢笔书写，不得使用铅笔或圆珠笔书写。（ ）

18. 为了保证现金日记账的安全性和完整性，现金日记账无论采用三栏式还是多栏式，外表形式都必须使用订本账。（ ）

19. 各账户在一张账页记满时，应在该账页最后一行结出余额，并在“摘要”栏注明“转次页”字样。（ ）

20. 三栏式账簿是指具有日期、摘要、金额三个栏目格式的账簿。（ ）

21. 采用划线更正法时，只要将账页中个别错误数字划上红线，再填上正确数字即可。（ ）

22. 登记账簿时，发生的空行、空页一定要补充书写，不得注销。（ ）

23. 出纳应在现金日记账每笔业务登记完毕时，即结出余额，并与库存现金进行核对。（ ）

24. 会计账簿作为重要的经济档案，因保存期长，必须使用蓝色或黑色的笔书写。（ ）

25. 补充登记法就是把原来未登记完的业务登记完毕的方法。（ ）

四、业务题

1. 练习三栏式现金日记账和银行存款日记账的登记方法。

资料：某公司2018年1月“库存现金”借方余额为3 500元，“银行存款”借方余额为95 000元。1月份发生以下经济业务：

（1）1月2日，向银行借入为期3个月的借款80 000元，存入银行。

（2）1月3日，向本市某公司购进甲材料10吨，单价为4 000元，货款为40 000元，货款已用支票支付，材料已验收入库。

（3）1月4日，以银行存款35 100元偿还前欠红星公司货款。

（4）1月6日，职工王放出差借差旅费3 000元，经审核以现金支付。

（5）1月8日，从银行提取现金15 000元，以备发放职工工资。

（6）1月10日，以现金15 000元发放职工工资。

（7）1月15日，销售商品5吨，单价为6 000元，货款已收到。

（8）1月18日，用银行存款支付销售商品所发生的费用600元。

（9）1月26日，职工王放出差回来报销差旅费2 500元，余额退回。

（10）1月30日，用库存现金380元交本月管理部门发生的水电费。

要求：

（1）根据资料编制会计分录（涉及买卖业务均不考虑增值税），并按经济业务的顺序编号。

（2）设置“现金日记账”和“银行存款日记账”，登记并结出发生额和余额。

2. 练习错账更正方法

资料：某公司2014年2月发生以下错账：

（1）以银行存款30 000元（假定不考虑增值税因素）购买A固定资产，已投入使用。在填制记账凭证时，误做贷记"库存现金"科目，并已据以登记入账。

（2）收到某购货单位上月购货款180 000元，已存入银行。在填制记账凭证时，误将其金额写为150 000元，并已登记入账。

（3）以银行存款30 000元归还前欠货款。误做下列记账凭证，并已登记入账。错误的会计分录为：

借：应付账款　　50 000

　贷：银行存款　　50 000

要求：说明错账应采用的更正方法并更正。

第六章　账务处理程序

一、单项选择题

1. 企业的会计凭证、会计账簿、会计报表相结合的方式为（　　）。
   A. 账簿组织　　B. 账务处理程序
   C. 会计报表组织　　D. 会计工作组织
2. 账务处理程序的核心是（　　）。
   A. 凭证组织　　B. 账簿组织
   C. 记账程序　　D. 报表组织
3. 各种账务处理程序的主要区别是（　　）。
   A. 凭证格式不同　　B. 设置账户不同
   C. 程序繁简不同　　D. 登记总账的依据不同
4. 下列凭证中，不能作为登记总分类账依据的是（　　）。
   A. 记账凭证　　B. 科目汇总表
   C. 汇总记账凭证　　D. 原始凭证
5. 在下列账务处理程序中，最基本的账务处理程序是（　　）。
   A. 日记总账账务处理程序　　B. 记账凭证账务处理程序
   C. 科目汇总表账务处理程序　　D. 汇总记账凭证账务处理程序
6. 在记账凭证账务处理程序下，登记总账的依据是（　　）。
   A. 原始凭证　　B. 记账凭证
   C. 科目汇总表　　D. 明细表
7. 记账凭证账务处理程序的缺点是（　　）。
   A. 汇总凭证的工作量较大　　B. 不利于会计核算的分工
   C. 登记总分类账的工作量较大　　D. 不便于查对账目

8. 记账凭证账务处理程序适用于（　　）的单位。

A. 规模较小，业务量较少　　B. 规模较小，业务量较多

C. 规模较大，业务量较少　　D. 规模较大，业务量较多

9. 汇总付款凭证应按现金和银行存款账户的（　　）设置。

A. 借方　　B. 借方或贷方

C. 贷方　　D. 借方和贷方

10. 在汇总记账凭证账务处理程序下，总分类账的记账依据是（　　）。

A. 原始凭证　　B. 记账凭证

C. 科目汇总表　　D. 汇总记账凭证

11. 汇总转账凭证编制的依据是（　　）。

A. 原始凭证　　B. 收款凭证

C. 付款凭证　　D. 转账凭证

12. 汇总记账凭证账务处理程序的优点是（　　）。

A. 详细反映经济业务的发生情况　　B. 可以做到试算平衡

C. 便于了解账户之间的对应关系　　D. 处理手续简便

13. 科目汇总表账务处理程序比记账凭证账务处理程序增设了（　　）。

A. 原始凭证汇总表　　B. 汇总原始凭证

C. 科目汇总表　　D. 汇总记账凭证

14. 编制科目汇总表直接依据的凭证是（　　）。

A. 原始凭证　　B. 汇总原始凭证

C. 记账凭证　　D. 汇总记账凭证

15. （　　）不能反映各科目的对应关系，不便于分析和检查经济业务的来龙去脉，不便于查对账目。

A. 记账凭证账务处理程序　　B. 汇总记账凭证账务处理程序

C. 日记总账账务处理程序　　D. 科目汇总表账务处理程序

16. 以下哪项不是通常采用的账务处理程序（　　）。

A. 原始凭证账务处理程序　　B. 记账凭证账务处理程序

C. 汇总记账凭证账务处理程序　　D. 科目汇总表账务处理程序

17. 记账凭证账务处理程序的缺点是（　　）。

A. 汇总凭证的工作量较大　　B. 不利于会计核算的分工

C. 登记总分类账的工作量较大　　D. 不便于查对账目

18. （　　）是根据记账凭证逐笔登记总分类账。

A. 记账凭证账务处理程序　　B. 汇总记账凭证账务处理程序

C. 科目汇总表账务处理程序　　D. 多栏式日记账账务处理程序

19. 汇总付款凭证应按现金和银行存款账户的（　　）设置。

A. 借方　　B. 借方或贷方

C. 贷方　　D. 借方和贷方

20. 汇总转账凭证是指按（　　）分别设置，用来汇总一定时期转账业务的一种汇总记账凭证。

A. 每一个借方科目　　B. 每一个非现金、银行存款科目
C. 每一个贷方科目　　D. 银行存款

21. 在汇总记账凭证账务处理程序下，记账凭证和账簿的设置与记账凭证账务处理程序基本相同，但要另外设置（　　）。

A. 原始凭证汇总表　　B. 记账凭证汇总表
C. 日记总账　　D. 汇总记账凭证

二、多项选择题

1. 账务处理程序是指（　　）相结合的方式。

A. 会计报表　　B. 会计账簿
C. 会计凭证　　D. 原始凭证

2. 以记账凭证为依据，按有关科目的贷方设置，按借方科目归类汇总的有（　　）。

A. 汇总收款凭证　　B. 汇总付款凭证
C. 汇总转账凭证　　D. 科目汇总表

3. 汇总记账凭证一般分为（　　）。

A. 汇总收款凭证　　B. 汇总付款凭证
C. 原始凭证汇总表　　D. 汇总转账凭证

4. 为便于填制汇总转账凭证，平时填制转账凭证时，应尽可能使账户的对应关系保持（　　）。

A. 一借一贷　　B. 一贷多借
C. 一借多贷　　D. 多借多贷

5. 为便于科目汇总表的编制，平时编制记账凭证时，应尽可能避免的账户间的对应关系是（　　）。

A. 一借一贷　　B. 一借多贷
C. 一贷多借　　D. 多借多贷

6. 科目汇总表账务处理程序的优点是（　　）。

A. 总账详细反映经济业务的发生情况　　B. 减轻登记总账的工作量
C. 便于试算平衡　　D. 能反映账户的对应关系

7. 在各种会计核算形式下，明细分类账可以根据（　　）登记。

A. 原始凭证　　B. 记账凭证
C. 原始凭证汇总表　　D. 记账凭证汇总表

8. 科目汇总表核算程序，“现金”总分类账户登记的依据是（　　）。

A. 现金收款凭证　　B. 现金付款凭证

C. 科目汇总表现金收入合计数　　D. 科目汇总表现金支出合计数

9. 能够起到简化登记分类账工作的账务处理程序的是（　　）账务处理程序。

A. 汇总记账凭证　　B. 记账凭证

C. 科目汇总表　　D. 日记总账

10. 记账凭证账务处理程序、汇总记账凭证账务处理程序和科目汇总表账务处理程序的相同之处表现为（　　）。

A. 登记库存现金、银行存款日记账的依据和方法相同

B. 登记明细账的依据和方法相同

C. 登记总账的依据和方法相同

D. 编制会计报表的依据和方法相同

11. 在科目汇总表账务处理程序下，应根据（　　）逐笔登记各种明细分类账。

A. 汇总原始凭证　　B. 汇总收款凭证

C. 原始凭证　　D. 记账凭证

12. 关于记账凭证账务处理程序，下列说法正确的有（　　）。

A. 根据记账凭证直接登记总账

B. 账务处理程序比较复杂

C. 总账比较详细地记录业务，便于查阅

D. 不适应于经济业务量较少的单位

13. 科目汇总表可以（　　）编制。

A. 定期（5 天或 10 天）　　B. 按日

C. 按月　　D. 按年

14. 无论采用何种会计处理程序，（　　）是必不可少的。

A. 编制记账凭证　　B. 总分类账

C. 各种明细分类账　　D. 会计报表

15. 账务处理程序应具备以下特征（　　）。

A. 与单位的经营特点、形成等情况相适应

B. 要能够及时、正确和完整地提供会计信息

C. 可以简化核算程序，提高工作效率，节约人力和物力

D. 有利于会计人员以及单位内部各部门之间的协作

16. 科目汇总表账务处理程序的特点有（　　）。

A. 能够减少登记总账的工作量

B. 不能反映账户间的对应关系

C. 能反映各账户一定时期内的借方本期发生额和贷方本期发生额

D. 适用于业务较大、记账凭证较多的企业

17. 各种账务处理程序之间的共同点包括（　　）等方面。

A. 登记现金、银行存款日记账的依据和方法相同

B. 登记明细账的依据和方法相同

C. 登记总账的依据和方法相同

D. 编制会计报表的依据和方法相同

18. 有关记账凭证账务处理程序的说法正确的有（　　）。

A. 缺点是登记总分类账的工作量较大

B. 优点是简单明了、易于理解

C. 适用于规模较小、经济业务量较少的单位

D. 能进行试算平衡

19. 有关汇总记账凭证账务处理程序的说法，正确的有（　　）。

A. 减轻了登记总分类账的工作量

B. 便于了解账户之间的对应关系

C. 不利于会计核算的日常分工

D. 主要适用于规模较大、经济业务较多的单位

20. 有关科目汇总表账务处理程序的说法，正确的有（　　）。

A. 减少了登记总分类账的工作量

B. 可做到试算平衡

C. 不能反映账户之间的对应关系，不便于查核账目

D. 是最简单的账务处理程序

21. 明细分类账的登记依据有（　　）。

A. 原始凭证　　B. 汇总原始凭证

C. 记账凭证　　D. 总分类账

22. 编制记账凭证的依据有（　　）。

A. 原始凭证　　B. 汇总原始凭证

C. 收款凭证　　D. 付款凭证

三、判断题

1. 各种账务处理程序的主要区别在于登记总账的依据不同。（　　）

2. 在各种不同账务处理程序下，会计报表的编制依据都是相同的。（　　）

3. 企业不论采用哪种会计核算形式，都必须设置日记账、总分类账和明细分类账。（　　）

4. 现金日记账和银行存款日记账不论在何种会计核算形式下，都是根据收款凭证和付款凭证逐日逐笔顺序登记的。（　　）

5. 记账凭证账务处理程序的主要特点就是直接根据各种记账凭证登记总账。（　　）

6. 记账凭证核算形式的主要特点是将记账凭证分为收、付、转三种记账凭证。（ ）

7. 汇总记账凭证账务处理程序就是将各种原始凭证汇总后填制记账凭证，据以登记总账的账务处理程序。（ ）

8. 汇总转账凭证是按每一贷方科目分别设置的记账凭证。（ ）

9. 汇总记账凭证既能反映账户的对应关系，也起到试算平衡的作用。（ ）

10. 科目汇总表账务处理程序能科学地反映账户的对应关系，且便于账目核对。（ ）

11. 汇总记账凭证账务处理程序保持了科目之间的对应关系。（ ）

12. 科目汇总表账务处理程序的缺点主要是编制科目汇总表比较麻烦。（ ）

13. 科目汇总表账务处理程序，不仅能用一借一贷的记账凭证格式，也可以用一借多贷、多借一贷和多借多贷等格式。（ ）

14. 记账凭证账务处理程序的总账内容与明细账内容完全一样。（ ）

15. 采用科目汇总表账务处理程序，科目对应关系不明显，不能直接通过总分类账查对账目。（ ）

16. 不论采用哪种账务处理程序，会计报表都是根据账簿记录填制的。（ ）

17. 汇总收款凭证根据收款凭证，分别按“库存现金”和“银行存款”科目的借方设置；汇总付款凭证根据付款凭证，分别按“库存现金”和“银行存款”科目的贷方设置；汇总转账凭证一般根据每一贷方科目设置。（ ）

18. 科目汇总表不仅能起到试算平衡的作用，而且可以反映账户之间的对应关系。（ ）

19. 记账凭证账务处理程序，优点是简单明了、易于理解，总分类账可以较详细地反映经济业务的发生情况。（ ）

20. 登记各种明细分类账是根据原始凭证、汇总原始凭证和记账凭证等进行的。（ ）

第七章　财产清查

一、单项选择题

1. 下列说法中不正确的是（ ）。

A. 不需要根据“银行存款余额调节表”做任何账务处理

B. 对于未达账项，等以后有关原始凭证到达后再作账务处理

C. 如果调整之后双方的余额不相等，则说明银行或企业记账有误

D. 对于未达账项，需要根据“银行存款余额调节表”做账务处理

2. 某企业盘点中发现盘亏一台设备，原始价值 50 000 元，已计提折旧 10 000

元。根据事先签订的保险合同，保险公司应赔偿30 000元，则扣除保险公司赔偿后剩余的净损失10 000元应记入（　　）。

A. 累计折旧　　B. 营业外支出
C. 管理费用　　D. 资本公积

3. 企业在财产清查中，盘亏材料50 000元，其中10 000元属于非常损失，40 000元属于自然损耗。报经批准后其会计处理为（　　）。

A. 借：管理费用　　40 000
　　　营业外支出　　10 000
　贷：原材料　　50 000

B. 借：管理费用　　50 000
　贷：原材料　　50 000

C. 借：管理费用　　40 000
　　　营业外支出　　10 000
　贷：待处理财产损溢　　50 000

D. 借：管理费用　　50 000
　贷：待处理财产损溢　　50 000

4. 机器设备等固定资产采用的清查方法一般是（　　）。

A. 技术推算法　　B. 测量计算法
C. 逐一盘点法　　D. 抽样盘点法

5. 对露天堆放的煤进行盘点所采用的清查方法一般是（　　）。

A. 实地盘点法　　B. 技术推算法
C. 抽样盘点法　　D. 查询核对法

6. 库存现金盘点时发现短缺，批准前应借记的会计科目是（　　）。

A. 库存现金　　B. 其他应付款
C. 待处理财产损溢　　D. 其他应收款

7. 出纳人员发生变动时，应对其保管的库存现金进行清查，这种财产清查属于（　　）。

A. 全面清查和定期清查　　B. 局部清查和不定期清查
C. 全面清查和不定期清查　　D. 局部清查和定期清查

8. 在财产清查中，通过“账存实存对比表”发现：账存甲材料100 000元，实存甲材料110 000元，原因待查。在未批准处理前，下列账务处理中正确是（　　）。

A. 借：原材料——甲材料　　10 000
　贷：待处理财产损溢——流动资产损溢　　10 000

B. 借：原材料——甲材料　　10 000
　贷：营业外收入　　10 000

C. 借：固定资产——甲材料　　10 000
　　贷：待处理财产损溢——非流动资产损溢　　10 000

D. 借：待处理财产损溢——流动资产损溢　　10 000
　　贷：原材料——甲材料　　10 000

9. 库存现金的清查是通过（　　）进行的。

A. 实地盘点法　　B. 账账核对法

C. 技术分析法　　D. 征询法

10. 对往来款项进行清查，应该采用的方法是（　　）。

A. 技术推算法　　B. 与银行核对账目法

C. 实地盘存法　　D. 发函询证法

11. 某公司 2018 年 6 月 30 日银行存款日记账的余额为 100 万元，经逐笔核对，未达账项如下：银行已收，企业未收的 2 万元；银行已付，企业未付的 1.5 万元。调整后的企业银行存款余额应为（　　）万元。

A. 100　　B. 100.5

C. 102　　D. 103.5

12. 年终决算前进行的财产清查属于（　　）。

A. 局部清查和定期清查　　B. 全面清查和定期清查

C. 全面清查和不定期清查　　D. 局部清查和不定期清查

13. 对银行存款进行清查，应该采用的方法是（　　）。

A. 定期盘点法　　B. 与银行核对账目法

C. 实地盘存法　　D. 和往来单位核对账目法

14. 企业在编制年度财务会计报告进行的财产清查，一般应进行（　　）。

A. 重点清查　　B. 全面清查

C. 局部清查　　D. 抽样清查

15. 某企业 2018 年 12 月 31 日银行存款日记账账面余额为 217 300 元，开户行送来的对账单所列本企业存款余额为 254 690 元。经核对，发现未达账项如下：银行已收，企业未收款 42 100 元；银行已付，企业未付款 5 000 元；企业已收，银行未收款 21 600 元；企业已付，银行未付款 21 890 元。则该企业可动用的银行存款实有数是（　　）。

A. 217 300 元　　B. 254 690 元

C. 254 400 元　　D. 276 290 元

16. 某企业在财产清查中，盘亏现金 1 000 元，其中 400 元应由出纳员赔偿，另外 600 元无法查明原因。现经批准后，转销现金盘亏的会计分录为（　　）。

A. 借：待处理财产损溢　　1 000
　　贷：库存现金　　1 000

B. 借：管理费用　　600

营业外支出　　400
贷：库存现金　　1 000
C. 借：管理费用　　600
其他应收款　　400
贷：库存现金　　1 000
D. 借：管理费用　　600
其他应收款　　400
贷：待处理财产损溢　　1 000

17. 某企业在财产清查过程中，盘盈材料一批，价值为10 000元，报经批准后，会计处理上应贷记（　　）科目。

A. 营业外收入　　B. 管理费用
C. 原材料　　D. 营业外支出

18. “待处理财产损溢”账户借方核算（　　）。

A. 发生待处理财产的盘亏或毁损数
B. 财产盘盈数
C. 发生待处理财产的盘盈数
D. 结转已批准处理的财产盘亏数或毁损数

19. 盘亏的存货，报经批准处理后进行账务处理时，应该依情况分别记入有关账户，但不记入（　　）。

A. 管理费用　　B. 营业费用
C. 营业外支出　　D. 其他应收款

20. 现金清查发现现金短款时，应贷记（　　）账户。

A. 其他应收款　　B. 库存现金
C. 营业外支出　　D. 待处理财产损益

21. 现金清查中无法查明原因的短款，经批准后应该记入（　　）账户。

A. 管理费用　　B. 其他应收款
C. 其他应付款　　D. 营业外收入

二、多项选择题

1. 下列需要进行全面财产清查的情况是（　　）。

A. 年终决算之前　　B. 企业股份制改制前
C. 进行全面资产评估时　　D. 单位主要领导调离时

2. 局部清查的范围是（　　）。

A. 银行存款　　B. 固定资产
C. 现金　　D. 贵重物品

3. 某机械制造企业在财产清查中，发现账外原材料一批，估计价值为 80 000 元，并按规定报经批准。会计机构对此应做的会计分录有（　　）。

A. 借：待处理财产损溢　80 000
　　贷：原材料　80 000

B. 借：待处理财产损溢　80 000
　　贷：营业外收入　80 000

C. 借：原材料　80 000
　　贷：待处理财产损溢　80 000

D. 借：待处理财产损溢　80 000
　　贷：管理费用　80 000

4. 单位撤销、合并或改变隶属关系前进行的清查属于（　　）。

A. 全面清查　　B. 不定期清查
C. 定期清查　　D. 局部清查

5. 财产清查中查明的各种财产物资的盘亏，根据不同的原因，报经审批后可能列入的账户有（　　）。

A. 营业外支出　　B. 其他应收款
C. 管理费用　　D. 营业外收入

6. 出纳人员每天工作结束前都要将现金日记账结清并与库存现金实存数核对，这属于（　　）。

A. 定期清查　　B. 全面清查
C. 不定期清查　　D. 局部清查

7. 下列属于财产清查一般程序的有（　　）。

A. 组织清查人员学习有关政策规定
B. 确定清查对象、范围，明确清查任务
C. 制定清查方案
D. 填制盘存单和清查报告表

8. 关于往来款项和库存现金的清查，下列说法正确的有（　　）。

A. 往来款项的清查一般采用与对方对账的方法
B. 往来款项的清查要按每一个经济往来单位填制“往来款项对账单”
C. 采用发函询证法，对方单位经过核对相符后，在回联单上加盖公章退回，表示已经核对
D. “现金盘点报告表”不能作为调整账簿记录的原始凭证，不能根据“现金盘点报告表”进行账务处理

9. 编制“银行存款余额调节表”时，应调整银行对账单余额的业务是（　　）。

A. 企业已收，银行未收　　B. 企业已付，银行未付
C. 银行已收，企业未收　　D. 银行已付，企业未付

10. 下列情况需要进行不定期清查的是（　　）。

A. 年终决算前进行财产清查　　B. 更换财产物资保管人员

C. 发生自然灾害或意外损失　　D. 临时性清产核资

11. 财产清查的意义包括（　　）。

A. 有利于保证会计核算资料的真实可靠

B. 有利于挖掘财产物资的潜力，加速资金周转

C. 有利于保护财产物资的安全完整

D. 有利于保证账实相符

12. 下列不适于采用实地盘点法清查的是（　　）。

A. 原材料　　B. 固定资产

C. 露天堆放的沙石　　D. 露天堆放的煤

13. 进行局部财产清查时，正确的做法是（　　）。

A. 现金每月清点一次

B. 银行存款每月至少同银行核对一次

C. 贵重物品每月盘点一次

D. 债权债务每年至少核对一两次

14. 企业财产清查中，可以作为调整账簿记录的原始凭证的有（　　）。

A. 库存现金盘点报告表　　B. 银行存款余额调节表

C. 银行对账单　　D. 实存账存对比表

15. 应记入"待处理财产损溢"账户借方核算的是（　　）。

A. 盘亏的财产物资数额　　B. 盘盈财产物资的转销数额

C. 盘盈的财产物资数额　　D. 盘亏财产物资的转销数额

16. 下列资产中，需要从数量和质量两个方面进行清查的有（　　）。

A. 货币资金　　B. 原材料

C. 产成品　　D. 应收账款

17. 一般而言，在以下情况中，需要进行财产全面清查的有（　　）。

A. 单位主要负责人调离工作　　B. 单位撤销、分立

C. 单位改变隶属关系　　D. 开展清产核资

18. 对下列资产的清查，应采用实地盘点法的有（　　）。

A. 库存现金　　B. 银行存款

C. 存货　　D. 往来款项

19. 会使本企业银行存款日记账账面余额小于银行对账单余额的未达账项有（　　）。

A. 企业已收，银行未收款　　B. 企业已付，银行未付款

C. 银行已收，企业未收款　　D. 银行已付，企业未付款

20. 某企业在财产清查中，发现短缺设备一台，账面原值 30 000 元，已计提折

旧10 000元，在报经批准前企业应作会计分录的借方为（　　）。

A. “待处理财产损溢”30 000元　　B. “营业外支出”20 000元

C. “累计折旧”10 000元　　D. “待处理财产损溢”20 000元

21. 由于管理不善导致存货盘亏一般不应作为（　　）处理。

A. 营业外支出　　B. 管理费用

C. 财务费用　　D. 其他应收款

三、判断题

1. 库存现金的清查包括出纳人员每日的清点核对和清查小组定期和不定期的清查。（　　）

2. 经过银行存款余额调节表调节后的存款余额，是企业可动用的银行存款实有数。（　　）

3. 财产清查就是对各项实物资产进行定期盘点和核对。（　　）

4. 银行已经付款记账而企业尚未付款记账，会使企业银行存款日记账账面余额大于银行对账单的账面余额。（　　）

5. 技术推算法是按照一定标准推算出实物资产实有数的一种方法。（　　）

6. 财产清查中，对于银行存款、一些贵重物资至少每月与银行或有关单位核对一次。（　　）

7. 未达账项包括企业未收到凭证而未入账的款项和企业、银行都未收到凭证而未登记入账的款项。（　　）

8. 对于财产清查后发现的盘盈资产，不必经有关股东大会或董事会，或经理（厂长）会议或类似的权力机构批准，本单位的会计机构有权直接对有关账户做出处理。（　　）

9. 定期清查和不定期清查对象的范围均既可以是全面清查，也可以是局部清查。（　　）

10. 非正常原因造成的存货盘亏损失经批准后应该记入营业外支出。（　　）

11. 不定期清查，可以是全面清查，也可以是局部清查。（　　）

12. 往来款项的清查一般采用发函询证的方法进行核对。（　　）

13. “银行存款余额调节表”不但起对账的作用，而且是调节银行存款日记账账面余额的凭证。（　　）

14. 原材料盘盈核实后应从“待处理财产损溢”转入“营业外收入”。（　　）

15. 为了反映和监督各单位在财产清查过程中查明的各种资产的盈亏或毁损及报经批准后的转销数额，应设置“待处理财产损溢”账户，该账户属于负债类账户。（　　）

16. 财产清查也是一种专门的会计核算方法。（　　）

17. 企业在更换财产或现金保管人员时，应进行定期全面的财产清查。（　）

18. 定期财产清查的对象不定，可以是全面清查，也可以是局部清查。（　）

19. 在各种实物的清查过程中，实物保管人员必须在场，参加盘点，但不宜单独承揽财产清查工作。（　）

20. 为了确保银行存款账实相符，企业应根据银行存款余额调节表及时登记入账。（　）

21. 财产清查时，如果是盘盈，应当调整实存数，如果是盘亏，应当调整账存数。（　）

第八章　财务会计报告

一、单项选择题

1. 在资产负债表中，资产是按照（　）排列的。
   A. 清偿时间的先后顺序　B. 会计人员的填写习惯
   C. 金额大小　D. 流动性大小

2. 下列报表中，不属于企业对外提供的动态报表的是（　）。
   A. 利润表　B. 所有者权益变动表
   C. 现金流量表　D. 资产负债表

3. 多步式利润表中的利润总额是以（　）为基础来计算的。
   A. 营业收入　B. 营业成本
   C. 投资收益　D. 营业利润

4. 按照我国的会计准则，资产负债表采用的格式为（　）。
   A. 单步报告式　B. 多步报告式
   C. 账户式　D. 混合式

5. 企业财务会计报告所提供的信息资料应具有时效性，这是指编制财务会计报告应符合（　）的要求。
   A. 真实可靠　B. 相关可比
   C. 全面完整　D. 编报及时

6. 关于企业利润构成，下列表述不正确的是（　）。
   A. 企业的利润总额由营业利润、投资收益和营业外收入三部分组成
   B. 营业成本=主营业务成本+其他业务成本
   C. 利润总额=营业利润+营业外收入-营业外支出
   D. 净利润=利润总额-所得税费用

7. 以下说法不正确的是（　）。
   A. 通过资产负债表项目金额及其相关比率的分析，可以帮助报表使用者全

面了解企业的资产状况、盈利能力，分析企业的债务偿还能力，从而为未来的经济决策提供参考信息

B. 负债一般分为流动负债和长期负债

C. 账户式资产负债表分为左右两方，左方为资产项目

D. 账户式资产负债表分为左右两方，右方为资产项目

8. 资产负债表是根据（　　）这一会计等式编制的。

A. 收入-费用=利润

B. 现金流入-现金流出=现金净流量

C. 资产=负债+所有者权益+收入-费用

D. 资产=负债+所有者权益

9. 某企业本月主营业务收入为1 000 000元，其他业务收入为80 000元，营业外收入为90 000元，主营业务成本为760 000元，其他业务成本为50 000元，营业税金及附加为30 000元，营业外支出为75 000元，管理费用为40 000元，销售费用为30 000元，财务费用为15 000元，所得税费用为75 000元。则该企业本月营业利润为（　　）元。

A. 170 000　　B. 155 000

C. 25 000　　D. 80 000

10. 某公司本会计期间的主营业务收入为1 700万元，主营业务成本为1 190万元，营业税金及附加为170万元，销售费用为110万元，管理费用为100万元，财务费用为19万元，营业外收入为16万元，营业外支出为25万元，其他业务收入为200万元，其他业务成本为100万元，应交所得税按利润总额25%计算。其营业利润、利润总额、企业净利润分别为（　　）万元。

A. 111、232、174　　B. 211、202、151. 5

C. 356、232、74　　D. 111、202、151. 5

11. 关于资产负债表的格式，下列说法不正确的是（　　）。

A. 资产负债表主要有账户式和报告式

B. 我国的资产负债表采用报告式

C. 账户式资产负债表分为左右两方，左方为资产，右方为负债和所有者权益

D. 负债和所有者权益按照求偿权的先后顺序排列

12. 为了具体反映利润的形成情况，我国现行的利润表的结构一般采用（　　）报告结构。

A. 单步式　　B. 多步式

C. 账户式　　D. 报告式

13. 某企业“应付账款”明细账期末余额情况如下：应付甲企业贷方余额为200 000元，应付乙企业借方余额为180 000元，应付丙企业贷方余额为300 000元。

假如该企业“预付账款”明细账均为借方余额，则根据以上数据计算的反映在资产负债表上“应付账款”项目的金额为（　　）元。

A. 680 000　　B. 320 000

C. 500 000　　D. 80 000

14. 资产负债表中的“存货”项目，应根据（　　）。

A. “存货”科目的期末借方余额直接填列

B. “原材料”科目的期末借方余额直接填列

C. “原材料”“生产成本”和“库存商品”等科目的期末借方余额之和减去“存货跌价准备”等账户期末余额后的金额填列

D. “原材料”“工程物资”和“库存商品”等科目的期末借方余额之和填列

15. 关于净利润的计算，下列公式中正确的是（　　）。

A. 净利润=利润总额+营业外收入-营业外支出

B. 净利润=营业收入-营业成本-营业税金及附加-销售费用-管理费用-财务费用-资产减值损失+公允价值变动收益+投资收益

C. 净利润=利润总额-所得税费用

D. 净利润=利润总额+所得税费用

16. 编制资产负债表的理论依据是（　　）。

A. 资产=负债+所有者权益

B. 收入-费用=利润

C. 资产账户的借方合计=权益账户的贷方合计

D. 总分类账户的金额合计=明细分类账户的金额合计

17. 我国会计制度规定，资产负债表应采用（　　）结构。

A. 单步式　　B. 账户式

C. 多步式　　D. 报告式

18. 资产负债表是反映企业（　　）的财务状况的报表。

A. 某一时期　　B. 某一特定日期

C. 某一会计期间　　D. 某一月份

19. 资产负债表中预收账款项目的期末数应根据（　　）所属明细账的贷方余额之和填列。

A. “应收账款”总账和“预收账款”总账

B. “应收账款”总账和“预付账款”总账

C. “应付账款”总账和“预收账款”总账

D. “应付账款”总账和“预付账款”总账

20. 资产负债表中资产的排列顺序是（　　）。

A. 项目偿还性　　B. 项目流动性

C. 项目收益性　　D. 项目时尚性

二、多项选择题

1. 资产负债表中的“存货”项目反映的内容包括（　　）。
   A. 在途物资　　B. 材料成本差异
   C. 周转材料　　D. 生产成本
2. 下列账户中，可能影响资产负债表中“预付款项”项目金额的有（　　）。
   A. 预收账款　　B. 应收账款
   C. 应付账款　　D. 预付账款
3. 下列各项中，影响营业利润的账户有（　　）。
   A. 主营业务收入　　B. 其他业务成本
   C. 营业外支出　　D. 营业税金及附加
4. 多步式利润表可以反映企业的（　　）等利润要素。
   A. 所得税费用　　B. 营业利润
   C. 利润总额　　D. 净利润
5. 下列各项，影响企业利润总额的有（　　）。
   A. 资产减值损失　　B. 公允价值变动损益
   C. 所得税费用　　D. 营业外支出
6. 借助于利润表提供的信息，可以帮助管理者（　　）。
   A. 分析企业资产的结构及其状况
   B. 分析企业的债务偿还能力
   C. 分析企业的获利能力
   D. 分析企业利润的未来发展趋势
7. 资产负债表正表的格式，国际上通常有（　　）。
   A. 单步式　　B. 多步式
   C. 账户式　　D. 报告式
8. 资产负债表中的应付账款项目应根据（　　）二者合计填列。
   A. 应付账款总账余额
   B. 应付账款所属明细账借方余额合计
   C. 应付账款所属明细账贷方余额合计
   D. 预付账款所属明细账贷方余额合计
9. 下列各项中，属于利润表提供的信息有（　　）。
   A. 本期实现的营业收入　　B. 本期的所得税费用
   C. 本期实现的营业利润　　D. 企业本期的净利润或亏损总额
10. 资产负债表中的“货币资金”项目，应根据（　　）科目期末余额的合计数填列。

A. 备用金
B. 其他货币资金
C. 银行存款
D. 库存现金

11. 下列各项中，属于资产负债表中流动负债项目的有（　　）。

A. 应付利息
B. 应付股利
C. 预付账款
D. 其他应付款

12. 下列各项中，属于财务会计报告编制要求的有（　　）。

A. 全面完整
B. 编报及时
C. 真实可靠
D. 便于理解

13. 资产负债表中可以根据有关明细账的期末余额计算填列的项目有（　　）。

A. 应收账款
B. 短期投资
C. 应付账款
D. 存货

14. 利润表的特点有（　　）。

A. 主要根据损益账户的本期发生额编制
B. 根据相关账户的期末余额编制
C. 属于静态报表
D. 属于动态报表

15. 在资产负债表“负债及所有者权益”方填列的项目是（　　）。

A. 累计折旧
B. 长期应付款
C. 预付账款
D. 预收账款

16. 下列各项中，属于利润表上的项目有（　　）。

A. 主营业务收入
B. 财务费用
C. 所得税费用
D. 应交税费

17. 下列各项中，属于企业会计报表的有（　　）。

A. 资产负债表
B. 利润表
C. 现金流量表
D. 年度生产计划表

18. 利润表中的“营业成本”项目填列的依据有（　　）。

A. “营业外支出”发生额
B. “主营业务成本”发生额
C. “其他业务成本”发生额
D. “营业税金及附加”发生额

19. 编制资产负债表时，列示在流动资产下的项目有（　　）。

A. 存货
B. 交易性金融资产
C. 一年内到期的非流动资产
D. 长期待摊费用

20. 财务会计报告包括（　　）。

A. 会计报表
B. 会计报表附表
C. 会计报表附注

D. 其他应当在财务会计报告中披露的相关信息和资料

三、判断题

1. 利润表中“本期数”栏的数字，应根据各损益类账户本期发生额填列。（ ）

2. 利润总额是指收入加上投资收益、营业外收入，减去营业外支出后的总金额。（ ）

3. 利润表属于动态会计报表。（ ）

4. 我国的资产负债表采用账户式结构，左方为资产项目，一般按要求清偿时间的先后顺序排列，右方为负债和所有者权益项目，大体按照流动性大小排列。（ ）

5. 资产负债表中资产类项目金额总计与负债类和所有者权益类项目金额总计必须相等，各项资产与负债的金额一般不应相互抵销。（ ）

6. 利润表是反映企业一定日期财务状况的财务报表。（ ）

7. 资产负债表项目的排列，资产按求偿权先后顺序排列，负债按流动性大小排列。（ ）

8. 营业利润是以主营业务利润为基础，加上其他业务利润，减去销售费用、管理费用和财务费用，再加上营业外收入减去营业外支出计算出来的。（ ）

9. 资产负债表是总括反映企业特定日期资产、负债和所有者权益情况的静态报表，通过它可以了解企业的资产分布、资金的来源和承担的债务以及资金的流动性和偿债能力。（ ）

10. 利润表是反映企业一定时期经营成果的财务报表。（ ）

11. 现金流量表是反映企业一定时期的经营活动现金流量的增减情况的报表。（ ）

12. 资产负债表中“固定资产”项目应根据“固定资产”账户余额直接填列。（ ）

13. 账户式资产负债表分左右两方，左方为资产项目，一般按照流动性大小排列；右方为负债及所有者权益项目，一般按要求偿还时间的先后顺序排列。（ ）

14. 利润表中收入类项目大多是根据收入类账户期末结转前借方发生额减去贷方发生额后的差额填列，若差额为负数，以“-”号填列。（ ）

15. “资产=负债+所有者权益”这一会计等式，是复式记账的理论基础，也是编制资产负债表和利润表的理论依据。（ ）

16. 资产负债表中的“期末数”主要来源于总账账户的期末余额。（ ）

17. 利润表中的“本期数”栏，应根据各损益类账户的本期发生额填列。（ ）

18. 年报要求提供完整，反映全面；月报要求简明扼要，及时反映；季报则介于月报和年报之间。 （　）

19. 会计报表的首要信息使用者是债权人。 （　）

20. 会计报表附注是指对在会计报表中列示项目所做的进一步说明，以及对未能在这些报表中列示项目的说明。 （　）

第九章　会计档案

一、单项选择题

1. 下列内容不属于会计档案的是（　）。

A. 固定资产卡片　　B. 银行存款余额调节表

C. 生产计划　　D. 光盘存储的会计资料

2. 下列关于会计档案管理的说法中错误的是（　）。

A. 会计档案的保管期限，从会计档案形成后的第一天算起

B. 出纳人员不得兼管会计档案

C. 单位负责人应在会计档案销毁清册上签署意见

D. 采用电子计算机进行核算的单位，应保存打印出的纸质会计档案

3. 会计档案是记录和反映经济业务事项的重要历史（　）。

A. 凭证　　B. 资料和依据

C. 资料和证据　　D. 材料

4. 企业月、季度财务报告需要保管的期限为（　）。

A. 15 年　　B. 3 年

C. 25 年　　D. 永久

5. 银行存款余额调节表、银行对账单应当保存（　）。

A. 3 年　　B. 永久

C. 5 年　　D. 15 年

6. 原始凭证和记账凭证的保管期限为（　）。

A. 3 年　　B. 25 年

C. 15 年　　D. 10 年

7. 会计凭证、会计账簿的一般保管期限为（　）。

A. 15 年　　B. 10 年

C. 20 年　　D. 25 年

8. 明细账和日记账的保管期限为（　）。

A. 3 年　　B. 25 年

C. 15 年　　D. 10 年

9. 企业总账的保管期限为（　　）。

A. 15 年　　B. 3 年

C. 25 年　　D. 永久

10. 会计档案移交清册的保管期限为（　　）。

A. 3 年　　B. 25 年

C. 15 年　　D. 10 年

11. 企业的现金日记账、银行存款日记账的保管期限为（　　）。

A. 15 年　　B. 3 年

C. 25 年　　D. 永久

12. 会计档案保管清册的保管年限为（　　）。

A. 10 年　　B. 15 年

C. 25 年　　D. 永久

13. 企业年度财务报告（决算）的保管期限为（　　）。

A. 5 年　　B. 15 年

C. 25 年　　D. 永久

14. 下列会计档案中，不需要永久保存的是（　　）。

A. 会计档案保管清册　　B. 会计档案销毁清册

C. 会计档案移交清册　　D. 年度财务会计报告（决算）

15. 当年形成的会计档案在会计年度终了后，可暂时由本单位会计机构保管（　　）后移交到会计档案管理机构。

A. 两个月　　B. 半年

C. 一年　　D. 两年

16. 根据《会计档案管理办法》的规定，单位合并后原单位解散或一方存续，其他方解散的，原各单位的会计档案应由（　　）保管。

A. 存续方　　B. 档案局

C. 合并前单位的主管部门　　D. 财政部门

17. 其他会计核算资料是指与会计核算、会计监督密切相关，由会计部门负责办理的有关数据资料不包括（　　）。

A. 银行对账单　　B. 存贮在磁性介质上的会计数据

C. 财务数据统计资料　　D. 生产计划书

18. 其他单位如果因特殊原因需要使用原始凭证时，经本单位负责人批准，（　　）

A. 可以借阅　　B. 只可以查阅，不能复制

C. 不可查阅或复制　　D. 可以查阅或复制

19. 会计档案的保管期限是从（　　）算起。

A. 会计年度终了后第一天　　B. 审计报告之日

C. 移交档案保管机构之日　　D. 会计资料的整理装订日

20. 会计档案管理办法规定的会计档案保管期限为（　　）。

A. 最高保管期限　　B. 最低期限

C. 平均保管期限　　D. 适当保管期限

21. 定期保管的会计档案期限最长为（　　）。

A. 20 年　　B. 15 年

C. 25 年　　D. 10 年

22. 会计档案销毁后，应由（　　）在销毁清册上签名或盖章。

A. 单位负责人　　B. 会计人员

C. 监销人员　　D. 会计机构负责人

23. 企业会计档案销毁清册的保管期限为（　　）。

A. 5 年　　B. 15 年

C. 25　　D. 永久

24. 行政事业单位的各种会计凭证的保管期限为（　　）。

A. 10 年　　B. 5 年

C. 20 年　　D. 15 年

25. 行政事业单位的总账、明细账的保管期限为（　　）。

A. 20 年　　B. 5 年

C. 15 年　　D. 25 年

26. 下列会计资料不属于会计档案的有（　　）。

A. 记账凭证　　B. 会计移交清册

C. 年度财务计划　　D. 银行对账单

27. 企业销毁保管期满的会计档案时由（　　）负责。

A. 单位的档案机构和会计机构共同派人

B. 主管部门派人

C. 同级财政部门派人

D. 同级财政和审计部门派人

28. 固定资产卡片的保管期限为（　　）。

A. 固定资产报废清理时　　D. 固定资产报废清理后保管 10 年

C. 固定资产报废清理后保管 5 年　　D. 固定资产报废清理后保管 15 年

29. 国家机关销毁会计档案，应由（　　）派员参加监销。

A. 单位档案机构和会计机构　　B. 同级财政、审计部门

C. 财务数据统计资料　　D. 生产计划书

30. 各种会计档案的保管期限，根据其特点分为永久、定期两类。定期保管期限分为（　　）。

A. 3 年、10 年、20 年、30 年、40 年 5 种

B. 1 年、5 年、10 年、15 年、20 年 5 种
C. 3 年、5 年、10 年、15 年、20 年 5 种
D. 3 年、5 年、10 年、15 年、25 年 5 种

31. 下列属于会计档案的是（　　）。
A. 财务预算　　B. 财务计划
C. 财务制度　　D. 财务报告

32. 按规定，归档的会计档案，会计机构应当编制（　　）。
A. 会计档案保管清册　　B. 会计档案移交清册
C. 会计档案销毁清册　　D. 会计档案整理清册

33. 下列属于永久会计档案的是（　　）。
A. 各单位的会计移交清册
B. 税收单位的税收会计报表，包括票证报表
C. 税收会计单位的税收年报（决算）
D. 各种总账、明细账和日记账

34. 现金日记账和银行存款日记账的保管期限是（　　）。
A. 25 年　　B. 10 年
C. 15 年　　D. 20 年

35. 企业单位和行政单位的固定资产卡片的保管期限为（　　）。
A. 固定资产清理报废后　　B. 固定资产清理报废后 1 年
C. 固定资产清理报废后两年　　D. 固定资产清理报废后 5 年

36. 各单位每年形成的会计档案，都应由本单位（　　）负责整理立卷，装订成册，编制会计档案保管清册。
A. 财务会计部门　　B. 档案部门
C. 人事部门　　D. 指定专人

二、多项选择题

1. 按照会计档案管理办法的规定，下列说法中正确的有（　　）。
A. 会计档案的保管期限分为 3 年、5 年、10 年、20 年、25 年五类
B. 当年形成的会计档案，在会计年度终了后，可暂由本单位会计机构保管 1 年
C. 会计档案销毁时，单位负责人应当在会计档案销毁清册上签署意见
D. 会计档案的保管期限分为永久和定期两类

2. 下列各项中需要保管 15 年的会计档案有（　　）。
A. 企业的明细账　　B. 会计档案移交清册
C. 辅助账簿　　D. 企业的汇总凭证

3. 下列会计档案中需要永久保管的有（　　）。
A. 会计移交清册　B. 会计档案保管清册
C. 现金和银行存款日记账　D. 年度决算会计报表
4. 会计档案包括（　　）。
A. 会计凭证　B. 会计账簿
C. 财务会计报告　D. 其他会计资料
5. 下列会计档案中需要定期保管的有（　　）。
A. 会计移交清册　B. 会计档案保管清册
C. 库存现金和银行存款日记账　D. 年度决算会计报表
6. 会计档案的保管期限分（　　）。
A. 永久　B. 定期
C. 临时　D. 短期
7. 会计档案的定期保管期限可以是（　　）。
A. 3 年　B. 5 年
C. 10 年　D. 15 年
8. 会计档案按会计工作性质分为（　　）。
A. 永久会计档案　B. 定期会计档案
C. 预算会计档案　D. 公司、企业会计档案
9. 属于企业会计档案的有（　　）。
A. 会计移交清册　B. 固定资产卡片
C. 银行对账单　D. 月、季度财务报告
10. 会计档案的作用包括（　　）。
A. 查证作用　B. 反映作用
C. 监督作用　D. 史料作用
11. 下列各项中需要保管 15 年的会计档案有（　　）。
A. 企业的明细账　B. 企业的现金日记账
C. 总账　D. 企业的汇总凭证
12. 下列关于会计档案管理的说法中正确的有（　　）。
A. 出纳人员不得兼任会计档案
B. 会计档案的保管期限，从会计档案形成后的第一天算起
C. 单位负责人应在会计档案销毁清册上签署意见
D. 采用电子计算机进行会计核算的单位，应保存打印出的纸质会计档案
13. 按照《会计档案管理办法》的规定，下列说法中正确的有（　　）。
A. 会计档案的保管期限分为 3 年、5 年、10 年、15 年、25 年五类
B. 我国境内所有单位的会计档案不得携带出境
C. 企业银行存款余额调节表、银行对账单和固定资产卡片应保管 15 年

D. 单位合并后原各单位仍存续的，其会计档案仍应由原各单位保管

14. 下列会计档案应保管 15 年的有（　　）。

A. 总账　　B. 会计移交清册

C. 原始凭证　　D. 记账凭证

15. 需要永久保存的会计档案包括（　　）。

A. 记账凭证　　B. 年度财务报告（决算）

C. 会计档案保管清册　　D. 现金日记账

16. 下列资料中，属于会计账簿类会计档案的有（　　）。

A. 日记账　　B. 明细账

C. 银行对账单　　D. 固定资产卡片

17. 对本单位档案机构保管的会计档案，需要拆封重新整理的，应由（　　）同时参与，以分清责任。

A. 财务会计部门　　B. 经办人

C. 本单位档案机构　　D. 本单位人事部门

18. 保管期限为 25 年的会计档案包括（　　）。

A. 现金日记账　　B. 税收日记账和总账

C. 银行存款日记账　　D. 税收票证分类出纳账

19. 会计档案按照其保管期限不同可分为（　　）。

A. 永久会计档案　　B. 临时会计档案

C. 定期会计档案　　D. 分期会计档案

20. 保管期满，不得销毁的会计档案有（　　）。

A. 未结清的债权债务原始凭证

B. 正在建设期间的建设单位的有关会计档案

C. 超过保管期限但尚未报废的固定资产购买凭证

D. 银行存款余额调节表

三、判断题

1. 各单位每年形成的会计档案，都应由会计机构按照归档的要求，负责整理立卷，装订成册，编制会计档案保管清册。（　　）

2. 为了加强会计档案的管理，企业当年及历年形成的会计档案都必须由专门的档案机构统一管理，而不能由会计机构暂行管理。（　　）

3. 正在建设期间的建设单位的会计档案，不论是否已满保管期限，一律不得销毁，必须妥善保管，待项目办理竣工决算后，按规定手续进行销毁。（　　）

4. 会计档案的保管期限分为永久保管和定期保管两种，其中定期保管又分为 3 年、5 年、10 年、15 年、和 25 年。（　　）

5. 会计档案定期保管的期限应为 5 至 25 年。 ( )

6. 会计档案保管清册保管期限为 25 年。 ( )

7. 企业会计账簿中的总账应当保管 15 年。 ( )

8. 企业和其他组织的银行存款余额调节表、银行对账单和固定资产报废清理后的固定资产卡片等会计档案保管期限应当为 3 年。 ( )

9. 当年形成的会计档案，在会计年度终了后，可暂由本单位会计机构保管一年。 ( )

10. 我国境内所有单位的会计档案均不得携带出境。 ( )

11. 企业年度会计决算（包括文字分析）保管期限为永久。 ( )

12. 实行会计电算化的单位，有关电子数据、会计软件资料等应当作为会计档案管理。 ( )

13. 会计档案是指会计凭证、会计账簿和财务会计报告等会计核算专业材料。 ( )

14. 财会部门或经办人，必须在会计年度终了后的第一天，将应归档的会计档案全部移交档案部门，保证会计档案齐全完整。 ( )

15. 各种会计档案的保管期限，根据其特点，分为长期和短期两类。 ( )

16. 各种会计档案的保管期限，从年度终了后的第一天算起。 ( )

17. 库存现金和银行存款日记账保管期限为 15 年。 ( )

18. 各单位保存的会计档案如有特殊需要，经单位负责人批准，可以提供查阅或复制，并办理登记手续。 ( )

19. 各单位的会计档案不得借出，但经批准后可以复制。 ( )

20. 销毁会计档案时，应由单位档案机构和会计机构共同派员监销。 ( )

21. 保管期满但尚未结清的债权债务原始凭证，不得销毁，应单独抽出立卷。 ( )

22. 银行存款余额调节表、对账单是会计档案。 ( )

23. 会计档案保管期满后，可由档案管理部门自行销毁。 ( )

24. 对于保管期满但未结清的债权债务原始凭证和实际其他未了事项的原始凭证可以销毁。 ( )

25. 会计档案的保管期限和销毁办法，由国务院财政部门会同有关部门制定。 ( )

26. 会计档案中的其他会计资料包括：存贮在磁性介质上的会计数据和财务数据统计资料，会计档案移交清册，会计档案保管清册等。 ( )

27. 移交本单位档案机构保管的会计档案，只要有需要，可以随时拆封。 ( )

28. 单位分立后原单位存续的，其会计档案由分立后的存续方统一保管，其他方可查阅、复制与其业务相关的会计档案。 ( )

29. 单位合并后原各单位仍然存续的，其会计档案仍应由原各单位保管。
( )

30. 会计档案整理立卷后，档案部门要按不同要求对各类会计档案编制卷号。
( )

31. 外部人员查阅会计档案时，应持有单位正式介绍信，经本单位负责人批准后，方可办理查阅手续。 ( )

32. 各单位保存的会计档案如有特殊需要，可以外借。 ( )

33. 单位负责人应在会计档案销毁清册上签署意见。 ( )

34. 财务部门的预算、计划、制度等文件材料是会计档案的一个重要组成部分。
( )

35. 财政总预算、行政单位、企业单位、事业单位、税收会计单位的会计档案保管清册、会计档案销毁清册属定期会计档案。 ( )

36. 出纳人员不得从事会计档案的归档工作，更不能兼管归档的会计档案。
( )

37. 财务部门和经办人员必须按期将应归档的会计档案全部移交给档案部门，不得擅自封包保存。 ( )

38. 移交本单位档案部门的会计档案，须保持原卷封装，任何人不得拆封重新整理。 ( )

39. 会计移交清册的保管期限是 25 年。 ( )

40. 各种账簿的保管期限均为 25 年。 ( )

41. 《会计档案管理办法》规定的会计档案保管期限为最低保管期限。 ( )

42. 各单位保存的会计档案一律不得借出。 ( )

43. 本单位档案机构为方便保管会计档案，可以根据需要对其拆封重新整理。
( )

44. 会计账簿类会计档案的保管期限均为 15 年。 ( )

45. 正在项目建设期间的建设单位，其保管期满的会计档案不得销毁。 ( )

46. 财政部门销毁会计档案时，应当由同级财政部门派员参加监销。 ( )

47. 银行存款余额调节表、对账单是会计档案，但不是原始凭证。 ( )

48. 会计档案销毁后，应当由会计人员在销毁清册上签名或盖章，并及时将销毁情况向本单位负责人报告。 ( )

第十章 主要经济业务事项的账务处理

一、单项选择题

1. 某企业为增值税一般纳税人，本期购入原材料一批，发票价款为40 000元，增值税额为 5 200 元；运输途中合理损耗 120 元，入库前发生的整理挑选费为 1 400 元。则该批原材料的入账价值为（　　）。

A. 40 000 元　　B. 41 400 元
C. 41 280 元　　D. 48 320 元

2. 企业发生的间接费用应先在“制造费用”账户归集，期末再按一定的标准和方法分配记入（　　）账户。

A. 管理费用　　B. 生产成本
C. 库存商品　　D. 本年利润

3. 某企业只生产一种产品。2018 年 3 月 1 日期初在产品成本为 7 万元。3 月份发生如下费用：生产领用材料 12 万元，生产工人工资 4 万元，制造费用 2 万元，管理费用 3 万元，广告费 1. 6 万元；月末在产品成本 6 万元。该企业 3 月份完工产品的生产成本为（　　）万元。

A. 16. 6　　B. 18
C. 19　　D. 23. 6

4. 下列说法中正确的是（　　）。

A. 赊购商品会导致资产和负债同时减少
B. 车间管理人员工资能记入产品成本，企业管理人员的工资和在建工程人员的工资不能记入产品成本
C. 银行汇票存款和银行冻结存款也属于企业的“其他货币资金”
D. 持续经营假设规范了会计工作的时间与空间范围

5. 假定某企业 1 月份发生如下业务：应付厂部管理人员工资 50 000 元，发生车间设备维修费 6 000 元，预付厂部上半年财产保险费 2 400 元。则该企业应记入本月管理费用的金额为（　　）。

A. 50 000 元　　B. 56 000 元
C. 56 400 元　　D. 58 400 元

6. 下列各项中，应列作“管理费用”处理的事项是（　　）。

A. 支付产品的广告费
B. 支付银行借款的手续费
C. 计提固定资产的减值准备
D. 应支付给董事会成员的津贴及咨询费

7. 10 月 31 日，某企业“本年利润”账户有借方余额 98 000 元，表示（　　）。

A. 该企业 1 月 1 日至 10 月 31 日累计实现的净利润
B. 该企业 10 月份实现的净利润
C. 该企业 1 月 1 日至 10 月 31 日累计发生的净亏损
D. 该企业 10 月份发生的净亏损

8. 下列各项中，不会引起所有者权益总额变化的是（　　）。

A. 接受捐赠　　B. 宣告分配现金股利

C. 本年度实现净利润　　D. 接受投资者投入资本

9. 年末结转后，“利润分配”账户的借方余额表示（　　）。

A. 未分配利润　　B. 净利润

C. 未弥补亏损　　D. 利润总额

10. 年末结转后，“利润分配”账户的借方余额表示企业（　　）。

A. 累计进行利润分配的总额　　B. 累计实现的利润总额

C. 未弥补的亏损　　D. 未分配的利润

11. 下列账户中，不具有对应关系的是（　　）。

A..“银行存款”账户与“应交税费”账户

B. “固定资产”账户与“销售费用”账户

C. “本年利润”账户与“利润分配”账户

D. “预收账款”账户与“主营业务收入”账户

12. 以下各项中，能引起所有者权益总额发生增减变动的是（　　）。

A. 分配现金股利　　B. 发放股票股利

C. 用资本公积转增资本　　D. 用盈余公积弥补亏损

13. 甲企业开出现金支票，从招商银行提取现金 5 000 元备用，应做的会计分录为（　　）。

A. 借：备用金　　5 000
　　贷：银行存款——招商银行　　5 000

B. 借：库存现金　　5 000
　　贷：备用金　　5 000

C. 借：库存现金　　5 000
　　贷：银行存款——招商银行　　5 000

D. 借：银行存款——招商银行　　5 000
　　贷：库存现金　　5 000

14. 企业购买或出售交易性金融资产过程中发生的交易费用记入的会计科目是（　　）。

A. 投资收益　　B. 主营业务收入

C. 其他业务收入　　D. 营业外支出

15. 某一般纳税人企业外购一批原材料，实际支付的价款为 3 000 元，支付增值税 480 元，同时发生运杂费 50 元，则原材料的入账价值为（　　）元。

A. 3 000　　B. 3 050

C. 3 510　　D. 3 560

16. 某企业采用实际成本法对原材料进行核算，月初购入甲材料一批，全部货款已用转账支票付讫，但材料仍在运输途中。此时，应将所购的原材料记入的会计科目为（　　）。

A. 原材料　　B. 应收账款

C. 在途物资　　D. 其他应收款

17. 甲企业月初结存材料的计划成本为 2 500 元，成本差异为超支差 50 元。本月入库材料的计划成本为 7 500 元，成本差异为节约差异 250 元。该企业的材料成本差异率为（　　）。

A. 2%　　B. -2%

C. 1%　　D. -1%

18. 某固定资产原值为 250 000 元，预计净残值为 5 000 元，预计可使用 10 年，按年限平均法计提折旧。则其年折旧额为（　　）元

A. 24 500　　B. 2 450

C. 25 000　　D. 2 500

19. 企业 2018 年 1 月 15 日购入一台不需要安装的生产用设备，设备的买价为 100 000 元，增值税为 13 000 元，采购过程中发生运费、保险费 5 000 元。设备预计可以使用 10 年，采用年限平均法计提折旧。2010 年应该计提的折旧为（　　）元。

A. 12 200　　B. 8 625

C. 10 000　　D. 9 625

20. 甲企业期末按照应收账款余额的5%计提坏账准备，2017 年年末应收账款余额为 100 万元。2018 年应收账款余额增加 20 万元，发生坏账损失 1 万元，则 2018 年应提取的坏账准备为（　　）万元（假设该企业不存在需要计提坏账准备的其他应收款项）。

A. 6. 95　　B. 5. 95

C. 2. 95　　D. 1. 95

21. 下列各项属于企业主营业务收入的是（　　）。

A. 出租固定资产取得的收入

B. 出售固定资产取得的收入

C. 转让无形资产使用权的使用费收入

D. 劳务收入

22. 甲公司 2018 年年初“利润分配——未分配利润”账户的余额在借方，数额为 50 万元，2018 年实现净利润 200 万元，提取盈余公积 20 万元，分配利润 50 万元。则 2018 年年末时未分配利润的数额为（　　）万元。

A. 130　　B. 150

C. 80　　D. 180

23. 未分配利润账户的借方余额表示（　　）。

A. 本期实现的净利润　　B. 本期发生的净亏损

C. 尚未分配的利润　　D. 尚未弥补的亏损

二、多选题

1. 下列关于“预付账款”账户的表述中，正确的有（　　）。
   A. 预付及补付的款项登记在账户的借方
   B. 该账户的借方余额表示预付给供货单位的款项
   C. 该账户的贷方余额，表示应当补付的款项
   D. 预付款项不多的企业，也可将预付款项并入“应付账款”账户核算
2. 下列项目中应记入材料采购成本的有（　　）。
   A. 材料买价　　B. 采购人员的差旅费
   C. 入库前的挑选整理费　　D. 运输途中的合理损耗
3. 下列各项中，会引起固定资产账面价值发生变化的业务有（　　）。
   A. 对固定资产计提折旧
   B. 发生的固定资产日常修理费用记入当期损益
   C. 计提固定资产的减值准备
   D. 发生固定资产建造过程中应予以资本化的借款利息
4. 下列税种中，应通过“税金及附加”科目核算的有（　　）。
   A. 资源税　　B. 城建税
   C. 增值税　　D. 印花税
5. 下列在“税金及附加”账户中核算的内容有（　　）。
   A. 增值税　　B. 消费税
   C. 所得税　　D. 城建税
6. 产品的制造成本（生产成本）包括的内容有（　　）。
   A. 为制造产品而发生的材料费用
   B. 为制造产品而发生的人工费用
   C. 为制造产品而发生的生产车间固定资产的折旧费用
   D. 生产车间的固定资产维修费用
7. 下列说法中不正确的有（　　）。
   A. 企业核算成本时，设置的成本基础上通常有直接人工、直接材料和待摊费用
   B. 长期待摊费用、预提费用、财务费用均属于损益类账户
   C. 车间主任的工资应记入产品成本，总经理的工资应记入管理费用，销售科长工资应记入营业费用，财务科长的工资应记入财务费用
   D. 开出转账支票偿还前欠供应商货款，会使企业的资产和所有者权益减少

8. 某生产企业2018年8月，销售一批高档化妆品，销售价款为100万元，应收取的增值税销项税额为13万元，应缴纳的消费税为15万元，该批化妆品的成本为

80万元，另发生相关销售费用0.5万元。根据上述资料，下列表述正确的有（ ）。

A. 该企业8月份应在“主营业务成本”账户中反映借方发生额80万元

B. 该企业8月份应在“主营业务收入”账户中反映贷方发生额100万元

C. 该企业8月份应在“销售费用”账户中反映贷方发生额0.5万元

D. 该企业8月份应在“税金及附加”账户中反映借方发生额15万元

9. 下列收入在“营业外收入”账户中核算的内容有（ ）。

A. 对外转让无形资产使用权　　B. 捐赠收入

C. 购买国债取得的利息　　D. 非流动资产处置利得

10. 企业购入价值3 000元的固定资产，误记入“管理费用”账户，其结果会导致当期（ ）。

A. 费用多计3 000元　　B. 资产总额多计3 000元

C. 利润总额多计3 000元　　D. 资产总额少计3 000元

11. 期末下列（ ）账户的余额应转入“本年利润”账户。

A. 资产减值损失　　B. 财务费用

C. 制造费用　　D. 投资收益

12. 下列会计科目中，可能与“本年利润”成为对应科目的有（ ）。

A. 所得税费用　　B. 制造费用

C. 利润分配　　D. 主营业务成本

13. 下列关于“利润分配”账户的表述中，正确的有（ ）。

A. 年末结转后，贷方余额表示不分配利润

B. 借方登记实际分配的利润数额

C. 年末结转后，本账户应无余额

D. 计提盈余可能导致分配账户的期末余额增加

14. 下列可以成为“本年利润”账户对应账户的有（ ）。

A. 营业税金及附加　　B. 生产成本

C. 利润分配　　D. 所得税费用

15. 下列各项经济业务中，能使企业资产总额和负债总额同时发生减少变化的有（ ）。

A. 用现金支付职工工资

B. 从某企业购买材料一批，货款未付

C. 将资本公积转增资本

D. 用银行存款偿还所欠贷款

16. 下列各项中，应记入“坏账准备”科目贷方的项目有（ ）。

A. 经批准转销的坏账

B. 年末按应收账款余额的一定比例计提的坏账准备

C. 结转确实无法支付的应付账款

D. 收回过去已经确认并转销的坏账

17. 实际成本法下，企业可以采用的发出存货成本的计价方法有（　　）。

A. 个别计价法　　B. 先进先出法

C. 月末一次加权平均法　　D. 移动加权平均法

18. 下列关于原材料收发的科目中属于实际成本法的有（　　）。

A. 材料采购　　B. 原材料

C. 材料成本差异　　D. 在途物资

19. 企业出售交易性金融资产时的账务处理中涉及的会计科目有（　　）。

A. 投资收益　　B. 交易性金融资产

C. 主营业务收入　　D. 银行存款

20. 计提应付职工薪酬时，借方可能涉及的科目有（　　）。

A. 制造费用　　B. 销售费用

C. 在建工程　　D. 应付职工薪酬

21. 下列业务中会导致实收资本增加的是（　　）。

A. 资本公积转增资本　　B. 盈余公积转增资本

C. 计提盈余公积　　D. 企业按照法定程序减少注册资本

22. 下列业务应该记入营业外支出的有（　　）。

A. 出售固定资产净损失　　B. 固定资产盘亏净损失

C. 无形资产摊销　　D. 捐赠支出

23. 下列费用应记入管理费用的有（　　）。

A. 厂部管理人员的工资　　B. 车间管理人员的工资

C. 厂部房屋的折旧费　　D. 厂部的办公费

24. 下列各项中属于制造费用的有（　　）。

A. 生产工人的工资及福利费

B. 车间管理人员的工资

C. 企业管理部门房屋折旧费

D. 生产单位组织管理生产发生的机器设备折旧费

25. 应记入产品成本的费用有（　　）。

A. 生产工人的工资及福利费　　B. 车间管理人员的工资及福利费

C. 企业管理人员的工资及福利费　　D. 离退休人员的退休金

26. 期末损益类账户结转时，“本年利润”账户贷方的对应账户分别为（　　）。

A. 主营业务收入　　B. 主营业务成本

C. 其他业务收入　　D. 营业税金及附加

27. 企业计算应当支付给职工的工资时所做的会计分录的借方科目可能有（　　）。

A. 生产成本　　B. 制造费用
C. 财务费用　　D. 销售费用

28. 固定资产应按其取得时的实际成本作为入账的价值，其成本主要有（　　）。

A. 买价　　B. 进口关税
C. 运输费　　D. 保险

29. 企业可以不对固定资产计提折旧的情况有（　　）。

A. 已提足折旧仍继续使用的固定资产
B. 按规定与房屋一起估价作为固定资产入账的土地
C. 按规定单独估价作为固定资产入账的土地
D. 闲置的固定资产

30. 企业可选择的折旧方法有（　　）。

A. 年限平均法　　B. 工作量法
C. 年数总和法　　D. 双倍余额递减法

三、判断题

1. “生产成本”账户的贷方期末余额表示在产品成本。（　　）

2. “主营业务成本”账户的借方登记从“库存商品”等账户结转的本期已销售产品的生产成本，以及企业在产品销售过程中发生的各种销售费用。（　　）

3. 应收账款明细账户若出现贷方余额，而该账户的余额栏前又未印明余额方向的，应用红字登记其余额。（　　）

4. “税金及附加”属于损益类账户，用来核算企业销售过程中，应交纳的各种税金及附加，包括消费税、增值税、教育费附加等。（　　）

5. 企业已完成销售手续但购买方在月末尚未提取的商品，仍应作为企业的库存商品核算。（　　）

6. 预收账款不多的企业，可不设置“预收账款”账户，将预收的货款直接记入“应付账款”科目的贷方。（　　）

7. 企业计算所得税费用时应以净利润为基础，加上或减去各项调整因素。（　　）

8. 资本公积和盈余公积均可以用来转增资本，都是从税后利润中提取的有专门用途的资金。（　　）

9. 年度终了，企业应将全年的净亏损转入“利润分配”账户的借方。（　　）

10. 企业计算应向投资者分配的现金股利，不会引起留存收益总额的变动。（　　）

11. 某企业年初未分配利润 200 万元，本年实现净利润 1 000 万元，提取法定盈

余公积 150 万元，提取任意盈余公积 50 万元，则该企业年末可供投资者分配利润为 1 000 万元。（　）

12. 企业年末结账后，“利润分配”账户的贷方余额表示本年实现的净利润。（　）

13. 年终结账后，“利润分配——未分配利润”账户余额在借方表示尚未弥补的亏损。（　）

14. “库存现金”和“银行存款”科目的期末借方余额，反映企业持有的库存现金以及企业存在银行或其他金融机构的各种款项。（　）

15. 企业购买或出售交易性金融资产发生的交易费用直接记入“财务费用”科目。（　）

16. 在计划成本法下，企业已支付货款，但尚在运输中或尚未验收入库的材料，应通过“在途物资”这个科目来核算。（　）

17. 实际成本法适用于存货品种繁多、收发频繁的企业。（　）

18. 计划成本法下，企业可以采用的发出存货成本的计价方法包括个别计价法、先进先出法、月末一次加权平均法和移动加权平均法等。（　）

19. 库存商品指企业库存的各种商品，包括库存的外购商品、自制商品产品以及委托外单位加工的商品和已办妥销售手续而购买单位在月末尚未提货的库存商品。（　）

20. 企业在具体计提折旧时，一般应按月提取折旧，并在固定资产增加或减少的当月及时计提相应的折旧。（　）

21. 企业未使用固定资产计提的折旧应记入管理费用。（　）

22. 对于预付账款业务不多的企业，也可以不设置“预付账款”科目，而将预付账款并入“应付账款”科目进行核算。（　）

23. 利润是企业一定会计期间的经营成果。利润包括收入减去费用后的净额、直接记入当期利润的利得和损失等。（　）

24. 法定公积金累计额达到注册资本的 30%以后，可以不再提取。（　）

25. 企业的未弥补亏损可以用以后年度实现的税前利润进行弥补，但弥补期限不得超过两年。（　）

四、综合题

1. 某企业固定资产采用直线法计提折旧。2018 年 7 月初，该企业应计提折旧的固定资产构成如习题表 1 所示。

习题表1　　应计提的固定资产表

类别	原价（元）	预计使用年限（年）	预计净残值率（%）
房屋、建筑物	2 400 000	20	3
运输工具	400 000	5	4
设备	3 600 000	10	3

7月份发生的固定资产有关情况的资料如下（预计使用年限与净残值率同习题表1）：

（1）7月18日，购入需要安装的设备一套，以银行存款支付买价440 000元，运杂费等10 000元，安装费30 000元，当月投入安装，并交付使用。

（2）7月21日，购入卡车一辆，以银行存款支付买价80 000元、运杂费等20 000元，购入后当即投入使用。

（3）7月31日，报废设备一台，该设备原价240 000元，已提折旧160 000元。

要求：分别计算该企业2008年7月、8月的折旧额。

2. 根据下列资料进行会计处理。

资料一：假定A、B、C三家公司共同投资组成ABC有限责任公司。按ABC有限责任公司的章程规定，注册资本为900万元，A、B、C三方各占三分之一的股份。

假定A公司以厂房投资，该厂房原值500万元，已提折旧300万元，投资各方确认的价值为300万元（同公允价值）；

B公司以价值200万元的新设备一套和价值100万元的一项专利权投资，其价值已被投资各方确认，并已向ABC公司移交了专利证书等有关凭证；

C公司以货币资金300万元投资，已存入ABC有限责任公司的开户银行。

资料二：假定D公司有意投资ABC有限责任公司，经与A、B、C三家公司协商，将ABC公司变更为ABCD有限责任公司，注册资本增加到1 200万元，A、B、C、D四方各占四分之一的股份。D公司须以货币资金出资400万元，以取得25%的股份。协议签订后，修改了原公司章程，D公司所出400万元已存入ABCD有限责任公司的开户银行，并办理了变更登记手续。

要求：

（1）根据资料一，分别编制ABC有限责任公司实际收到A公司、B公司、C公司投资时的有关会计分录。

（2）根据资料二，编制实际收到D公司投资时的会计分录。

3. 某企业为增值税一般纳税企业，适用增值税税率为13%，2018年8月31日各总分类账账户余额如习题表2所示。

习题表 2 **总分类账账户余额表** 单位：元

借方		贷方	
库存现金	6 000	累计折旧	6 000
银行存款	80 000	短期借款	50 000
原材料	20 000	应付账款	60 000
库存商品	30 000	应交税费	30 000
应收账款	80 000	实收资本	300 000
固定资产	250 000	资本公积	20 000

假设该企业 9 月份仅发生下列经济业务：

（1）收到投资者追加的投资共计 130 000 元，其中 50 000 元现金存入银行，全新设备一台价值 80 000 元已经交付使用。

（2）用银行存款 30 000 元归还前欠外单位的购料款。

（3）收回某公司的应收账款 50 000 元，款项已存入银行。

（4）购入原材料 20 000 元，增值税专用发票注明增值税额为 2 600 元，款项尚未付，材料已验收入库。

（5）用资本公积 15 000 元转增资本。

要求：

（1）根据上述业务，编制会计分录；

（2）填制完成总分类账户本期发生额及余额试算平衡表（习题表 3）。

习题表 3 **总分类账户本期发生额及余额试算平衡表** 单位：元

项目	期初余额		本期发生额		期末余额	
	借方	贷方	借方	贷方	借方	贷方
库存现金	6 000					
银行存款	80 000					
原材料	20 000					
库存商品	30 000					
应收账款	80 000					
固定资产	250 000					
累计折旧		6 000				
短期借款		50 000				
应付账款		60 000				
应交税费		30 000				

习题表3(续)

项目	期初余额		本期发生额		期末余额	
	借方	贷方	借方	贷方	借方	贷方
实收资本		300 000				
资本公积		20 000				
合计	466 000	466 000				

4. 某企业为增值税一般纳税企业，适用的增值税税率为13%。2018 年 8 月“应收账款”期初余额为116 000元，本月收回应收账款69 600元，“应收账款”期末余额为93 860元；“库存商品”账户期初余额为100 000元，本月完工入库商品为90 000元；本月销售商品取得的现金收入为120 000元（不含增值税），本月销售商品的成本占商品销售收入的60%。假定应收账款期初余额及本期发生额均为销售商品而发生的，而且其金额仅包括价款部分及增值税；同时本月发出商品均用于销售，而且销售收入均已实现。

要求：

（1）根据上述资料计算该企业2018年8月份“应收账款”账户借方发生额；

（2）根据上述资料计算该企业2018年8月份实现的销售收入；

（3）根据上述资料计算该企业2018年8月份“库存商品”账户期末余额。

5. 某企业2018年6月月初“生产成本”明细账资料显示：“生产成本——甲产品”月初余额为11 800元，其中直接材料为6 000元，直接人工为3 400元，制造费用为2 400元。“生产成本——乙产品”月初余额为4 000元，其中直接材料为2 800元，直接人工为1 000元，制造费用为200元。

6月份该企业发生如下经济业务：

（1）30日，发料凭证汇总表资料显示，本月生产甲产品领用材料24 000元，乙产品领用36 000元，车间领用4 400元，行政管理部门领用2 000元。

（2）30日，计提车间固定资产折旧7 180元，计提行政管理部门固定资产折旧5 000元。

（3）30日，计算本月职工薪酬20 400元，其中甲产品生产工人薪酬8 000元，乙产品生产工人薪酬4 000元，车间管理人员薪酬3 000元，行政人员薪酬5 400元。

（4）30日，计算制造费用分配率（按生产工人工资比例），结转本月制造费用。

（5）30日，结转完工产品成本，本月甲产品全部完工，乙产品全部未完工。

要求：

（1）根据上述资料编制会计分录；

（2）登记“生产成本——甲产品”的明细账（习题表4）。

习题表 4　　　　　　　　　　生产成本明细账

产品名称：甲产品　　　　　　　　　　　　　　　　　　　单位：元

2018 年		摘　要	成本项目			合计
月	日		直接材料	直接人工	制造费用	
6	1					
	30					
	30					
	30					
	30					
	30					

6. 某企业是增值税一般纳税企业，适用的增值税税率为 13%，2008 年 12 月份发生如下经济业务（A、B 产品期初均无在产品）：

（1）生产 A 产品领用甲材料 50 000 元，生产 B 产品领用甲材料 40 000 元，车间一般耗用甲材料 1 000 元，行政管理部门一般耗用甲材料 2 000 元。

（2）分配结转本月职工工资 70 000 元，其中，A 产品工人工资 30 000 元，B 产品工人工资 20 000 元，车间管理人员工资 9 000 元，行政管理人员工资 11 000 元。

（3）计提固定资产折旧 20 000 元，其中，生产车间负担 12 000 元，企业管理部门负担 8 000 元。

（4）用银行存款支付行政管理部门的水电费 600 元。

（5）按生产工人工资分配并结转本月发生的制造费用。

（6）本月投产的 A 产品 100 件全部完工，B 产品 200 件全部完工，结转完工产品成本。

要求：

（1）根据上述资料编制有关会计分录；

（2）编制该企业 12 月份产品生产成本计算表。

7. 某增值税一般纳税企业单独设置了“预收账款”和“预付账款”账户，2018 年 5 月，该企业发生下列经济业务：

（1）5 日，收到 N 公司预付的购货款 34 000 元，已存入银行。

（2）10 日，收到 M 公司货物结算单，其中材料价款 50 000 元，增值税 6 500 元，代垫杂费 350 元，材料已验收入库，企业已于 4 月 10 日预付货款 40 000 元。

（3）20 日，向预付货款的 N 公司销售 A 产品 1 000 件，单位售价 30 元；B 产品 20 件，单位售价 1 500 元，增值税税率为 13%。为对方代垫运费 200 元，以银行存款支付（暂不考虑产品销售成本结转）。

（4）31 日，结账时，本月支付管理人员工资 2 800 元的记账凭证误编为：

借：管理费用　　2 800

　贷：库存现金　　2 800

发现后予以更正。

要求：根据以上资料编制相关会计分录。

8. 某企业系增值税一般纳税人，适用的增值税税率为13%，2018年6月份有关资料如下：

（1）该企业生产A、B两种产品，根据月末编制的“发料凭证汇总表”，当月生产车间共领用甲材料198 000元（其中，用于A产品生产120 000元，用于B产品生产78 000元），车间部门领用甲材料3 000元，行政部门领用甲材料2 000元。

（2）根据月末编制的“工资结算汇总表”，本月应付生产工人薪酬（含福利费，下同）为114 000元（其中，生产A产品的工人薪酬为67 000元，生产B产品的工人薪酬为47 000元），应付车间人员薪酬为17 100元，应付行政人员薪酬为22 800元。

（3）本月计提固定资产折旧5 000元，其中，生产车间固定资产折旧为4 000元，行政部门固定资产折旧为1 000元。

（4）本月以银行存款支付其他制造费用4 400元。

（5）分配制造费用，制造费用按生产工人薪酬比例分配。

（6）月末，本月生产的A、B两种产品全部完工并验收入库，其中A产品计20件，B产品计30件，且无月初在产品。计算并结转完工产品成本。

（7）销售A产品18件，不含税每件单价16 000元；B产品25件，不含税每件单价8 000元，均已收到款项存入银行。

（8）结转已售产品成本（假设该企业月初无库存商品）。

（9）本月盘盈原材料一批，价值23 000元。（尚未批准转销）

（10）一笔应收丙公司账款100 000元，因丙公司破产确实无法收回，经批准予以转销。（采用备抵法）

要求：根据以上业务编制有关会计分录。

9. 资料：假设某企业为增值税一般纳税企业，2018年12月份发生下列经济业务：

（1）企业销售材料一批，价款为10 000元，增值税销项税额为1 300元，货款及税金采用商业汇票结算，收到面额11 300元的商业承兑汇票一张。

（2）企业按合同发出产品一批，价款为130 000元。增值税销项税额为16 900元，该货款已于上月预收，金额为100 000元（该企业未单独设置“预收账款”账户）。

（3）企业用银行存款支付专设的销售部门销售产品的运杂费为5 000元，向慈善机构支付捐款5 000元。

（4）企业以银行存款支付本季度的短期借款利息1 300元（未采用预提方式）。

（5）月末，结算本月应付行政管理部门人员的工资及福利费 11 400 元。

（6）月末，按规定计算本月的销售产品的消费税等销售税金 2 500 元。

（7）月末，结转已售产品的生产成本 85 000 元，已售材料的成本 5 000 元。

（8）月末，经批准转销盘盈存货的价值为 200 元。

（9）假设企业按月计算所得税费用，本月没有任何调整事项，企业根据利润总额计算企业本期应缴纳的所得税（所得税税率为 25%）。

要求：（1）根据上述资料编制会计分录；

（2）填制完成该企业 2018 年 12 月份的利润表（习题表 5）。

习题表 5　　　　利润表

编制单位：　　　　2018 年 12 月　　　　单位：元

项目	上期金额	本期金额
一、营业收入	略	
减：营业成本	略	
税金及附加	略	
销售费用	略	
管理费用	略	
财务费用	略	
资产减值损失	略	
加：公允价值变动收益（损失以“-”号填列）	略	
投资收益（损失以“-”号填列）	略	
其中：对联营企业和合营企业的投资收益	略	
二、营业利润（损失以“-”号填列）		
加：营业外收入		
减：营业外支出		
其中：非流动资产处置损失		
三、利润总额（损失以“-”号填列）		
减：所得税费用		
四、净利润（损失以“-”号填列）		
五、每股收益：		
（一）基本每股收益	略	略
（二）稀释每股收益	略	略

10. 某企业为增值税一般纳税企业，适用的增值税税率为 13%，假定该企业 2018 年 1~11 月份共实现净利润 85 000 元，12 月份的有关资料如习题表 6 所示。

习题表 6　　相关资料表　　单位：元

科目名称	借方	贷方
主营业务收入		800 000
主营业务成本	540 000	
营业税金及附加	19 000	
管理费用	5 000	
销售费用	2 000	
财务费用	4 000	
营业外收入		20 000
营业外支出	30 000	

2018 年 12 月 31 日又发生以下业务：

（1）计提本月行政管理部门使用固定资产折旧 2 000 元；

（2）以银行存款支付广告费 8 000 元；

（3）计算本月应交城市维护建设税 10 000 元；

（4）根据上述资料，结转本月损益类账户余额；

（5）假设该企业按月计算所得税费用，本月没有任何调整事项，企业根据利润总额计算企业本期应缴纳的所得税（所得税税率为 25%）并结转本月所得税费用；

（6）年终结转本年利润账户余额；

（7）按本年税后利润的 10%提取法定盈余公积；

（8）经批准，向投资者宣告分配利润 150 000 元；

（9）年终结转利润分配账户的明细账余额。

要求：

（1）根据上述资料编制有关会计分录；

（2）计算该企业 2008 年 12 月份的营业利润、利润总额、净利润。

11. 假定和平公司为增值税一般纳税人，适用的增值税税率为 13%，2018 年 1~11 月“本年利润”账户贷方余额为 792 610 元。12 月份发生如下经济业务：

（1）出售给甲公司 A 产品 500 件，价款为 200 000 元，增值税为 26 000 元；B 产品300 件，价款为 180 000 元，增值税为 23 400 元，全部款项尚未收到。

（2）以银行存款支付广告费 8 600 元。

（3）向希望工程捐款 30 000 元，用转账支票支付。

（4）摊销本月应由行政管理部门负担的房租 2 400 元。

（5）结转本月产品销售成本 196 000 元（其中 A 产品成本为 110 000 元，B 产品成本为 86 000 元）。

（6）计算本月应交消费税 18 000 元，应交城市维护建设税 11 000 元。

（7）结转本月损益类账户余额。
（8）按 25%的税率计算并结转本月所得税。
（9）按本年税后利润的 10%提取法定盈余公积金。
（10）经股东大会批准，本年度向投资者分配利润 580 000 元。
（11）年终结转本年利润账户余额。
（12）年终结转利润分配明细账户余额。
要求：根据上述资料编制有关会计分录。

参考答案

第一章　总　论

一、单项选择题

1. C	2. B	3. C	4. C	5. B
6. A	7. B	8. B	9. C	10. C
11. C	12. D	13. C	14. D	15. C
16. B	17. A	18. D	19. A	20. A

二、多项选择题

1. ABCD	2. ABD	3. ABD	4. ABCD	5. BC
6. ABCD	7. ABCD	8. ABD	9. BD	10. BCD
11. ABCD	12. ABC	13. BCD	14. ABCD	15. ABCD
16. ABCD	17. ABD	18. ABCD	19. AB	20. BD

三、判断题

1. √	2. ×	3. √	4. ×	5. ×
6. ×	7. ×	8. √	9. ×	10. ×
11. √	12. ×	13. √	14. √	15. √
16. ×	17. √	18. ×	19. ×	20. ×

第二章 会计要素与会计科目

一、单项选择题

1. B	2. C	3. A	4. D	5. D
6. B	7. C	8. C	9. C	10. D
11. A	12. B	13. C	14. C	15. B
16. A	17. D	18. C	19. A	20. A

二、多项选择题

1. ABD	2. ABC	3. BCD	4. ACD	5. ABD
6. ABC	7. AD	8. BD	9. ACD	10. ABD
11. AB	12. AB	13. ABC	14. BC	15. ABCD
16. ACD	17. BCD	18. AC	19. ABCD	20. AD

三、判断题

1. √	2. √	3. ×	4. ×	5. √
6. ×	7. ×	8. ×	9. √	10. ×
11. √	12. ×	13. ×	14. ×	15. √
16. √	17. ×	18. ×	19. ×	20. √

第三章 会计等式与复式记账

一、单项选择题

1. A	2. A	3. D	4. B	5. C
6. B	7. B	8. C	9. A	10. C
11. B	12. D	13. D	14. C	15. C
16. D	17. B	18. B	19. B	20. B
21. D	22. B	23. C	24. C	25. A
26. B	27. B	28. B	29. B	30. D
31. C	32. C			

二、多项选择题

1. ABC	2. ABCD	3. BCD	4. ABC	5. BC

6. BCD	7. ABC	8. ACD	9. ACD	10. BCD
11. AD	12. AD	13. CD	14. ABD	15. ACD
16. ABD	17. CD	18. AC	19. ABC	20. ABD
21. ABC	22. ACD	23. ABC	24. BC	25. BC
26. ABD				

三、判断题

1. ×	2. ×	3. ×	4. √	5. ×
6. ×	7. √	8. √	9. √	10. ×
11. ×	12. ×	13. ×	14. √	15. ×
16. ×	17. √	18. ×	19. ×	20. ×
21. √	22. √	23. ×	24. ×	25. ×
26. ×	27. √			

第四章　会计凭证

一、单项选择题

1. C	2. D	3. B	4. D	5. B
6. A	7. D	8. C	9. B	10. D
11. A	12. C	13. D	14. C	15. C
16. B	17. C	18. A	19. C	20. B
21. D	22. D	23. B	24. D	25. C
26. A	27. D	28. B	29. D	30. B
31. A	32. B	33. B	34. C	35. D
36. B	37. C	38. C	39. C	

二、多项选择题

1. ABC	2. ABCD	3. ABC	4. BD	5. ABCD
6. ACD	7. ABCD	8. BD	9. ABC	10. BCD
11. ABCD	12. ABC	13. AD	14. ABCD	15. CD
16. BCD	17. ABD	18. CD	19. BC	20. ABD
21. ABCD	22. BCD	23. ABD	24. ABCD	25. ABCD
26. ABC	27. ABC			

三、判断题

1. ×	2. ×	3. √	4. √	5. √
6. ×	7. √	8. ×	9. √	10. ×
11. ×	12. √	13. ×	14. ×	15. ×
16. ×	17. ×	18. ×	19. ×	20. ×
21. √	22. ×	23. ×	24. √	25. √
26. √				

第五章　会计账簿

一、单项选择题

1. C	2. A	3. A	4. C	5. B
6. D	7. A	8. C	9. B	10. C
11. C	12. C	13. C	14. A	15. A
16. C	17. C	18. B	19. C	20. C

二、多项选择题

1. ACD	2. ABC	3. ABCD	4. BCD	5. BCD
6. ABD	7. BD	8. AB	9. ABC	10. BCD
11. ABC	12. AB	13. AB	14. AC	15. AC
16. ACD	17. ABCD	18. ABCD	19. ACD	20. ABC
21. CD				

三、判断题

1. ×	2. ×	3. ×	4. ×	5. ×
6. ×	7. ×	8. √	9. √	10. √
11. ×	12. ×	13. √	14. ×	15. ×
16. ×	17. √	18. √	19. √	20. ×
21. ×	22. ×	23. ×	24. ×	25. ×

四、业务题

1. （1）根据资料编制会计分录（涉及买卖业务均不考虑增值税），并按经济业务的顺序编号。

(1) 借：银行存款　80 000
　　贷：短期借款　80 000
(2) 借：原材料　40 000
　　贷：银行存款　40 000
(3) 借：应付账款　35 100
　　贷：银行存款　35 100
(4) 借：其他应收款　3 000
　　贷：库存现金　3 000
(5) 借：库存现金　15 000
　　贷：银行存款　15 000
(6) 借：应付职工薪酬　15 000
　　贷：库存现金　15 000
(7) 借：银行存款　30 000
　　贷：主营业务收入　30 000
(8) 借：销售费用　600
　　贷：银行存款　600
(9) 借：管理费用　2 500
　　　　库存现金　500
　　贷：其他应收款　3 000
(10) 借：管理费用　380
　　贷：库存现金　380

(2) 答案略。

2. (1) 记账贷方科目错误，应用红字更正法改正。首先用红字填制一张与原记账凭证内容相同的记账凭证，并据以登记入账，冲销错误记录。

借：固定资产　30 000
　贷：库存现金　30 000

然后，用蓝字填制一张内容正确的记账凭证，并据以登记入账。

借：固定资产　30 000
　贷：银行存款　30 000

(2) 记账凭证少记 30 000 元，并已过入到相应账簿中，用补充登记法，应按少记金额 30 000 元，重新填制记账凭证，并据以登记入账。

借：银行存款　30 000
　贷：应收账款　30 000

(3) 所记金额大于应记金额，应使用红字更正法。

借：应付账款　20 000
　贷：银行存款　20 000

第六章　账务处理程序

一、单项选择题

1. B	2. B	3. D	4. D	5. B
6. B	7. C	8. A	9. C	10. D
11. D	12. C	13. C	14. C	15. D
16. A	17. C	18. A	19. C	20. C
21. D				

二、多项选择题

1. ABC	2. BC	3. ABD	4. AB	5. BCD
6. BC	7. ABC	8. CD	9. AC	10. ABD
11. ACD	12. AC	13. AC	14. ABCD	15. ABCD
16. ABCD	17. ABD	18. ABC	19. ABCD	20. ABC
21. ABC	22. AB			

三、判断题

1. √	2. √	3. √	4. √	5. √
6. ×	7. ×	8. √	9. ×	10. ×
11. √	12. √	13. √	14. √	15. √
16. ×	17. ×	18. √	19. ×	20. ×

第七章　财产清查

一、单项选择题

1. D	2. B	3. C	4. C	5. B
6. C	7. B	8. A	9. A	10. D
11. B	12. B	13. B	14. B	15. C
16. D	17. B	18. A	19. B	20. B
21. A				

二、多项选择题

1. ABCD	2. ABCD	3. CD	4. AB	5. ABC

6. AD	7. ABCD	8. BC	9. AB	10. BCD
11. ABCD	12. CD	13. BCD	14. AD	15. AB
16. BC	17. ABCD	18. AC	19. BC	20. CD
21. ACD				

三、判断题

1. √	2. √	3. ×	4. √	5. √
6. √	7. ×	8. ×	9. √	10. √
11. √	12. √	13. ×	14. ×	15. ×
16. √	17. ×	18. √	19. √	20. ×
21. ×				

第八章　财务会计报告

一、单项选择题

1. D	2. D	3. D	4. C	5. D
6. A	7. D	8. D	9. B	10. B
11. B	12. B	13. C	14. C	15. C
16. A	17. B	18. B	19. A	20. B

二、多项选择题

1. ABCD	2. CD	3. ABD	4. ABCD	5. ABD
6. CD	7. CD	8. CD	9. ABCD	10. BCD
11. ABD	12. ABCD	13. AC	14. AD	15. BD
16. BC	17. ABC	18. BC	19. ABC	20. ACD

三、判断题

1. √	2. ×	3. √	4. ×	5. √
6. ×	7. ×	8. ×	9. √	10. ×
11. ×	12. ×	13. √	14. ×	15. ×
16. √	17. √	18. √	19. ×	20. √

第九章　会计档案

一、单项选择题

1. C	2. A	3. C	4. B	5. C
6. C	7. A	8. C	9. A	10. C
11. C	12. D	13. D	14. C	15. C
16. A	17. D	18. D	19. A	20. B
21. C	22. C	23. D	24. D	25. C
26. C	27. A	28. C	29. B	30. D
31. D	32. A	33. C	34. A	35. C
36. A				

二、多选题

1. BCD	2. ABCD	3. BD	4. ABCD	5. AC
6. AB	7. ABCD	8. CD	9. ABCD	10. ABCD
11. ACD	12. ACD	13. BD	14. ABCD	15. BC
16. ABD	17. ABC	18. ABCD	19. AC	20. ABC

三、判断题

1. √	2. ×	3. ×	4. √	5. ×
6. ×	7. √	8. ×	9. √	10. √
11. √	12. √	13. √	14. ×	15. ×
16. √	17. ×	18. √	19. √	20. √
21. √	22. √	23. ×	24. ×	25. √
26. √	27. ×	28. √	29. √	30. ×
31. √	32. ×	33. √	34. ×	35. ×
36. √	37. √	38. ×	39. ×	40. ×
41. √	42. ×	43. ×	44. ×	45. √
46. ×	47. √	48. ×		

第十章　主要经济业务事项的账务处理

一、单项选择题

1. B	2. B	3. C	4. B	5. C

6. D	7. C	8. C	9. C	10. C
11. B	12. A	13. C	14. A	15. B
16. C	17. B	18. A	19. D	20. D
21. D	22. C	23. D		

二、多项选择题

1. ABCD	2. ACD	3. ACD	4. AB	5. BD
6. ABC	7. ABCD	8. ABD	9. BD	10. AD
11. ABD	12. ACD	13. AB	14. ACD	15. AD
16. BD	17. ABCD	18. BD	19. ABD	20. ABC
21. AB	22. ABD	23. ACD	24. BD	25. AB
26. AC	27. ABD	28. ABCD	29. AC	30. ABCD

三、判断题

1. ×	2. ×	3. √	4. ×	5. ×
6. ×	7. ×	8. ×	9. √	10. ×
11. √	12. ×	13. √	14. √	15. ×
16. ×	17. ×	18. ×	19. ×	20. ×
21. √	22. √	23. √	24. ×	25. ×

四、综合题

1.（1）7 月份折旧额：

房屋建筑物折旧额=［2 400 000×（1−3%）］÷（20×12）= 9 700（元）

设备折旧额=［3 600 000×（1−3%）］÷（10×12）= 29 100（元）

运输工具折旧额=［400 000×（1−4%）］÷（5×12）= 6 400（元）

合计 45 200 元。

（2）8 月份折旧额：

45 200−［240 000×（1−3%）÷（10×12）］+480 000×（1−3%）÷（10×12）+［100 000×（1−4%）］÷（5×12）

= 45 200+1 940+1 600

=48 740（元）

2.（1）收到 A 公司投资时的分录：

借：固定资产　　3 000 000

　贷：实收资本——A 公司　　3 000 000

收到 B 公司投资时：

借：固定资产　　2 000 000
　　无形资产　　1 000 000
　贷：实收资本——B公司　　3 000 000

或：借：固定资产　　2 000 000
　　　贷：实收资本——B公司　　2 000 000

借：无形资产　　1 000 000
　贷：实收资本——B公司　　1 000 000

收到C公司投资时：

借：银行存款　　3 000 000
　贷：实收资本——C公司　　3 000 000

（2）收到D公司投资时的分录：

借：银行存款　　4 000 000
　贷：实收资本——D公司　　3 000 000
　　　资本公积——资本溢价　　1 000 000

3.（1）会计分录如下：

①借：银行存款　　50 000
　　　固定资产　　80 000
　　贷：实收资本　　130 000

②借：应付账款　　30 000
　　贷：银行存款　　30 000

③借：银行存款　　50 000
　　贷：应收账款　　50 000

④借：原材料　　20 000
　　　应交税费——应交增值税（进项税额）　　2 600
　　贷：应付账款　　22 600

⑤借：资本公积　　15 000
　　贷：实收资本　　15 000

（2）表略。

4.（1）“应收账款”账户借方发生额=（93 860+69 600）－116 000=47 460（元）

（2）销售收入=［47 460÷（1+13%）］+120 000=162 000（元）

（3）库存商品账户期末余额=100 000+90 000－162 000×60%=92 800（元）

5.（1）借：生产成本——甲产品　　24 000
　　　　　　　　——乙产品　　36 000
　　　　　制造费用　　4 400
　　　　　管理费用　　2 000

贷：原材料　　66 400

（2）借：制造费用　　7 180

管理费用　　5 000

贷：累计折旧　　12 180

（3）借：生产成本——甲产品　　8 000

——乙产品　　4 000

制造费用　　3 000

管理费用　　5 400

贷：应付职工薪酬　　20 400

（4）本月发生的制造费用=4 400+3 000+7 180=14 580（元）

制造费用分配率=14 580÷（8 000+4 000）=1.215

甲产品应分摊的制造费用=1.215×8 000=9 720（元）

乙产品应分摊的制造费用=1.215×4 000=4 860（元）

借：生产成本——甲产品　　9 720

——乙产品　　4 850

贷：制造费用　　14 580

（5）借：库存商品——甲产品　　53 520

贷：生产成本——甲产品　　53 520

表 4　　生产成本明细账

产品名称：甲产品　　单位：元

2008 年		摘　要	成本项目			合计
月	日		直接材料	直接人工	制造费用	
6	1	期初余额	6 000	3 400	2 400	11 800
	30	分配生产工人工资		8 000		8 000
	30	生产领用原材料	24 000			24 000
	30	分配结转制造费用			9 720	9 720
	30	本月合计	30 000	11 400	12 120	53 520
	30	结转完工产品成本	30 000	11 400	12 120	53 520

6.（1）编制会计分录

①借：生产成本——A 产品　　50 000

——B 产品　　40 000

制造费用　　1 000

管理费用　　2 000

贷：原材料　　93 000

②借：生产成本——A产品　30 000
　　　　　　——B产品　20 000
　　制造费用　9 000
　　管理费用　11 000
　贷：应付职工薪酬　70 000

③借：制造费用　12 000
　　管理费用　8 000
　贷：累计折旧　20 000

④借：管理费用　600
　贷：银行存款　600

⑤本月制造费用合计＝1 000+9 000+12 000＝22 000（元）

制造费用分配率＝22 000÷（30 000+20 000）＝0. 44

A产品应分配制造费用＝30 000×0. 44＝13 200（元）

B产品应分配制造费用＝20 000×0. 44＝＝8 800（元）

⑥借：库存商品——A产品　93 200
　　　　　　——B产品　68 800
　贷：生产成本——A产品　93 200
　　　　　　——B产品　68 800

（2）产品生产成本计算表（习题表5）

习题表5　　**产品生产成本计算表**

2008年12月31日　　单位：元

项目	A产品		B产品	
	总成本（100件）	单位成本	总成本（200件）	单位成本
直接材料	50 000	500	40 000	200
直接人工	30 000	300	20 000	100
制造费用	13 200	132	8 800	44
合计	93 200	932	68 800	344

7.（1）借：银行存款　34 000
　　　贷：预收账款——N公司　34 000

（2）借：物资采购（材料采购/原材料）　50 350
　　　应交税费——应交增值税（进项税额）　6 500
　　贷：预付账款——M公司　58 850

（3）借：预收账款——N公司　68 000
　　贷：主营业务收入　60 000

应交税费——应交增值税（销项税） 7 800
银行存款 200
（如将代垫运杂费单列会计分录也可）
（4）借：管理费用 2 800
贷：库存现金 2 800
借：应付职工薪酬 2 800
贷：库存现金 2 800
8.（1）借：生产成本——A 产品 120 000
——B 产品 78 000
制造费用 3 000
管理费用 2 000
贷：原材料——甲材料 203 000
（2）借：生产成本——A 产品 67 000
——B 产品 47 000
制造费用 17 100
管理费用 22 800
贷：应付职工薪酬 153 900
（3）借：制造费用 4 000
管理费用 1 000
贷：累计折旧 5 000
（4）借：制造费用 4 400
贷：银行存款 4 400
（5）制造费用合计＝3 000+17 100+4 000+4 400＝28 500（元）
借：生产成本——A 产品 16 750
——B 产品 11 750
贷：制造费用 28 500
（6）A 产品单位成本＝（120 000+67 000+16 750）÷20＝10 187. 5（元/件）
B 产品单位成本＝（78 000+47 000+11 750）÷30＝4 558. 33（元/件）
（注：上述计算可以不保留小数，仅取整数。）
借：库存商品——A 产品 203 750
——B 产品 136 750
贷：生产成本——A 产品 203 750
——B 产品 136 750
（7）借：银行存款 551 440
贷：主营业务收入——A 产品 288 000
主营业务收入——B 产品 200 000

应交税费——应交增值税（销项税额）　63 440

（8）借：主营业务成本　297 333.25（或 297 333）

贷：库存商品——A 产品　183 375

——B 产品　113 958.25（或 113 958）

（9）借：原材料　23 000

贷：待处理财产损溢　23 000

（10）借：坏账准备　100 000

贷：应收账款——丙公司　100 000

9.（1）借：应收票据　11 300

贷：其他业务收入　10 000

应交税费——应交增值税（销项税额）　1 300

（2）借：应收账款　146 900

贷：主营业务收入　130 000

应交税费——应交增值税（销项税额）　16 900

（3）借：销售费用　5 000

营业外支出　5 000

贷：银行存款　10 000

（4）借：财务费用　1 300

贷：银行存款　1 300

（5）借：管理费用　11 400

贷：应付职工薪酬　11 400

（6）借：营业税金及附加　2 500

贷：应交税费　2 500

（7）借：主营业务成本　85 000

贷：库存商品　85 000

借：其他业务成本　5 000

贷：原材料　5 000

（8）借：待处理财产损溢　200

贷：管理费用　200

（9）借：所得税费用　6 250

贷：应交税费——应交所得税　6 250

习题表 6　　**利润表**

编制单位：　年　月　单位：元

项目	本期金额	上期金额
一、营业收入	140 000	略

习题表6(续)

项目	本期金额	上期金额
减：营业成本	90 000	略
税金及附加	2 500	略
销售费用	5 000	略
管理费用	11 200	略
财务费用	1 300	略
资产减值损失		略
加：公允价值变动收益（损失以“-”填列）		略
投资收益（亏损以“-”号填列）		略
其中：对联营企业和合营企业的投资收益		略
二、营业利润（亏损以“-”号填列）	30 000	略
加：营业外收入		略
减：营业外支出	5 000	略
其中：非流动资产处置损失		略
三、利润总额（亏损总额以“-”号填列）	25 000	略
减：所得税费用	6 250	略
四、净利润（净亏损以“-”号填列）	18 750	略
五、每股收益	略	略
（一）基本每股收益	略	略
（二）稀释每股收益	略	略

10.（1）①借：管理费用　　2 000
　　贷：累计折旧　　2 000
②借：销售费用　　8 000
　　贷：银行存款　　8 000
③借：税金及附加　　10 000
　　贷：应交税费——应交城市维护建设税　　10 000
④借：主营业务收入　　800 000
　　营业外收入　　20 000
　　贷：本年利润　　820 000
借：本年利润　　620 000
　　贷：主营业务成本　　540 000
　　　　税金及附加　　29 000

管理费用　　7 000
销售费用　　10 000
财务费用　　4 000
营业外支出　　30 000

⑤本月所得税费用=（820 000−620 000）×25%=50 000（元）

借：所得税费用　　50 000
　贷：应交税费——应交所得税　　50 000
借：本年利润　　50 000
　贷：所得税费用　　50 000

⑥借：本年利润　　235 000
　贷：利润分配——未分配利润　　235 000

⑦借：利润分配——提取盈余公积　　23 500
　贷：盈余公积——法定盈余公积　　23 500

⑧借：利润分配——应付现金股利　　150 000
　贷：应付股利　　150 000

⑨借：利润分配——未分配利润　　173 500
　贷：利润分配——提取盈余公积　　23 500
　　　　　　——应付现金股利　　150 000

（2）计算 12 月份的营业利润、利润总额和净利润

营业利润=800 000−590 000=210 000（元）

利润总额=210 000+20 000−30 000=200 000（元）

净利润=200 000×（1−25%）= 150 000（元）

11.（1）借：应收账款　　429 400
　　贷：主营业务收入——A 产品　　200 000
　　　　　　　　　——B 产品　　180 000
　　　应交税费——应交增值税（销项税额）　　49 400

（2）借：销售费用　　8 600
　　贷：银行存款　　8 600

（3）借：营业外支出　　30 000
　　贷：银行存款　　30 000

（4）借：管理费用　　2 400
　　贷：预付账款　　2 400

（5）借：主营业务成本　　196 000
　　贷：库存商品——A 产品　　110 000
　　　　　　——B 产品　　86 000

（6）借：税金及附加　　29 000

贷：应交税费——应交消费税　　18 000

——应交城市维护建设税　　11 000

（7）借：主营业务收入　　380 000

贷：本年利润　　380 000

借：本年利润　　266 000

贷：主营业务成本　　196 000

税金及附加　　29 000

管理费用　　2 400

销售费用　　8 600

营业外支出　　30 000

（8）本年应交所得税＝（380 000−266 000）×25%＝28 500（元）

借：所得税费用　　28 500

贷：应交税费——应交所得税　　28 500

借：本年利润　　28 500

贷：所得税费用　　28 500